英語授業の EFL的特性分析

―― タイの中等学校におけるケース・スタディ ――

立花 千尋 *Chihiro Tachibana*

Analysis of EFL Idiosyncrasies
on English Classroom Discourse

A Case Study in Secondary Schools in Thailand

渓水社

概　　要

　日本の英語教育が置かれている環境はEFL環境である。すなわち、外国語としての英語環境である。英語教室の外に一歩踏み出すと、英語を使用する環境がない。そのような状況で、ESL研究の成果を性急に導入しようとしている傾向が強く、それが日本の英語教育に十分機能していない現状がある。また、現行（平成10年度版）の学習指導要領にある「実践的コミュニケーション能力の育成」や平成15年３月に公表された、「『英語が使える日本人の育成』のための行動計画」の中に見られるESL的発想の英語教育が「すぐに使える英語」の教育に比重を強く傾斜させ、学校で行う英語教育のあるべき姿が見えにくくなり、学校英語教育に混乱が生じている状況がある。以上の点から、外国語教育に携わる１人として、日本のようなEFL環境における英語教育の在り方を明らかにし、EFL環境に適した指導法の構築ができればよいと常々考えてきた。
　そこで、日本国内でのEFL研究でもいいのであるが、EFL環境にある外国の英語授業に目を向け、日本の英語教育との対比的見地から研究を進めることで、研究の質も高まるのではないかと考えた。そのために、日本と同じEFL環境にあるタイの中等学校の英語授業に着目し、日本の英語教育の視点から、タイのアユタヤ地区の中等学校における英語授業の調査・分析を行い、その特質を明らかにする研究に取り組むことにする。タイを研究対象とした理由として、１つには、タイが歴史的に植民地化されたことがなく、母語であるタイ語が国語として安定している環境にあるという点で日本と類似しているからである。もう１つは、タイの中等学校での現地調査による英語教室の授業分析や談話分析に焦点を当てた先行研究がまだ行われていないことが挙げられる。
　英語教育用語辞典の定義によると、ESL環境は、第２言語として教室

の外の日常生活の中にも英語を学ぶ環境があるということである。それに対して、EFL環境は、主に学校の授業で教科として英語を学び、教室の外では英語との接触がない環境での英語学習となる。

　本研究を理論的に追究して行く上で、ESLとEFLの概念規定をすると、ESLとは、モノリンガルとしての英語の言語能力を育成するものと規定する。つまり、ESL環境での英語教育を行う際には、学習者が母語を使用する余地がないと言うことになる。一方、EFLとは、母語(L1)と共にバイリンガルとしての英語の言語能力を育成するものと規定する。つまり、日本のようなEFL環境では、英語のみが使えるようになることが目的ではなく、同時に母語(L1)である日本語も使用できなければならない。

　以上の点から、ESLとEFLが明らかに異なると言うことは、経験的に、また英語が使用される環境条件から明白であるが、理論的に、あるいはクラスルーム・リサーチを通して、調査・研究を行い実証的に明らかにした先行研究がこれまでにない。そこで、タイの英語授業分析や談話分析を通して、まずタイの英語授業の特質を浮き彫りにし、教師の授業言語の使い方から、EFL授業の特質を明らかにし、EFL環境に適する授業のモデルの提案を試みるものである。本書の構成は次の通りである。

　序章では、まず本研究の動機について論じ、日本の中等教育段階の公教育としての英語教育がどんな状況であるのかを論じつつ、EFL環境における英語教育を効果的に行うために、本研究が行われる意義について述べる。

　第1章では、本研究の理論的背景について論ずるために、まず、日本の英語教育条件やタイの英語教育の歴史的変遷と現状について述べる。それから、本研究で明らかにしようとしているEFL環境における英語教育の特質を探るために、ESLとEFLの定義の諸説を整理して、本研究を理論的に追究するためにESLとEFLの概念規定について論じる。さらに、本研究を実施する上でのクラスルーム・リサーチにおける研究方法の視点となる英語教室の談話構造について先行研究を概観する。

　第2章では、本研究の授業分析や談話分析を導入するための理論的背景

概　要

となる「教師ことば」すなわち「ティーチャー・トーク」の基本概念とその特性について先行研究を概観するとともに、本研究において、EFL環境での英語授業におけるティーチャー・トークの着眼点とその展望について論じる。

　第3章では、本研究のリサーチ・デザインについて論ずる。本研究の研究目的、研究仮説、そして研究方法について述べる。授業分析と談話分析に関して定量的分析と定性的分析の両面から、それぞれの方法論と両者の相互補完的な研究アプローチの必要性について論じる。

　第4章では、タイの英語授業の予備的研究（調査Ⅰ）について述べる。本研究を実施するに当たり、その予備的研究（調査Ⅰ）として、タイの中等学校英語教師2人の被験者についての観察と分析結果を述べ、本研究（調査Ⅱ）の枠組みづくりと展望について論じる。

　第5章では、タイの英語授業の本研究（調査Ⅱ）について述べる。タイの英語授業の研究の背景や本研究のための枠組みの再構築について述べる。そして、タイの中等学校英語教師10人の被験者の英語授業について、授業分析と談話分析の手法を用いて定量的分析と定性的分析の両面から相互補完的にタイの英語授業の特質をできる限り明らかにすることを試みる。また、英語授業において母語であるタイ語をどのように使っているかについても観察・分析し、明らかにすることを試みる。

　第6章では、第5章で明らかになった研究結果から総合的な考察を行う。日本の英語教育に関する日本人英語教師のアンケート調査に現れる英語教育観から、タイの英語授業を対比的に考察し、EFL環境におけるタイと日本の共通する英語授業の特性を探ることを試みる。

　第7章では、EFL授業における母語(L1)使用の有効性について論じる。外国語教授において、学習者にとっての母語(L1)を教師がいかに使用しているか、母語使用の有効性に関する先行研究の知見を述べ、EFL環境における英語授業での母語(L1)使用の観察・分析の結果から、その有効性を明らかにすることを試みる。

　第8章では、EFL環境に適した授業構築の概念をのべ、EFL型の新し

iii

い授業モデルの可能性を提案する。

　終章では、本研究をふり返り、本研究でなしえた成果をまとめるとともに、今後の課題について総括する。

目　次

概　要 ……………………………………………………………………… i

序　章
  1　研究の動機 ………………………………………………………… 3
  2　コミュニケーション志向の英語教育の現状 …………………… 4

第1章　研究の理論的背景
  はじめに ………………………………………………………………… 13
  1　タイと日本の英語教育 …………………………………………… 13
    1.1　EFL環境の視点と日本の英語教育政策 ……………………… 13
      1.1.1　日本の公教育における英語教育政策の諸問題　13
      1.1.2　日本のEFL環境に適した英語教育仮説　18
    1.2　タイの英語教育の歴史的変遷 ………………………………… 19
      1.2.1　タイの言語政策　23
      1.2.2　タイの外国語教育史の概観　24
      1.2.3　タイの言語教育　25
      1.2.4　タイの小学校英語教育　26
      1.2.5　タイの中等学校英語教育　27
  2　英語教育におけるESL環境とEFL環境 ………………………… 28
    2.1　ESLとEFLの定義 ……………………………………………… 28
    2.2　英語教育におけるESLとEFLの概念規定 …………………… 33
      2.2.1　ESL環境とEFL環境における英語教育のねらい　33
      2.2.2　日本におけるバイリンガリズム　35

3　コミュニカティブ・ランゲージ・ティーチングの
　　　歴史的背景と指導理念……………………………………　36
　　3.1　コミュニカティブ・ランゲージ・ティーチングの
　　　　歴史的背景 ………………………………………………　36
　　3.2　コミュニカティブ・ランゲージ・ティーチングの
　　　　基本的理念と批判 ………………………………………　39
　　3.3　EFL 環境におけるコミュニカティブ・ランゲージ・
　　　　ティーチングの適合性 …………………………………　42
　4　英語教室の談話構造とクラスルーム・リサーチ…………　44

第2章　教師ことば (teacher talk) 研究と先行研究の知見
　はじめに……………………………………………………………　47
　1　教師ことば (teacher talk) の基本概念……………………　47
　　1.1　外国人ことば（フォリナー・トーク）……………………　48
　　1.2　赤ちゃんことば（ベビー・トーク）………………………　49
　　1.3　教師ことば（ティーチャー・トーク）……………………　49
　2　教師ことば（ティーチャー・トーク）の主な特徴………　51
　　2.1　教師ことばの修正（モディフィケーション）……………　51
　　　2.1.1　修正（モディフィケーション）の分類　51
　　　2.1.2　修正（モディフィケーション）の問題点　52
　　2.2　教師ことばの質問（クエスチョン）………………………　53
　　　2.2.1　教師の質問（クエスチョン）の重要性　53
　　　2.2.2　教師の質問（クエスチョン）の分類　54
　　　2.2.3　教室で用いる質問（クエスチョン）のタイプ　56
　　2.3　教師ことばのフィードバック（フォローアップ）………　57
　　　2.3.1　内容に関するフィードバック　57
　　　2.3.2　形式に関するフィードバック　58
　　　2.3.3　フィードバックの問題点　59
　　2.4　外国語(EFL)教授における教師の母語使用の役割 ………　59

2.4.1　ティーチャー・トークとしての目標言語(TL)使用の限界　60
　　2.4.2　EFL 環境におけるティーチャー・トークとしての
　　　　　母語(L1)使用の可能性　61
　2.5　本研究におけるティーチャー・トークの意義と展望 …… 63
　　2.5.1　英語授業におけるティーチャー・トークの重要性　63
　　2.5.2　EFL 授業におけるティーチャー・トークの
　　　　　着眼点（有効性）　65
　　2.5.3　ティーチャー・トークと教師教育　65

第 3 章　研究のリサーチ・デザイン

　はじめに ………………………………………………………………… 67
　1　研究目的 …………………………………………………………… 67
　2　研究仮説 …………………………………………………………… 67
　3　研究方法 …………………………………………………………… 68
　　3.1　授業分析 ……………………………………………………… 70
　　　3.1.1　定量的授業分析　70
　　　3.1.2　定性的授業分析（記述分析）　78
　　3.2　談話分析 ……………………………………………………… 79
　　　3.2.1　定量的談話分析　79
　　　3.2.2　定性的談話分析（記述分析）　83
　　3.3　母語（タイ語）使用に関する分析方法 …………………… 84
　　　3.3.1　定量的母語使用分析　85
　　　3.3.2　定性的母語使用分析　85
　4　分析対象 …………………………………………………………… 85
　　4.1　教授者と学習者 ……………………………………………… 86
　　4.2　抽出学習者の様子 …………………………………………… 87
　5　データ収集と分析手順 …………………………………………… 88
　　5.1　データ収集の方法 …………………………………………… 89
　　5.2　データの分析手順 …………………………………………… 89

vii

第4章　タイの英語授業の予備的研究（調査Ⅰ）

1　タイの英語授業観察（調査Ⅰ）の背景 …………………… 91
2　分析方法（調査Ⅰ） …………………………………………… 91
　2.1　分析観点 ……………………………………………………… 91
　　2.1.1　授業分析観点　91
　　2.1.2　談話分析観点　95
　2.2　分析対象 ……………………………………………………… 95
　　2.2.1　分析対象授業　95
　　2.2.2　分析対象者　96
3　授業言語データ ………………………………………………… 97
　3.1　教師Aの場合 ………………………………………………… 97
　3.2　教師Bの場合 ………………………………………………… 99
4　分析データと結果 ……………………………………………… 101
　4.1　授業分析（調査Ⅰ） ………………………………………… 101
　　4.1.1　定量的授業分析データ　101
　　4.1.2　定量的授業分析結果　103
　　4.1.3　考察　103
　4.2　談話分析（調査Ⅰ） ………………………………………… 104
　　4.2.1　定性的談話分析結果　104
　　4.2.2　考察　106
　　4.2.3　定量的談話分析結果　107
　　4.2.4　考察　108
5　談話分析考察のまとめ（調査Ⅱへの示唆） …………………… 110
　5.1　データの再構成 ……………………………………………… 110
　5.2　予備的研究からの示唆 ……………………………………… 111
　5.3　本研究への展望 ……………………………………………… 113

第5章　タイの英語授業の本格的観察（調査Ⅱ）

- 1　タイの英語授業の予備的研究から本研究へ …………… 115
  - 1.1　タイの英語授業観察（調査Ⅱ）の背景 …………… 115
- 2　調査Ⅱへの研究の枠組みの再構成 ……………………… 117
  - 2.1　授業分析 …………………………………………… 117
    - 2.1.1　授業分析方法　117
  - 2.2　談話分析 …………………………………………… 119
    - 2.2.1　談話分析観点　119
- 3　分析対象 …………………………………………………… 121
  - 3.1　分析対象授業 ……………………………………… 121
  - 3.2　分析対象者 ………………………………………… 121
- 4　分析の実際 ………………………………………………… 122
  - 4.1　授業分析の実際 …………………………………… 122
    - 4.1.1　授業分析マトリックス　122
    - 4.1.2　定量的授業分析データ処理（言語比率の算出式）　133
    - 4.1.3　定量的授業分析結果　145
    - 4.1.4　定量的授業分析の解釈　146
    - 4.1.5　考察　149
  - 4.2　談話分析の実際 …………………………………… 153
    - 4.2.1　Modified Input / Modified Interaction の定量的談話分析　153
    - 4.2.2　SETT 処理の定量的談話分析　173
    - 4.2.3　Modified Input / Modified Interaction の定性的談話分析　187
    - 4.2.4　SETT 処理の定性的談話分析　209
- 5　英語授業でのタイ語（母語）使用 ……………………… 222
  - 5.1　タイ語使用分析のための観点づくり …………… 222
    - 5.1.1　〔A〕言語指導に用いたタイ語の抜粋　223
    - 5.1.2　〔B〕学習活動や言語活動の説明に用いたタイ語の抜粋　225
    - 5.1.3　〔C〕教室管理・運営に用いたタイ語の抜粋　225
  - 5.2　定量的タイ語使用分析の実際と結果 …………… 228

5.2.1　定量的タイ語使用分析結果　228
　　　5.2.2　定量的タイ語使用分析結果の考察　229
　　　5.2.3　定性的タイ語使用分析　230

第6章　考察のまとめとEFL環境の共通項
　はじめに………………………………………………………………　259
　1　タイの英語授業に関する諸分析の考察のまとめ…………　259
　　1.1　授業分析について　………………………………………　260
　　1.2　談話分析について　………………………………………　262
　　　1.2.1　Modified input / Modified interaction の場合　262
　　　1.2.2　SETT処理の場合　263
　　　1.2.3　母語(L1)使用の場合　264
　　1.3　考察の総合的見解　………………………………………　268
　2　日本の英語教育の視点から見たタイの英語授業………　268
　　2.1　日本の英語教師の授業観　………………………………　268
　　2.2　日本との対比的見地から見たタイの英語授業　………　276
　3　EFL環境におけるタイと日本の英語授業に共通する特性…　278

第7章　EFL授業での母語(L1)使用の意義
　はじめに………………………………………………………………　279
　1　英語授業における母語(L1)使用の理論的背景……………　279
　　1.1　タイの英語授業での母語使用の実態　…………………　285
　　1.2　日本の英語授業での母語使用に関する考え方　………　290
　2　EFL環境における英語授業での母語(L1)使用の意義　…　291

第8章　EFLコンテクストに適した授業モデルの可能性
　　　　　母語の有効な活用の視点から
　はじめに………………………………………………………………　293

1　EFL 型授業観の構築 ………………………………… 293
　　2　EFL 環境における英語授業での母語使用の条件 ……… 296
　　3　EFL 型授業モデルの可能性（母語の有効な活用の視点から）… 300

終章　研究成果と今後の課題
　　1　本研究でなしえたこと ……………………………… 309
　　2　今後の課題 …………………………………………… 319

参考文献……………………………………………………… 323

謝　　辞……………………………………………………… 333

索　　引……………………………………………………… 337

英語授業の EFL 的特性分析
―― タイの中等学校におけるケース・スタディ ――

序　　章

1　研究の動機

　日本の中等学校における英語教育の変遷を振り返ると、新制中学校・高等学校が始まって以来、学校英語教育は常に批判にさらされてきた。英語を何年も学んでいるのに使えるようにならないという視点から学校英語教育が厳しく批判を受けてきた。日本の英語教育にさまざまな問題があるのも事実である。時代と共にそのつど英語教育改革がなされてきた。その改革というのは、常に「英語が使えない」と批判されることへの対応策であり、つまり「英語が使える」ようにするための改革がなされてきた。しかし、これまでそれらの改革に密接に関係している日本の学校英語教育の制度、ならびに諸条件が英語教育の効果にどのように影響を及ぼすかについては科学的な検証がなされることはなく、また教育界であまり議論されることもなかった。例えば、授業時数、クラス・サイズ、指導目標に合った指導法、シラバスと教科書の関連性、教師教育のあり方、あるいは日本というEFL(English as a Foreign Language)環境の中での英語教育のあり方などの英語教育に関する制度や諸条件を深く検討することなく、「英語の実際使用」につながるための理念ばかりを追い求め、その理念に対する英語教育の具体的な方法論が示されるまでには至らなかった。
　つまり、海外のESL(English as a Second Language)国における第2言語習得SLA(Second Language Acquisition)研究の成果が日本の英語教育に性急に導入されようとしているのではなかろうか。日本というEFL環境を深く考慮せず、ESL環境と同じような指導法を取り入れても、一般の学

校教育現場ではその指導法がうまく機能していないのが実情である。アンケート調査（第6章）から「英語教育改革は行われるが、英語教育実践は変わらず」と言った現状が覗える。そこで、日本にはEFL国としての固有の英語教育方法があるのではないかと常々考えてきた。日本の英語教育だけを広く深く調査するのもひとつの方法であるが、海外に目を向け、日本と類似の条件下にある他のEFL国の現地調査、並びに観察・分析を行うことによって、日本の英語教育との比較的見地からEFL国としての英語教育に関する共通項が見えてくるものと考えた。

　よって、本研究はタイ国の英語授業に着目し、日本の英語教育の視点から、タイの英語授業を調査・分析するケース・スタディである。タイを研究対象とした理由は、以下の2点である。
① タイが歴史的に植民地化されたことがなく、母語であるタイ語の使用が安定しており、定着しているという観点では日本と類似しているからである。
② タイの中等学校の現場に入っての英語教室のケース・スタディがまだ行われていないことが挙げられる。

　タイと日本の英語教育に共通項が存在すならば、EFL国の英語教育の課題がより際立ってくるものと考えられる。それらの課題の解決こそが日本の英語教育の改善につながり、EFL国としての日本固有の英語教育のあり方や指導法が見えてくるであろうと考え、本研究に取り組むことにした。

　本研究の主たる目的は、あくまでタイの中等学校における英語教室の特質を多角的な分析によって明らかにすることを中核に据える。その理由として、EFL環境にある国のケース・スタディとしてタイ現地での具体的な英語教室の授業分析を中心にした先行研究がなされていないからである。

2　コミュニケーション志向の英語教育の現状

　21世紀に突入した後の大規模な英語教育改革も、基本的には「使える英語」が求められているという認識に基づいて行われていると言える。また、

序　章

日本の英語教育がコミュニケーション志向の教育にシフトしてきた理由として、1980年代前半に、Canale & Swain (1980) がコミュニカティブ・コンピテンス（コミュニケーション能力）という概念の定義を提示し、Krashen (1982) のモニター理論が生まれ、さらに Cummins (1981) の BICS (Basic Interpersonal Communication Skill)、すなわち日常会話能力と CALP (Cognitive Academic Language Proficiency)、すなわち認知学習言語能力の区別がイマージョン教育やコンテント・ベースト・アプローチの理論的枠組みとして取り入れられると言ったように、応用言語学や SLA 研究の発展に伴い、日本でも文部科学省が（平成10年度：中学校、平成11年度：高等学校）学習指導要領を改訂し、それぞれ平成14年度、平成15年度から実施している。その中で初めて「実践的コミュニケーション能力」という文言が学習指導要領の中で用いられ、コミュニカティブ・ランゲージ・ティーチング（CLT: Communicative Language Teaching）〔コミュニカティブ・アプローチ（CA: Communicative Approach）とも言う〕が本格的に取り入れられる時代になったように見えた。そして、「実践的コミュニケーション能力の育成」を指導目標に掲げ、「ことばの使用場面」と「ことばの働き（機能）」を重視した英語教育を打ち出し、「聞く」「話す」のオーラル・コミュニケーション重視の方針を盛り込んだ。英語の授業は英語で行うという考え方が徐々に広まってきた。また、平成14年度から小学校の「総合的な学習の時間」に、「国際理解」の一環として英会話・英語活動が導入されている。平成12年1月に、首相の私的懇談会である「21世紀日本の構想」が、日本人に英語を日常的に併用させようという、英語第二公用語化を議論することを提言した。

　文部科学省は、平成14年7月に「『英語が使える日本人』の育成のための戦略構想」を公表し、翌年、平成15年3月に、「『英語が使える日本人』の育成のための行動計画」を発表した。この構想の中で、国民全員に求められる英語力ということを打ち出した。それは、中学卒業段階では「挨拶や対応等の平易な会話（同程度の読む・書く・聞く）、高校卒業段階では日常の話題に関する通常の会話（同程度の読む・書く・聞く）ができること」

を達成目標として設定している。具体的な施策として、大学入試センター試験へのリスニング・テストの導入（H18年度実施開始）、スーパー・イングリッシュ・ランゲージ・ハイスクール(SELHi)の指定、外国人指導助手(ALT)の有効活用をはじめとするさまざまな施策が打ち出されている。

　現在、行われている英語教育改革は、「使える英語」の育成を求め過ぎている観があると思われる。もちろん悪いことではないし、言語教育としてきわめて当然のことではある。しかし、あまりにも「使える英語」に意識が移りすぎて、日本がEFL（英語教室外に日常生活の中で英語を生活言語として使う機会がない）環境であることが意識されず、ESL（英語教室外にも日常生活の中で英語を生活言語として使う機会がある）環境的な英語教育の方法論へと改革が進んでいるように思われる。「聞く・話す」の会話的なオーラル重視の指導を行ってさえいれば、英語運用能力が育成されるという短絡的な思考に陥っている。「聞く・話す」の音声面の指導を行っているといっても、文法シラバスによるカリキュラムで文法事項や言語材料を中心に指導しているのが大半である。現状の英語教育では、オーラル英語に接する時間や量があまりにも少な過ぎたり、英語を「聞く・話す」ことの必要性があまりないために、運用能力育成の効果が希薄になっている。よってEFL環境では「読む・書く」の技能とも関連づけながら4技能を統合的に指導することが重要になってくると考える。しかも、指導法として、CLTを取り入れようとしているのはよいが、指導者である教師自身がCLTの理念や具体的な指導法の訓練を受けているのであろうか。筆者が英語教師に実施したアンケート調査（第6章を参照）によると、現状はそうとは思われない。ただ単に、英語を使って（クラスルーム・イングリッシュレベルの英語が大半である）、「聞く・話す」活動を取り入れて授業を行おうとしているに過ぎないのではなかろうか。オーラル中心の英語による会話的な授業であればよいという表層的な英語授業に陥っているところがあるように思われる。

　学習指導要領や「『英語が使える日本人』の育成のための行動計画」には、「使える英語」を育成するためにはどのような学習過程で、どのような学

習手段で、そしてどのようなカリキュラムで指導するべきかなどについての指針や方法論が一応示されてはいるが、1つの例として示されているだけであり十分であるとは言えない。少なくとも、学校教育における英語教育は、授業構築においてEFL環境を明確に意識した上で、EFL環境に適した指導法を考えるべきである。現在の英語教育の現状、特に中学校の英語教育は、表層的な会話重視の英語教育に陥る危険性をはらんでいる。

「使える英語」のための有力な指導法として登場したCLTや目標言語の英語を媒介として行うダイレクト・メソッドの教授法による授業やALTとのティーム・ティーチングの授業によって、日本人の英語力は伸びたのであろうかという疑問に対して、TOEFLの成績結果を見る限り、ALT導入後の方がむしろ後退している。「コミュニケーションの道具としての英語」を教えるために、学習者をコミュニケーションに積極的に参加させるための指導法や教材・タスクやカリキュラムが作られ、ALTの配置や時間配当を増やし、英語を使う場面を確保する試みがなされてきた。その条件下で学んだ結果、最近の若い人は英語を使用することに慣れており、以前のように英語を聞いたり話したりすることに拒否反応を示さなくなった。そして、英語ができるようになったと漠然と思っている人がずいぶんいるようである。

藤原(2005)は、最近の若い人たちが海外に出て、内容が何もない表層的な英語をペラペラしゃべるので、日本人の中身のないことがすっかりばれてしまい、内容がないのに英語だけはうまいという人間は、日本のイメージを傷つけ、深い内容を持ちながら英語を話せないという大勢の日本人を無邪気ながら冒涜していると述べている。

このように、一見、英語ができるようになったかのように見えるが、実質的には、英語の内容がなく表層的であり、英語力は落ちている結果となっている。その証拠となるのが、TOEFLという国際的な英語力のテストのスコアがアジアで日本が最下位になったことである。教室の外に出たとき実際にはなかなか実を結ばないと感じている学習者がいるのも事実である。会話重視の英語教育法は、惨憺たる結果をもたらしている。表1は

TOEFL のアジア諸国の成績結果を示している。

表1：2001/2002年 TOEFL アジア各国平均スコア（computer-based test）

国　名	聞き取り	文法作文	読解	総合点	順位
アフガニスタン	20	20	20	201	22
アルメニア	21	22	22	219	9
アゼルバイジャン	22	22	21	217	11
バングラディシュ	21	22	21	213	13
カンボジア	19	20	19	194	27
中国	20	22	22	214	12
香港	21	21	21	209	17
インド	24	25	25	246	2
インドネシア	21	21	21	210	16
日本	18	19	19	186	29
カザフスタン	22	22	22	219	9
北朝鮮	17	18	19	178	30
韓国	19	21	22	207	19
キルギスタン	22	22	22	220	7
ラオス	20	20	19	198	23
マカオ	19	21	20	198	23
マレーシア	23	23	23	228	4
蒙古	20	19	19	193	28
ミャンマー	20	21	21	208	18
ネパール	21	24	21	220	7
パキスタン	23	24	22	228	4
フィリピン	23	23	23	230	3
シンガポール	25	26	25	255	1
スリランカ	22	22	22	221	6
台湾	19	20	20	198	23
タジキスタン	21	21	20	206	21
タイ	19	19	20	197	26

トルクメニスタン	21	21	21	212	14
ウズベキスタン	21	21	21	211	15
ベトナム	19	22	21	207	19

出典：国際教育交換協議会日本支部代表部　TOEFL 事業部

　表1からわかるように、ESL 環境にあるアジアの国（シンガポール、フィリピン、マレーシア、インドなど）は高いスコアを示し、EFL 環境にある国（日本、タイ、台湾、北朝鮮）は低いスコアを示している。ESL 国と EFL 国を比較するまでもなく、それぞれの言語環境や国家の言語政策の相違からスコアの差は当然の表れるべき差であると考えられる。
　これらの英語教育改革がうまくいかない理由として、

> 日本は英語環境ではない、という当たり前の事実の確認である。アメリカで開発された ESL という英語教育法は、日本では基本的に不適切な教育方法であるということである。アメリカの ESL は、英語を母語としない移民などのアメリカ在住者を対象として開発された英語教育法なので、言語環境が英語環境であることを前提としている。「常時」英語が話されているという環境のもとで英語を学ぶのと、英語に接するのは英語を学ぶときだけというのとでは、とくにヒアリングと会話について決定的な差がある。にもかかわらず、ESL はアメリカ生まれの「先進的な」英語教育論だと大誤解されている。この教育法の影響が英語教育者にかなり根強いことが、間違った英語教育改革の一つの原因になっていると思われるので、この確認をする必要があると考える。こうした前提の上に立って、義務教育としての中学校の英語教育はどのようなものであるべきか、あらためて考えてみよう。

と茂木（2004）が言うように、義務教育段階の学校教育、特に公教育という教育制度の枠組内でその教育条件に応じた英語教育の目的や指導法、また到達目標を設定する必要がある。授業時数に関して述べると、言語の学

習の観点から言うと授業時数が多い方が望ましい。しかし、学校教育カリキュラムの中では、他の教科との時間数の均衡も考えなければならないため、英語科の立場からだけで授業時数を増加するように主張することはできない。学校英語教育について論じるならば、教育課程やカリキュラムなどの教育活動全般の統合的な視座で英語教育のあり方を考えることが求められる。

　また、吉田（2003b）は、CLTとESLおよびEFLとの関連について、次のように述べている。

　　CLTは、日常生活で英語が用いられているESL環境で英語を学んでいるのであれば、教室で学んだ場面や状況が同じ形で、あるいは、少し変えた形で生活の中に存在するので、学習者は、教室で学んだことが実生活で役立つと実感できるであろう。まだ学んでいない状況に遭遇して困ったことがあっても、それが動機づけとなり新たな学習に結びつけることができる。「成就感」と「動機づけ」が好ましい形で繰り返されるのである。しかし、日本のように英語が日常生活で使われていないEFL環境においては、ESL環境と同じような手法ではこのような「好循環」を期待することはなかなかできない。教室を一歩出れば日本語での言語生活が待ち受けているので、学習者は身についた言語（英語）と日常生活の言語（日本語）との間に常に身をおいていることになる。

　上記で吉田（2003b）が述べるように、EFL環境での英語教育を考えるとき、EFL環境をもっと意識し考慮した英語教育を構築していく必要があると考える。EFL環境と英語教育条件のあり方、EFL環境と指導法の関連性などをもっと熟考して英語教育（英語授業）を構築して行かなければならない。ESL環境での英語教育のあり方が必ずしもEFL環境に適しているわけではない。吉田（2003b）が述べているように、CLTの指導法はESL環境での授業で用いられるように捉えられがちであるが、必ずし

もそうであるとは言えない。EFL 環境でも直ちに CLT を否定することもできない。CLT のよい点は大いに取り入れればよいが、EFL の特質を明らかにすることによって、CLT 活用の効果の有無も明確になってくる。よって、EFL 環境の特質を明らかにすることの意義は大きいと考える。但し、実際には EFL 環境の特質を検証することはきわめて困難である。そこで、本研究では、授業分析・談話分析を通して、EFL の特質を解明していくものとする。

第1章　研究の理論的背景

はじめに

　第1章では、本研究の理論的背景について論ずる。まず、日本の英語教育政策と英語教育目標の整合性について述べ、次にタイの英語教育の歴史的変遷と現状について述べる。そして、本研究で明らかにしようとしているEFL環境の特質とそれに適した英語授業のあり方を探るために、これまでに定義されてきたESLとEFLの諸説を整理し、本研究を理論的に追究するために、ESLとEFLの概念規定について論じる。

　さらに、本研究を実施するにあたり、クラスルーム・リサーチの研究方法のあり方と英語教室の談話構造の理論的背景について論ずる。

1　タイと日本の英語教育

1.1　EFL環境の視点と日本の英語教育政策

　ここでは、日本の学校英語教育に関する研究を行う際の諸条件について論ずる。本研究は、英語教育研究を進めていく上で、EFL環境下にある義務教育レベルの学校英語教育の範囲における研究である。まず最初に、その範囲での諸条件や教育政策について明らかにし、教育政策と教育目標の整合性の問題点について論じる。

1.1.1　日本の公教育における英語教育政策の諸問題

　学習指導要領をはじめとして、国家の言語政策のあり方を教育条件の観点から以下の項目について、現状がどのようになっているかを論じる。特に、平成10年告示の学習指導要領の解説書は「実践的コミュニケーション

能力」というのは、単に外国語の文法規則や語彙などについて知識をもっているということではなく、実際のコミュニケーションを目的として外国語を運用できる能力を指している。従って、コミュニケーションを適切に行うための総合的な力を指している」と述べている。学習指導要領で謳われている「実践的コミュニケーション能力」の育成が、下記の日本の学校英語教育の諸条件の下で可能であるか否かを考慮する必要がある。高橋（2001）は、「実践的コミュニケーション能力」といっても、学校英語授業が目標とする学力の中で位置づけて、「実践的コミュニケーション能力」と言おうが、単に「コミュニケーション能力」と言おうが、学校教育の枠組みの中で論じられることが大前提であることに言及している。

①授業時数

英語の授業時数に関しては、これまでの「学習指導要領」の改訂のたびに時数が変更されてきた。英語教育は学習時間の問題が強く影響しており、学習時間は少ないよりは多い方が適切であることが先行研究においても検証されてきた。そこで、英語教師はこれまでに英語授業の確保や増加に努めてきた。しかし、公教育で行われる学校英語教育はカリキュラムの授業時数において、他教科とのバランスを考える必要がある。英語科だけの時数の増加は望めない。

現行の「中学校学習指導要領」において、英語の授業時数は年間で105時間（週3時間）を実施することになっている。カリキュラム上は1時間単位の授業時間は50分であるが、学校行事等の運営によって、英語の実質授業時間は全国平均で週2.4時間であると報じられている。筆者も実質の授業時数は年間75時間から80時間の実施であり、本来の実施するべき授業時数の75％前後しか実施できないのが現状である。いずれにしても、この授業時数で目標に掲げている「実践的コミュニケーション能力の育成」が可能であるかという問題点が挙げられる。

実施授業時数が規定よりも少ないのは、原則に反しているが、日本の公教育では全人教育を目指しており、学習指導要領に定められたカリキュラムとカリキュラム以外の教育活動のバランスを考えて学校教育が実施され

ている。「学習指導要領」に定められた授業時数以外に学校行事に関する教育活動に充てられる時数を確保するためであると考えられる。

②検定教科書制度

　教科書に関しては、文部科学省検定の教科書を使用することが義務づけられている。よって、授業時数に連動して、語彙数、基本文型の数、文章量、教科書のシラバス・タイプなどが学習指導要領によって定められている。文部科学省検定済中学校英語教科書（現行版）の基本語彙数は中学校3年間で900語である。この定められた語彙数や文章量の教科書で「実践的コミュニケーション能力の育成」が可能であるかという問題点が挙げられる。それから、現在のところ教科書は文法シラバスで構成されている。文法シラバスで「実践的コミュニケーション能力の育成」が可能であるかという問題点も指摘できる。

③クラス・サイズ

　現行の学級人数は40人学級である。1学級40人の構成員で行う授業で「実践的コミュニケーション能力の育成」が可能であるかという問題点が挙げられる。最近では、全国的に英語科の授業では、少人数制が実施されている学校がある。クラス・サイズを半分にして20人学級を1人の教師が教えるのである。教師数は2倍になるが、半分の教師は非常勤講師の場合が多く、本採用の教師との間に指導力の差が出るため、結局、40人学級にして2人の教師のティーム・ティーチングで指導するケースも現れている。欧米では、外国語教室の人数は一般的に、15人が上限であり、それ以下の人数で授業が行われていることがしばしば報告されている。実際に観察する限りにおいては、20人から30人程度である。

④英語教員研修制度、英語教員資格など

　公教育に携わっている現職教員研修制度については、文部科学省が開催している英語指導者研修、都道府県の教育委員会が開催している英語教員研修、現職教員海外研修制度などがあるが、それらの研修を受講できる教師は限られている。全国の英語教員の中の一部の教師が教育委員会の推薦を受けて、認定された教員だけがそれらの研修を受講することができる。

その他、受講費自己負担による民間団体が主催する教師研修に自主的に参加する機会もある。生徒に「実践的コミュニケーション能力」を育成するには、教師自身が英語力や指導技術を高める必要がある。現状の教員研修制度で、果たして生徒に実践的コミュニケーション能力を育成するための英語力や指導技術を十分に保持できるであろうかという問題点が浮かび上がる。

⑤ **教材開発**

実践的コミュニケーション能力を育成するには、文部科学省の検定教科書だけで十分であるのかという問題点がある。コミュニケーション能力を育成するためには、それに見あう教材が必要である。「聞く」「話す」力を育成するには、「聞く」「話す」ための音声教材が必要であるように、活動の内容に応じた教材開発が必要である。教育現場の現状では、教科書を中心に教えているが、これで実践的コミュニケーション能力の育成が可能であるかという問題点がある。

⑥ **EFL 環境、指導理念、指導スタイル**

日本の英語授業の現状は、ESL 的指導方を用いるのか否か、あるいは、EFL 環境を意識して英語授業を構築すべきであるのか否かを考慮するべき問題点がある。コミュニケーションのための英語教育の観点からすると、指導法はコミュニカティブ・ランゲージ・ティーチングやダイレクト・メソッドなどが用いられる傾向にあるが、筆者が実施した英語教師へのアンケート調査（第 6 章参照）では、教師自身が CLT の指導理念を理解していない場合や、CLT、ダイレクト・メソッドの指導法の訓練を正式に受けていない場合が多いという結果がでた。また、これらの指導法が果たして、EFL 環境における英語授業に適しているのか否かという問題点もある。

⑦ **生徒の学習動機や学習の目的（英語の必要性、高校入試の問題）**

生徒の英語学習の目的についてアンケート調査を実施すると、「英語を話したい」という割合が高く表れる。英語を使って外国の人々と話したい気持ちが強いようであるが、実際は、高校入試のために英語を学習するというのが生徒の本音である。このことからも、英語授業をコミュニカティ

ブな授業スタイルで行ったとしても、生徒の学習の目的と異なっていれば、教師にとって授業が困難になり、生徒にとって興味を奪うものになりかねない。生徒の学習動機と教師の授業形態が合致しないときの困難が指摘される。

⑧異言語距離に関する問題（英語と日本語の言語的距離）

　大谷（2004）は2004年10月23日付けの朝日新聞夕刊での「日本の英語教育を考える」というコラムで、日本人が英語を習得するには英語と日本語の間の「距離」に壁があると述べ、2言語間に存在する「言語的距離」について以下のように論じている。

> 　北アメリカの大学に入る際に受験する英語能力試験 TOEFL の成績の結果を用いて「言語的距離」について論じている。TOEFL の得点が過去40年、一貫して高い国は、英語と語族が同族のインド・ヨーロッパ語のゲルマン系の言語話者（オランダ、ドイツ、スウェーデンなど）であり、欧米の植民地経験国（シンガポール、フィリピンなど）の言語話者である。反面、常に最低の得点は、インド・ヨーロッパ語とは無縁の言語で、欧米の植民地経験もない世界のわずかの国々（タイ、台湾、韓国など）の言語話者である。日本も、実はこのような最低得点国のひとつなのである。
>
> 　TOEFL の得点は母語と英語の言語的距離、それに英米による植民地経験の有無を、見事なまでに反映している。外国語教育とは、本来、単なる技能の教育にとどまらず、このような言語の文化的理解に根ざしたものでなければならない。ところがわが国では、（同族の）朝鮮語にくらべて英語の教育は格段の困難を伴うという理解さえもまことに希薄である。

ここで述べられている「言語的距離」の視点は、日本のような EFL 環境における英語教育を考える際に、きわめて重要な視点であると見なせる。

　また、斎藤（2003）も同様に、言語的距離に関することについて「日本

語と英語は全く違う語族に属し、書記体系も音韻体系も統語構造も、さらにはことばを用いるときの理念的な前提が全く異なる以上、日本語を母語として育った人間がそうそう簡単には英語を使いこなせるようにはならない」と述べている。

　以上のように、EFL 国の母語と英語の言語的距離は遠いため、英語授業を構築する際にこの言語的距離を埋める手立てが必要となる。

1.1.2　日本の EFL 環境に適した英語教育仮説

　EFL の定義の諸説や第 1 章の 2.2 で規定した EFL の概念、及び日本の英語教育の諸条件から、日本の EFL 環境に適した英語授業の構造があると仮定する。その仮説を以下のように提示する。

① 英語の基本となる型を作る学習（徹底した訓練的な学習：学習活動）を行う。その上で、発展的な学習(言語活動やコミュニケーション活動)を行う。
② アウトプット（output）を意識して、インプット（input）を行うと、インテイク（intake）が容易にできる。
③ CLT で英語による自己表現を高めるには日本語の介在はマイナス要因になるといわれているが、日本の英語習得の現状において、平均的な英語学習者がおかれている状況を考えると、英語授業で日本語（母語）を全く使用しないのは現実的ではない。そこで、適切な日本語（母語）活用を考える必要がある。

【仮説】　日本の EFL 環境（しかも授業時間数が極めて限られた環境）に適した授業構造として、output を意識させた上で、input をさせると、intakeが容易にできる。図1Aで、英語を取り込む intake の過程を示す。

　つまり、「今、〜を input しているのは、その後、〜を output するからである」ということを理解させて、授業に取り組ませると、intake が容易にできるようになるという仮説である。いわゆる英語を intake するための回路、すなわち「英語脳」を脳内に構築するための授業構造の過程である。

第1章 研究の理論的背景

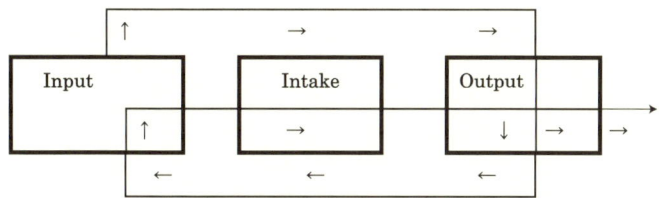

図1A：授業構成のための英語を取り込む過程

1.2 タイの英語教育の歴史的変遷

　タイは東南アジアに位置しており、タイ国家を統一する言語は、国語としてまた公用語として認められている標準タイ語である。標準タイ語は教育をはじめとして、政治、行政、メディアで用いられており、タイ国家の帰属意識の象徴となっている(Brudhiprabha, 1993)。標準タイ語は、タイのほとんどの人々が使用している言語の標準的な言語として存在している。タイの一部の地域の集団において、中国語、マレー語、ヴェトナム語、ラオ語、モン語、カーメル語などが限られた範囲ではあるが使用されている。英語はタイ語を話すことができない外国の人々と接触するときに、限られた階層のわずかな人々に用いられている(Brudhiprabha, 1975)。タイ国の教育は、仏教の経典や式典書の言語の学習を行う王宮や仏教寺院などの洗練された環境で始まった。現在でも大学や仏教協会で仏教の経典や式典書のための言語が教えられている。現在、学校関連の教育制度は4つのレベルに分割されており、就学前教育、初等教育、中等教育、高等教育の4つから成り立っている。それぞれのレベルにおいて、教育の目的は異なっている(Ministry of Education, 1996)。

　タイの学校では、標準タイ語は授業言語であり、カリキュラムの中核である国語として学ばれている。タイの子どもにとって学校に来る目的は、標準タイ語を話すためであり、少なくとも標準タイ語を理解するためである。タイ国家の言語教育の目的は、タイの子どもたちに標準タイ語を育成することであり、英語でコミュニケーションができるようにするために英

語を教えることである。標準タイ語はタイ全土における大学や学校で授業言語として用いられている。英語や中国語などの外国語が授業言語として用いられているのはほんの一部である(Wongsothorn, 2001)。例えば、タイの一部の大学やインターナショナル・スクールでは英語が授業言語として用いられている。英語は、タイでは今日まで学問上の、また職業上のために重要な言語であった。英語は小学校から中等学校、そして大学まで必修科目として教えられる唯一の外国語である。タイでは、長年にわたって英語の学習に実用目的はさほどなく、学問として見なされてきた。英語学習は、公教育よりも私学での教育の方が成功すると考えられていた。なぜならば、私学の方が公教育よりもカリキュラム上、多くの時間を英語の授業に当てているからである(Smalley, 1994)。

　タイで用いられている外国語の中で英語が最も重要であり、受け入れられているという現状がある。タイの100パーセントの学生が学校で英語を学んでいる。タイの英語教育の歴史は、ラマ王3世(King Rama Ⅲ, 1824-1868)の統治していた時代に、近代西洋スタイルの教育を目指し、アメリカの宣教師によって始められた(Durongphan et al., 1982 cited in Wongsothorn, 2000)。ラマ王4世(King Rama Ⅳ, 1851-1868)は、歴史的に見て英語の運用能力を備えた最初のタイ人であった。ラマ王5世(King Rama Ⅴ, 1867-1910)の統治下で西洋人の到来によって、英語の知識が必要となってきた。その時代に、ラマ王5世はジャワ(現在のインドネシア)、シンガポール、ヨーロッパを公式に訪問し、英語が国家の発展に必要であることを強く感じた(Durogphan et al., cited in Wongsothorn, 2000)。

　ラマ王6世によって制定された義務教育法は、8歳から14歳までのすべての子どもに対して初等教育を義務づけた。その当時、英語はすべての学生にとって必修科目であった(Durongph et al., 1982 cited in Wognsothorn, 2000)。この時期の英語カリキュラムの目標は、一般的なものから特定なものまであった。すなわち、近代思想家の努力をとおして国家の発展を促進することや、英語を授業言語として用いる大学レベルの授業で機能するように十分な英語の知識を子どもたちに与えることであった(Aksornkool,

第1章　研究の理論的背景

1981 cited in Wongsothorn, 2000)。ラマ6世とラマ7世（1910-1932）の統治の時代に、主として、英語の指導は機械的な暗記や文法・訳読を強調していた(Debyasuwan, 1970 cited in Wongsothorn, 2000)。1960年に、中等学校の英語シラバスに改変があり、言語の4技能のすべてに等しく力を入れるようになった。英語教育の第一の目的は、国際コミュニケーションや知識・情報の習得のために、生徒に英語を使えるようにすることであった。このように使える英語を教えるための指導法としてのオーラル・オーラル（聴覚・口頭）メソッドは、機械的な暗記や文法・訳読に取って代わる試みであった。しかしながら、オーラル・オーラル・メソッドは、タイの教育で長い間採用されてきた英語の機械的な学習や伝統的な指導法がはっきりと否認されてきたと同様に、好んで受け入れられることはなかった(Wongsothorn, 2001)。1932年から1969年の間に、英語は学校では必修科目であった。国の管轄である公立学校は5年生で英語を教え始め、大学の研究機関における実験学校も5年生から、私学は1年生から英語を教えていた。もう一つの主な変革は、1977年と1980年のナショナル・カリキュラムに見られる。それによれば、英語は中等学校で教えられている選択教科としてのフランス語、ドイツ語、日本語のような外国語と区別された。第2言語学習は、母語の標準タイ語を習得した後にのみ、組織的に導入されるべきであると信じ込まれていた。それに付け加えて、小学校で資格をもった教師がいないことがもう一つの問題点であった。英語はとても高い地位を享受し、最も幅広く教えられる外国語であった。英語カリキュラムのねらいは主として、学生がコミュニケーションの目的で言語を使えるようにすることや、後期中等学校（日本の高等学校に相当する）でクリティカル・リーディングやクリエイティブ・ライティングの授業を提供することであった。

　1995年、当時の教育相が急速に進む国際化に遅れないためには、小学校1年生からの英語教育が不可欠であるとの方針を打ち出し、1996年には、英語は小学校1年生から全員に対して必修科目となった。改訂された習熟度に基づくカリキュラムの目的は、学生に英語教育を中断することなく提

供することや、生涯学習を促進することであった(Ministry of Education, 1996)。1996年に告示されたカリキュラムでは、コミュニケーション、知識の習得、一般教養教育における英語使用、職業昇進、ならびに言語とその文化の正しい認識のためなど多くの目的を満たすために、学生の言語能力の向上に重点が置かれた。言語教授のアプローチとして、ある一つの方向性をもった機能・伝達的なものが挙げられている(Wongsothorn, 2000)。指導法は学習者主体の学習に適合させようとしており、正式な評価のためのペーパー試験と共にポートフォリオ、成績記録、そして観察などが正式に活用されている。

　2002年以来、タイの教育制度全般がかなり改善された。そのことが、タイの英語教育を含めて新ナショナル・エデュケーショナル・カリキュラムの中に詳細に書かれている。

　2002年には、新ナショナル・エデュケーショナル・カリキュラムが履行された。1997年のタイの憲法に基づいており、すべてのタイ国民は、1年生から9年生までの義務教育と10年生から12年生までの自由選択に合わせて12年間の無償教育の権利を一律にもっている。1999年の国家教育要綱は認知的、感情的、道徳的、倫理的、文化的な成長を通して、個人や社会の発展に対する生涯教育に重点が置かれている。このカリキュラムは、コア・ガイドラインがあり、それに対して地方や地域社会の問題の配慮がなされている。また、それに加えてそれぞれの地方や地域社会に応じた教育と学びの文脈を必要としている。どの状況においても基本的な教育を備えており、個々の教育条件に応じて、しかるべき固有のシラバスと教育内容を発展させる内容になっている。12年間の基本的な教育がタイの学生に小学校から中等学校まで途切れることなく英語の学習をさせることができるようになっている(Wongsothorn, 2000)。

　現行のカリキュラムの特徴は、グローバルとローカルの関係性や、学習者の卒業認定に用いる柔軟性と基準に基づいて倫理性や普遍性で統合された知識の連続性、統一性、そして協調性である。これらの特徴のすべてが、次に挙げる目標と合致している。すなわち、学習者を立派に、幸せに、

情緒的に安定しているように、道徳的な、倫理的な、健康的な、審美的に感覚の鋭い、タイ人であることを誇りに思い、自ら考え、決断し、判断し、問題解決ができ、地域社会と国家の価値観を大事に育てることができ、共通の美徳や目標を理解していることであり、タイや世界の知的市民であることを発展させるように育成するという目標と合致している (Fungchomchoei, 2005)。

新ナショナル・エデュケーショナル・カリキュラムの英語指導に関わる規定によれば、タイ国の英語教育のためにタイ全土で、小学校1年生の2学期から英語教育を始めるように拡大された。つまり、小学校1年生から英語教育を開始することが必修となっている。

1.2.1 タイの言語政策

タイでは、公用語として標準タイ語 (Standard Thai) が用いられている。それはコミュニケーションの目的で、タイ全土において広く用いられているものである。'Thai' という用語は一般的に、'Tai' 方言やタイで話されている諸々のタイ語について文献で言及するときに用いられている。一方で、'Tai' という用語は、ラオス、ミャンマーのシャン地方、北ベトナム、南西・南東中国、インドのアッサム地方で話されているタイ諸語と方言のすべての語族のことを言っている。

タイは、大きく分けて4つの地域の方言がある。4つの地域の方言は、北方タイ語（カムムエン）、東北タイ語（イサーン、ラオ）、中央タイ語（標準タイ語）、と南方タイ語（パクタイ）から成り立っている (Noss, 1984, cited in Wongsothorn, 2000)。

標準タイ語が、タイのすべての学校の授業言語となっている。しかし、最近は授業言語として英語を使っているインターナショナル・スクールがタイ全土にわずかではあるが、バンコクをはじめとして、チェンマイのような大都市に設立されている。少数派言語をタイ社会の多数派言語の中にうまく組み込むため、タイ政府はあらゆる段階の教育において国家統制の主な手段となることを奨励している。これは、国家のアイデンティティー

との融合を促進するための手段として、政治的色彩が感じ取られる。よって、標準タイ語は、小学校と中等学校においてすべて義務教育となっており、タイの学生は大学の入学試験の際にタイ語のテストを受験することが義務づけられている。

　正式には、タイには第２言語はないが、英語が話し言葉と書き言葉の両者において実際には第２言語の地位を獲得してきた。今日では、英語が情報技術の利用の手段になってきており、また、職業上の昇進の鍵として見なされてもいる(Wongsothorn, 1996)。

1.2.2　タイの外国語教育史の概観

　1992年のタイ国家教育計画によると、外国語は小学校５年生から中等学校６年生まで選択科目となっている。タイの教育制度は、６－３－３制をとっており、初等教育の６年間が義務教育である。その後、前期中等教育の３年間があり、さらに後期中等教育の３年間が続く。後期中等教育は、特定の職業に就こうとする者や大学進学者のために設けられている。

　小学校のカリキュラムでは、英語と中国語の２つの外国語が選択科目となっているが、大半の生徒は英語を選択し、早くは小学校３年生から始めている者もいる。中等教育から大学まで、外国語の中で英語が圧倒的に人気があり、すべての職業教育において英語は必修科目となっている。

　外国語学習に当てられる時間は、全国的にほぼ統一されており、小学校では週単位で１コマ20分授業の英語が５回、前期中等教育レベルでは、50分授業が４回、後期中等教育レベルでは50分授業が８回である。英語を履修する生徒の比率は、初等教育レベルで、80％であり、中等教育レベルになると85％に上昇している。

　しかしながら、第８回英語国家教育開発計画（1997－2001）には、外国語教育カリキュラムには不十分な授業時間数しか与えられていないことが指摘されてきた。もっと多くの時間が英語教育には必要であることが明らかになってきた。1996年の英語教育カリキュラムでは、小学校１年から義務教育となった。このカリキュラムの改訂のねらいは、タイの学生に小学

校から中等学校までの12年間、英語学習を途切れさせないように続ける機会を与えることであった。現行のカリキュラムにおいても、小学校1年からの英語学習が実施されている。英語国家教育開発計画（1997-2001）は、国家の教育においてIT（情報技術）の役目や、高速度情報の重要性を認めてきた(Wongsothorn, 1996)。

1.2.3 タイの言語教育

タイの言語指導や言語学習は、2つの主なカテゴリーに分類される。それらは、タイ語教育と外国語教育である。実際問題として、標準タイ語は教育において最も重要な言語である(Brudhiprabha, 1976)。タイ語は、一教科として教えられたり学んだりするのみならず、あらゆるレベルの学校において授業言語として用いられている。

タイ語が科目として教えられているとき、同時にコミュニケーションの目的でも学ばれているし、国家の文化遺産を保持するためにも学ばれている。この理由のために、言語カリキュラムは、一般的に次の3つのカテゴリーに分類されている。

① 言語技能
② 文学と言語学
③ 職業教育と人間教育の統合

現在の言語指導のアプローチとして、言語の伝達・機能中心の指導法が挙げられるであろう。しかしながら、伝統的な文法的アプローチやオーディオ・リンガル・アプローチも特別な目的のために使用されている。

タイの今日の外国語教育は、「古典的言語」と「現代的言語」の2つに分類できる。「古典的言語」として、パーリ語、アラビア語、スリランカ語、クメール語、モン語が挙げられる。「現代的言語」として、英語、中国語、フランス語、日本語、ドイツ語、スペイン語、イタリア語、ロシア語、現代アラビア語、朝鮮語、ベトナム語などが挙げられる(Wongsothorn, 1996)。

1992年のタイ国家教育計画によれば、外国語教育は初等教育5年生から

中等教育6年生まで選択であったが、英語がタイでは組織的に教えられる最も重要な外国語であった。第8回英語国家教育開発計画（1997 - 2001）の履行により、すべての小学校の1年から必修科目になった。

1.2.4　タイの小学校英語教育

　タイでは、英語教育が長年にわたって導入されてきた。今日では、タイの教育において、英語教育は非常に重要な役割を果たしている。かつて、小学校では、上級の5年、6年だけで厳しく教えられていた。英語を学ぶ生徒にとって、英語は選択科目であった(Ministry of Education, 1996)。それ以降、段階的に、英語は国家の学校システムの中で教えられる外国語の中で最も重要な言語になって来た。別の言い方をすれば、英語が国際コミュニケーションの言語であると見なされるようになった。

　今日、小学校の英語教育は、タイ全土で小学校1年生から正式に指導が実施されている。ついに、現行のカリキュラムでは英語は必修科目になっている。このことは、すべての小学生が外国語、すなわち英語を必修として学習しなければならないことを示している(Ministry of Education, 2001)。

　今日、タイの小学生の学校教育で英語が最も重要な必修科目の一つになってきていることは明らかな事実である。英語の役目は、教育組織やタイ社会の中で、それぞれに重要性を徐々に増してきているようである。今日、きわめて多くの小学生が、ECC, BCC, British & America などのいろいろなランゲージ・スクールで容易に目に入ってくる。そこで見るほとんどの小学生は、通常、週末や平日の夕方、特に学校の長期休業中に英語のネイティブ・スピーカーと一緒に自由時間を過ごす。小学生の中には、幼稚園レベルもしくは小学校1年レベルから、このようなランゲージ・スクールで英語授業コースを長年にわたって履修している者もいる。タイの子どもたちの大半は、両親からこれらの評判のよい外国語である英語に目を向けることを奨励されている。両親の目的の一つは、子どもたちが幼いときから英語に慣れ親しむ機会を持たせることである。その理由は、学習した英語を実際の場で自然に使うことができるようにすることに加え、英語の

ネイティブ・スピーカーから言語の正しい形式やアクセント、発音、音節の最後にくる音などを副次的に学ぶ機会を持つことである。別の言い方をすれば、両親は自分の子どもたちが英語を正しく身につけることを望んでいるからである。

今日、"English for Young Learners" というのがタイのランゲージ・スクールで教えられている最も人気のある英語授業のコースである。コース費用は、1コースにつき、およそ1000～2000バーツ（日本円で3000円～6000円）である（ECC, Thailand, 2004）。この授業料ならば、タイの親にとって、通常の学校を離れて、ランゲージ・スクールで英語を学ばせるゆとりがあるのである。

1.2.5 タイの中等学校英語教育

タイには、全土にたくさんの中学校（前期中等学校、タイ語でMatayomsuksa 1-3）があり、中学校の英語教育は、特に、カリキュラム、指導法、学習教材などの点で、長年にわたって周期的に発展してきた。中学校レベル（発展レベルと呼ばれている）の英語指導は、初等レベルの後に継続して教えられる。中学校の英語教育も必修である。つまり、タイのすべての中学校（前期中等学校）はすべての生徒に厳密に英語教育を行わなければならない（Ministry of Education, 2001）。

2002年に実施された新英語カリキュラムは、すべてのレベルで学習者中心の指導法、学習のプロセス、学習活動の評価、そしてそれぞれのレベルに適した学習指導要領に定められている概念、基準、目的に従って評価することを強調している。2002年に実施した新英語カリキュラムの改変によって、英語の学習がとても効果的になってきた。

例えば、各学校ごとに、国際社会の要求を満たす一方で、地域（地元）のニーズに適応させるように、各学年のレベルに対する所定の英語コア・シラバスを実施するに当たって自由が認められている。

また、英語教師はIT（情報科学技術）やオンライン教材を使って、英語授業計画を立案しなければならない。今日の英語教師は、インターネット

の情報源を最大限に有効活用するために基礎的なコンピュータ技術を備える必要がある(Wongsothorn, 2001)。中学校における英語指導内容は、小学校の指導内容よりも複雑である。特に、コンピュータやインターネット用の英語は複雑であり、英語の用途が広がりすぎている。いずれにしても、中学校レベルの英語指導の主たる目的は、4技能を使って適切にコミュニケーションができることである。さらに言うならば、重文、複文、談話標識などを生徒は理解しなければならない(Ministry of Education, 2001)。

　全般的に見て、外国語学習、特に英語学習は中学生にとって相変わらず避けて通れなくなっている。タイ全土の中学校で教えられている英語の他に、日本語、フランス語、中国語、ドイツ語のような他の外国語が導入された中学校もある。しかしながら、他の外国語は選択科目となっている。つまり、各学校ごとの授業シラバスや教育方針のあり方によって、選択科目として学習してもよいことになっている。中学校レベルの英語指導が小学校レベルより進んでいることはすでに述べたように、英語授業が行われているときに用いられる授業言語は、母語のタイ語と目標言語の英語の両者である。目標言語（英語）使用率と母語（タイ語）使用率の割合は本研究で調査することにしている。いずれにしても、中学校の英語教師にとって、英語の授業で英語を全く話さないと言うことはあり得ないことである。さらにタイでは、約1％のネイティブ・スピーカーが英語や中国語を教えている(Wongsothorn, 2001)。

　かなり多くの中学生が、通常の学校での英語授業に加えて、今ではタイの至る所にある英会話学校で英語の授業を受けている現状がある。

2　英語教育における ESL 環境と EFL 環境

2.1　ESL と EFL の定義

　この項では、ESL と EFL の定義を明らかにするため、数種の文献を概観し、それらに共通する定義の特徴を整理する。

　『英語教育用語辞典』によると、EFL（外国語としての英語）とは、外国

語として学習する英語のことで、ESL と対比される。EFL 学習者の場合、主に学校の授業を通して英語を学び、いったん教室の外に出てしまうと、そこではほとんど英語との接触がない。たとえば、日本人の中学生、高校生にとっての英語は、典型的な EFL としての英語である。EFL の特徴としては、（A）母語の転移(transfer)を受けやすい、（B）知能(intelligence)の影響を受けやすい、（C）動機づけ(motivation)の影響を受けやすい、などがあげられる。

ESL（第2言語としての英語）とは、第2言語として学習する英語のことである。ESL 学習とは、広い意味では外国語としての英語学習を含むこともあるが、狭い意味では英語を第2言語(second language)として日常生活の中で学ぶことを指す。

以上の説明に見られるように、EFL 環境には教室外の日常生活の中で英語を使用することがないのが大きな特徴である。これらの点は EFL 学習者と ESL 学習者を分ける重要なポイントである。

次に、『ロングマン応用言語学用語辞典』によると、EFL とは、学校での1科目として教えられているが、教育における教育媒体としては使われておらず、国内でコミュニケーションの言語（たとえば、政治、ビジネス、産業で使われる言語）としても使われていない国での英語の役割である。ESL とは、(a)英語国における、移民や他の少数民族にとっての英語の役割である。このような人々は、家庭や友人同士では母語を使用するが、学校や仕事先では英語を使う。これは英語以外の言語の話者のための英語(ESOL: English for Speakers of Other Languages)と呼ばれることがある。(b)英語が広く国内で使用されているが（たとえば、学校の指導言語として、ビジネスや政治の言語として、あるいは一部の人々の日常的なコミュニケーションの言語として）、国民の第一言語ではない国（たとえば、シンガポール、フィリピン、インド、ナイジェリアなど）における英語である。(c)アメリカの用法で、英語が第一言語ではない国（たとえば、ドイツや日本）における英語の役割である。イギリスの用法では、これは外国語としての英語(EFL: English as a Foreign Language)と呼ばれる。

以上の説明にあるように、EFL 環境では、英語が学校の1教科として学習されているが、一般的に授業言語として使用されておらず、国内のコミュニケーションの手段としても使用されていないことが主な特徴である。
　次に、『英語教育指導法辞典』によると、EFL とは、英語が学校の教科として教えられているが、授業言語とはならず、また政治、経済、法律などの分野で公用語として用いられることがなく、通常のコミュニケーションのための言語にもなっていない地域で英語が学習される状況を指す。ESL とは、英語が学校の授業言語として用いられ、政治、経済、法律などの分野で公用語として使用されており、さらに日常生活の場面でも使われている地域で英語が学習されている状況を指す。シンガポール、インド、ナイジェリア、フィリピンなどの国における英語である。
　以上の説明から、EFL とは英語が日常生活の中でコミュニケーションのための言語になっていない地域で英語が学習されることが大きな特徴である。日常生活で使用していないことが、EFL の定義の重要な決め手になっているようである。
　次に、『英語教育現代キーワード辞典』によると、米国では、EFL と ESL はほとんど同じ意味で使われる傾向があった。一方、英国では EFL と ESL は注意深く区別されてきた。しかし、米国でも最近では EFL と ESL は区別されるようになっている。
　EFL とは、英語を母語としない国において英語を学校における1教科 (school subject)として教える場合、または、成人のレベルで(a)文学作品をよむ、(b)専門書を読む、(c)放送を聴く、(d)新聞を読む、(e)映画を理解する、(f)英語圏の旅行者とコミュニケーションをする、などのために英語を教える場合を意味する。ESL とは、2つのタイプがあり、1つは、フィリピンにおけるように、学校教育において授業言語として英語が用いられる場合、または、インドのように多様な言語を話す人たちの間の共通語(lingua franca)として英語が使われる場合である。
　もう1つのタイプは、米国において見られるように母語が英語でない移民、難民のためのもので、英語を米国への言語同化と文化的同化を目標と

して教えるものである。さらに、外国人学生が米国の大学に入学するために一定水準の英語力をつけるための英語集中コースも ESL に含まれる。

以上の説明から、EFL の特徴は英語を母語としない国において、英語を学校において 1 教科として教えるのが主な特徴である。

Graddol(1997)は、EFL と ESL の違いについて次のように述べている。外国語としての英語を流暢に使える人と第 2 言語として英語を用いる人の大きな違いは、使い手の住むコミュニティー（国や家族）の範囲内で英語が使われているかどうかであり、またその結果として、英語が使い手のアイデンティティーの一部を構成しているかどうかである。

外国語として英語(EFL)を使う社会の場合、当然、使い手が住む地域に英語の規範は存在しないが、英語のアクセントや間違いのパターンについては、彼らの第 1 言語の特質を反映している場合がある。英語使用の第 1 目的は、外国人との意思疎通にある。

英語を第 2 言語（ESL）として用いる地域では、英語を使う第 1 目的は、地域ないし国内でのコミュニケーションである。英語と並んで母語の特徴を反映させた、あるはっきりとしたかたちのある英語の変種が発達している。

彼の説明では、EFL 環境は英語の使い手が居住している地域社会に英語の規範がないのが大きな特徴である。

小田(1991)によると、日本（EFL 環境）の学生は、英語学習に対する動機は圧倒的に instrumental（手段的）である。すなわち、大学では卒業に必要な単位をみたすために、高校では大学の入学試験に合格するために、コミュニケーション重視の授業よりも文法・訳読の授業を教師に求めるのが現状である。

日本の教育制度の中における EFL で、grammar-translation、すなわち記憶(memorization)、訂正(correction)、構文(structure)、テスト(test)という学習スタイルに学生は慣れてきている。こういう学生が、米国の ESL に入れば英語の能力が増進し、米国の文化についても自然に学ぶことができるものと期待する。しかし、米国の社会的、教育的基準に自分を合わせ

る必要を認識しないで、自分たちが慣れている文化と言語学習のパターンを保持しようとする。その結果、言語学習の面においても、人間性の面においても、満足のいかない結果に終わる場合が多い。

　米国でのESLにおいて成功をおさめるためには、動機をinstrumentalなものからintegrative（統合的）なものに切り替え、米国における社会的、心理的、認知的な要素に対し柔軟性をもって臨み、米国の生活様式および文化様式、そして学習様式に合わせるような方略を用いるべきであると述べている。

　彼の説明によると、「EFL環境での英語を学習する動機は、コミュニケーションのための学習ではなく、極めて手段としての学習である」と述べている。

　土屋(2004)は次のように述べている。「日本の英語教育はESLではなく、ほとんど完全に外国語環境における外国語の学習、すなわちEFLである。この違いは大きい。日常生活において、英語の教室外で英語を使用する必要性はほとんどない。実際に、日本人が日本において外国語である英語を英語母語話者と同程度に習得することは非常に難しく、ほとんど不可能であると言ってよいくらいである。英語にさらされ、英語を自ら使う時間と範囲が、母語に比べて格段に限定されるからである。」さらに彼は日本の学校教育としての英語教育の目標として、「日本の学校教育で目指すべき英語科の目標は、決して英語母語話者と同じようなコミュニケーション能力をもつことではない。日本人が日本にいて英語を学ぶのはFLL: Foreign Language Learning（外国語学習）であって、SLL: Second Language Learning（第二言語学習）、SLA: Second Language Acquisition（第二言語習得）ではあり得ないのである。我々は、NS(Native Speaker)と同じように英語を使う必要はない。そうなりたくても、日本に住んでいてはその目標はまず達成不可能である（一部の例外を除いて）」と述べている。

　SLA研究の多くは、アメリカなどへの留学生や移民を被験者にしたものであるため、新しく発見された事実がすぐに日本の英語教育に応用できるものではないことを諸研究者が述べている。もちろんSLAとFLLは全

く無関係ではなく、ある種の共通点があるはずである。しかし、日本の英語教育においては、ESL と EFL の相違点にもっと目を向け、心得ておくべきであるというのが筆者の主張したいところである。但し、相違点ばかり強調し過ぎる必要もないが、日本の教育改革の内容を見る限り、EFL の観点があまりにも欠落しているように思われるからである。つまり、EFL の観点を踏まえた上で、ESL の指導法を取り入れるならば、それは受け入れられる可能性はあると思われる。上記の諸説から、EFL の特徴をまとめると、表1-1の通りである。

表1-1：EFL の特徴のまとめ

① 英語を母語としない国で、英語学習が行われる。
② 学校の一教科として、授業を通して英語を学習する。
③ 英語教室で、授業言語として英語は使用されない。
④ 教室の中だけが英語環境であり、教室外で英語に接する（生活言語として英語を使用する）環境はない。

2.2 英語教育における ESL と EFL の概念規定

本研究は、EFL 環境と ESL 環境における英語教育のあり方は異なるという前提に立っている。その前提の下に、EFL 固有の英語授業構造があるという仮説を立て、追究するものであるため、まず ESL と EFL の概念規定をしておく必要がある。次の項でその概念規定について論じる。

2.2.1 ESL 環境と EFL 環境における英語教育のねらい

この項では、ESL と EFL の概念規定を行う。ESL とは、モノリンガル（monolingual）としての英語の言語能力を育成するものであり、EFL とは、母語（L1）と共にバイリンガル（bilingual）としての外国語（英語）の言語能力を育成するものであると規定する。

ESL 環境では、学校教育活動全般が英語で行われている。つまり、英語教室のみならず、英語の教科以外に、他の教科においても英語を用いて

授業が行われている。例えば、社会科や理科の授業では、それぞれの教科の内容そのものを英語で学習するのである。英語の教科としての授業では、他の教科でコミュニケーションの手段として用いられている英語の文型・文法も含めて、英語という言語を体系的に整理する役目を果たしている。ESL 環境にある学校での英語教育は教室で教師と学習者のいずれもそれぞれの母語を媒介とすることはなく、英語のみを媒介として授業が行われている。ESL 授業の教師は個々の学習者の母語を身につけておらず、一般的に英語のネイティブ・スピーカーもしくはニア・ネイティブ・スピーカーである。以上のことから、ESL 環境における英語授業は、英語のモノリンガルの場にならざるを得ない。さらに、教室外や学校外の日常生活においても英語がコミュニケーションの手段として用いられている。学習者が母語を使用するのは家庭において家族とのコミュニケーションのみに用いるというのが一般的な傾向である。

　ESL 国としての代表的な国であるシンガポールでは、英語を国際言語や国内言語として国際社会で生き抜くための言語と認識しており、小学校から英語教育に力を入れている。日常生活においても若者はほとんど英語でコミュニケーションを図っている。ここ数年のところ母語である中国語の運用能力がかなり落ちてきていると、NHK ニュース 9：報道特集（1997年6月7日）で紹介されていた。つまりシンガポールでは英語は第1公用語とされており、子どもは小学校入学以前から英語に触れる機会が多くある。小学校から国語と道徳を除く他のすべての教科で英語が授業言語として用いられている。英語授業ではコミュニケーション・スキルと同時にリテラシーの訓練が重要視されていると報道されていた。よって、ESL 環境における英語教育は、英語のモノリンガル教育を対象としている。

　一方、EFL 環境では英語教室内だけで英語が用いられている。英語教室外には英語を使用する環境は全くない状況である。英語科の公開授業などで英語教室を観察すると、英語教室内ですら、すべて英語で授業が行われているとは限らず、教師によってはかなり多くの母語（日本の場合は日本語、タイの場合はタイ語）を使用している場合もある。EFL 環境では、

第 1 章　研究の理論的背景

まず、第一に母語が重要であり、母語を日常生活でコミュニケーションの手段として用いている環境の中で英語が学習されることになる。EFL環境で英語のモノリンガルを養成すると、日常生活に困難を来たすことになる。よって、EFL環境における英語教育は、目標言語（英語）と母語(L1)のバイリンガル教育を対象としている。バイリンガルといっても、英語と母語の両者を同等に運用できるようにするということを意味しているわけではない。詳細は次の項に委ねる。

2.2.2　日本におけるバイリンガリズム

バイリンガルの概念は、第1言語と第2言語の関係について用いられるのが基本である。日本で言うと、日本人にとってのバイリンガリズム（バイリンガル状態）は日本語と他の外国語（英語）という図式になる。本研究では、他の外国語を英語に位置づけて論ずることにする。日本の言語環境を観察する限り、日本には自然な状態でバイリンガルを生み出すような環境はない。そのため、ほとんどの日本人は一般的には学校教育の1教科としての英語教育を通して、英語を身につけることになる。2004年4月以来、日本の英語教育は、小学校から「総合的な学習」の中で国際理解教育の一環として、英会話などの英語活動として導入され始めているが、日本国内で全体的に共通して文部科学省の学習指導要領のもとで英語教育が開始されるのは中学校からである。中学校から英語教育が開始されるとして、中学校入学時点での英語の言語能力のサイズは皆無の状態である。それに対して、日本語の言語能力は語彙を除けば、その習得はほぼ完成していると考えられる。よって、図1Bが示すように、英語の能力サイズを限りなく日本語の能力サイズに近づけることが、日本での英語教育の目標となる。日本語と英語の能力サイズが同等の状態になっていることだけをバイリンガル状態とは考えない立場に立っている。英語能力サイズがどれくらいまで大きくなればバイリンガルといえるのかについては、現在のところ明確な結論に達していない（山田 2005）。

日本語サイズ型　　　　英語サイズ型
図1B：EFL環境におけるバイリンガル教育

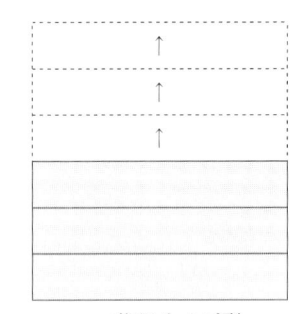

3　コミュニカティブ・ランゲージ・ティーチングの歴史的背景と指導理念

　この節では、コミュニカティブ・ランゲージ・ティーチング（以後CLTと記す）の発祥の経緯や歴史的背景を概観し、CLTの指導法の理念を整理する。そして、ESL環境とEFL環境でのCLTのアプローチによるそれぞれの授業スタイルから、CLTの理念とESL/EFLの適合性について論じる。

3.1　コミュニカティブ・ランゲージ・ティーチングの歴史的背景

　チョムスキーの言語理論は学習理論においても言語習得装置仮説や認知学習理論を生む多大な影響を与えた。しかし、チョムスキーが提唱したcompetence（言語能力）が必ずしも実際に言語使用を反映しているわけではなく、認知学習理論が思ったほどの成果を上げていないという批判が出た。そのような時代背景の中で、アメリカの社会言語学者Hymes(1972)が、「言語には使用規則があり、その規則を知らなければ文法の規則が無用になってしまう」と述べている。そして、それに対してコミュニカティブ・コンピテンス（コミュニケーション能力）という概念を提唱した。従来の文法学習をしていればその言語を使用できるようになるという考え方は、必ずし

もそうではないと考える契機になった。そこでコミュニケーション能力の内容の検討と指導法の中にどのように取り込むかがCLTの発展につながっていった。

　CLTの発展のもう1つの推進力になったのが、1970年代に入り、EC諸国では政治的・経済的な交流が盛んになり、意思伝達の手段として外国語能力の必要性が高まってきたことである。そのような状況の中での社会的要請から、1971年に欧州評議会の文化交流委員会が、van EkやWilkins等による専門会議を発足し、ヨーロッパの成人にとって必要最少限度(threshold level)の外国語による意思伝達能力を保証しようとするプロジェクトを発足させた。委員会では社会的、職業的、学問的なニーズ分析を行い、それによって考案されたのが単元・単位制である。これは言語の構造ではなく、言語によって伝達される概念と意味を基準にしたNotional/Functional Syllabus（概念・機能シラバス）を提案した。その理論的裏付けになったのが発話行為理論である。そして、Wilkins(1976)のNotional Syllabusesの是非を議論し、教育現場への応用の可能性を探ることがCLTの発展の出発点となった。

　CLTは、社会的な要請のもとに70年代に登場し、80年代には急速に発展していった。そして、学校英語教育の中でも取り入れられるようになった。特に、カリキュラムの中にコミュニカティブ・シラバスとして取り入れようとしたり、タスク、ロールプレイ、コミュニケーション・ギャップなどを取り入れたコミュニカティブな活動を授業に取り入れようとした。

　カリキュラムへの導入としては、2つの方向性が認められる。1つは、van Ek(1976)において提唱された'common core'という考え方であり、すべての学習者にとって最少限度必要な文法項目と言語機能を示し、特に、入門期や公教育において応用価値が高いと考えられる。もう一方は、学習者のニーズ分析を行い、それに見合うシラバスを作成するというESP(English for Specific Purposes)の考え方である。これは対象となる学習者が成人の授業では有効であるが、公教育などの一般の授業においては必ずしも適しているとは言えない。

コミュニカティブな活動への導入としては、日本においても特に中学校の英語授業で積極的に取り入れられてきている。1978年から1981年にかけて、新潟県コミュニカティブ・ティーチング研究会が「コミュニカティブ・ティーチングの実践」をテーマに、中学校、高等学校を対象に授業実践に取り組んだ。佐野・他(1978-81)は、これらのコミュニカティブ・ティーチングの実践をまとめて報告している。

　日本の英語教育にCLTの考え方が1980年代前半に導入されて以来、早くも30年が経過した。中学校(1998)、高等学校(1999)における学習指導要領の告示で、「実践的コミュニケーション能力の育成」をキーワードとして提示し、単に外国語の文法や語彙などについての知識をもっているということではなく、実際のコミュニケーションを目的として外国語を運用できる能力を意味するものであると解説している。中学校(2002)、高等学校(2003)の学習指導要領実施のもとに、それ以降の10年はCLTの考え方が外国語教育の中心的な考え方になってきている。CLTが主流となってきた理由として考えられるのは、学習者に言語をコミュニケーションの手段として使用できるように訓練することを目的とし、コミュニカティブな言語活動を中心に言語を学習する教授法であるので、CLTが適していると考えられる。

　一方で、CLTに対する批判もある。コミュニケーション能力を育成するために、CLTが万能であるというわけではない。CLTはアプローチとしては定着しているが、他の多くの教授法と異なり教授法としての具体性に乏しく、CLTの具体的な教授法が確立されているわけではない。よって課題も多く、シラバス開発、教材開発、コミュニケーション活動の開発、評価法の開発、教師教育などが課題として挙げられる。

　CLTの課題は多くあるが、日本の英語教育においては、学習指導要領に教育目標として「実践的コミュニケーション能力の育成」が取り入れられたことや、高校では「オーラル・コミュニケーション」が授業に導入されたことなどからもCLTへの期待が高まっている。

3.2 コミュニカティブ・ランゲージ・ティーチングの基本的理念と批判

　ここでは、CLTの基本的理念を述べ、言語をコミュニケーションの手段として使用できる能力を育成するための教授法の考え方として適していることを論じると共に、一方でCLT発展の経緯の中で、CLTに批判的な立場の研究者の見解を整理し述べる。

　1970年代になってHymes(1972)がコミュニケーション能力を提唱したことにより、第2言語教授の新たな考え方であるコミュニカティブ・ランゲージ・ティーチング(CLT)が誕生した。コミュニカティブ・アプローチ(CA)とも呼ばれるこの教授法は、学習者に言語をコミュニケーションの手段として使用できるように訓練することを目的として、コミュニカティブな活動を中心に言語を学習する教授法である。

　Harmer(1991)はコミュニカティブな活動とそうでない活動を区別するために、前者の定義として、次の6点を挙げている。
① 学習者に伝達したい意欲(desire)があること
② 伝達の目的(purpose)があること
③ 形式(form)ではなく内容(content)に注意の焦点が置かれていること
④ 学習が言語をただ1つの文法構造として捉えるよりむしろ受容的または生産的に言語をいろいろ扱えること
⑤ 学習者がコミュニカティブな活動をしているときは教師は干渉(intervention)をしないこと
⑥ ある言語材料に制限を加えて特定の言語を無理に使用させたり、発言内容などに制限をしたりしないこと

　また、Nunan(1991)はCLTの特徴として、次の5点を挙げている。
① 目標言語による相互作用(interaction)があること
② 使用する教材や交わされる会話が真正の(authentic)ものであること
③ 授業の中で身についた結果(product)よりも、それを身につける過程(process)が重視されること
④ 使用される教材や交わされる会話が学習者1人ひとりにとって個人化(personalized)されたものであること

⑤教室の外でも目標言語が作動(activate)されていること
以上のように、教室を一つのコミュニケーションの「疑似体験」の場として、またそのための言語的道具を身につける場として捉え、そこで学んだことを学習者一人ひとりが教室の外で実際にコミュニケーションの同具として使う機会を与えることの重要性を述べている。
　一方で、CLTに対する批判的な見解もある。もともとEC諸国間の交流が盛んになってきた1970年代にヨーロッパで誕生し、最低限度の外国語能力を保証するという要求に応えるために欧州評議会が提案したものであるにもかかわらず、そのヨーロッパの諸国では、指導理論としてのCLTに対して疑義が出されて久しい。CLTの盛んな1980年代中葉に、CLTに対する批判の代表的なものとしてSwan(1985)の提案が注目される。彼はCLTの限界を指摘し、過度の期待をすることへの警告として、次の3点を挙げている。
　①CLTの主張では従来の教授法には意味(meaning)と言語使用(use)が欠けており、言語使用と言語の適切性を教えるべきだと言うが、言語使用は経験と常識の問題であり、適切性は語彙情報の欠如の問題である
　②CLTは交渉や推測などの方法と技能を習うべきだというが、学習者はすでにそれらの方法を知っている
　③学習者は「言語的才能に恵まれた阿呆(linguistically gifted idiot)」ではなく、言いたい内容はわかっているが言い方がわからないのである
と指摘している。CLTは一部の知見を過般化し言語教育全般に当てはめてしまうnew toy effectであると批判して、次の9点を挙げている。
　①CLTは伝統的な構造シラバスが意味を無視していると批判し、意味シラバス中心に捉えたが、意味シラバスは学習者が複雑なパターンを混同するとか、文法規則が内在化しないなどを挙げている
　②1つのシラバス（意味シラバス）が言語コース全体を制御するという考え方には疑問があり、言語を意味シラバスと形式シラバスの2つの視点から見るべきである
　③概念・機能を扱う前に形式を扱う方がよい

第 1 章　研究の理論的背景

④ 語彙は大切であり、機能と同時に教えるべきである
⑤ 意味シラバスは定型言語を教えるのに役立ち、構造・語彙シラバスは創造的言語を教えるのに役立つ
⑥ CLT は実生活の言語使用と真正的（authentic）な対話の使用を主張するが、教室は外の実社会の生活とは異なる
⑦ 機械的な反復練習はコミュニケーション能力育成に必要である
⑧ authentic な教材は本物の言語を味わわせてくれるが、高頻度の学習項目に触れられず、初心者は難しさに直面し戸惑ってしまうのに対して、特別な目的のために用意する教材は経済的で効率的である
⑨ CLT は学習者の母語を勘案していない

と批判している。CLT は革命ではなく、20世紀の言語教育に浮かびでた「興味深い１つの細波」と見なされるであろうと結んでいる。

　また、CLT の中で代表的なイマージョン・プログラムは、幼稚園または小学校１年から学科目の授業をすべて目標言語で行い伝達的活動に集中することによって、その言語を習得させる教授法である。日本では、静岡県沼津市の加藤学園でイマージョン・プログラムが実践されている。その教授法で言語教育を受けた生徒は流暢に発話するが、産出する言語は不正確でピジン化したものであり、何年も学習を継続しても文法構造上の誤りを続け、言語能力を身につけることができない、という報告も聞かれる。伝達活動だけの授業を受けていると生徒の産出する言語がピジン化してしまうと言うことである。

　以上のことを整理すると、CLT はコミュニケーション能力の育成にはかなり適していて今後期待できるものではあるが、一方でかなりの批判的な見方もあり、Bax(2003)は、どの国のどのような文化圏でも通用する万能薬にはなり得ず、伝統的な教授法の欠点を補う機能を有する極めて限定的なアプローチであると見なしている。また、沖原(2005)はこれからは CLT を優先的に推進するのではなく、社会・文化的環境要因に基づいた言語教育(Context Appproach)にすべく発想の転換が求められると述べている。言語社会学的な見地から考えるならば、ESL 環境での英語教育で

あるのか、あるいは EFL 環境での英語教育であるのかを考慮することは、CLT をどのように授業に位置づけるかを考えるとき、極めて重要な要因となりうるものである。

3.3 EFL 環境におけるコミュニカティブ・ランゲージ・ティーチングの適合性

　Harmer(1991)や Nunan(1991)が述べている CLT の特性や有効性をみると、ESL 環境での英語授業には適しているが、EFL 環境の英語授業には適していないことがわかる。タイや日本のような EFL 環境における CLT はどのようなものであるのかを論じてみる。

　吉田(2003b)は、Nunan の CLT に対する考え方について、日本という EFL 環境における CLT とはどのようなものなのかを次のように述べている。
① **目標言語によるインターラクションがあること。**
　量的に十分な目標言語によるインターラクションが可能ならば、基本的にはすべてのインターラクションを目標言語で行うのがよい。量的に目標言語によるインターラクションが少なければ、授業の中で最も「コミュニケーションとしての意味ある状況」での目標言語の使用を考えるべきである。

　しかし、ディスカッション、ディベート、プレゼンテーション、スピーチなどのより抽象的で高度な知的作業を必要としたり、そのための準備が必要なオーラル活動や、リーディングやライティングのような文字によるコミュニケーション活動などは、カミンズの CALP レベルの説明が必要になる可能性が高い。このような場合、すべてを英語で行うのが困難であるときは、母語(L1)の使用を考えてもよい。日本のような EFL 環境においては、このような状況で母語を使用したからと言って、すぐにコミュニカティブでなくなると言うことはないのである。
② **使われる教材や、交わされる会話がオーセンティックであること。**
　オーセンティシティーという観点から見れば、理解されなく吸収されない英語は学習者にとってなんら意味をなさないことになるので、学習者が理解できるインプットにするための母語の利用を考えてもよい。

第1章　研究の理論的背景

　基本はあくまで英語で理解できるように教えることであるが、学習者の英語レベルが低かったり、教師のティーチャー・トークの能力が低い場合は、英語を理解させるために母語を適宜導入することが必要となる。
③　**授業の結果として身につくプロダクトよりも、それを身につけるプロセスが重視されていること。**
　英語授業の目的は、英語を使い、使うことによって英語を学ぶことなので、学ぶプロセスをどれだけ英語で行えるかは大きな課題である。それができないためにコミュニケーションが途絶えたり、考えるプロセスがストップしては意味がない。そんなときは、やはりプロセスの一部として、母語の活用を考えなければならない。
④　**使われる教材や交わされる会話等が、学習者1人ひとりにとってパーソナライズドされていること。**
　コミュニケーションの話題が発展的になると生徒の認知的、心理的な面に関わるものが多くなる。特に、コミュニカティブになればなるほど生徒は自らの内面を表現したくなる。つまり、個人化された内容を表現するときにはCALPレベルになってくる。そこで、すべてを英語で行うのが困難であれば、母語の利用が必要となってくる。
⑤　**教室の外でも目標言語がアクティベイトされていること。**
　ESL環境のように普段から英語に接する機会が多ければ、英語ですべてを教えることが一番よいが、そうでないEFL環境では、教室の外でも英語を使いたくなるように動機づけが必要である。教室の外で英語を使用する機会をつくったとしても、わからない単語の意味は日本語で調べたり、英語について母語で書かれた文章や本を読んで見ることはよくある。このように、EFL環境では、教室の外の活動や学習を促進するためにも日本語の活用が必要となってくる。
　以上のように、吉田(2003b)はNunan(1991)のコミュニカティブな教授法の条件について、EFL環境という観点から述べている。CLTの基本理念はニード・ベーストであり、すべて目標言語で授業を進める指導法であると定義されているわけではないが、基本的に英語で授業を行うという印

43

象が強い。EFL 環境では、英語によるインターラクションの量的条件が満たされていない環境で、また生徒や教師の英語力を十分に考慮した上で、生徒がよりコミュニカティブに英語を使って思考したり、感情や意図を十分に表現できるような言語活動を含めたいと考えるなら、目標言語のみですべてを行うのは現実的に困難であることがわかる。英語のみを使って授業を進めたならば、学習者が理解できい部分や教師がうまく説明できない部分が出てくる。そのような EFL 環境の下でコミュニカティブな英語授業をするとしたならば、母語の有効な活用方法を考えなければならない必要性がでてくる。EFL 環境では、普段から英語を使う機会があまりないので、量的に見てどうしても英語を使う機会が少なくなり、それだけ母語が必要になる確率が高くなるのである。EFL 環境に伴う英語の量的不足が母語の有効利用を必要とする要因になっていると考える。

4　英語教室の談話構造とクラスルーム・リサーチ

英語母語話者教室の談話分析を通して、Sinclair and Coulthard(1975)は教師と学習者のインターラクションを記録し、教室談話を分析した結果、授業中の発話交替の異なった展開(move)が Initiation(教師の開始)、Response(学習者の応答)、Follow-up（教師のフォローアップ）から成り立っていることを突き止めた。これはそれぞれの頭文字をとって、IRF 構造と呼ばれている。次に、実際の英語教室の IRF の連続性の例を取り上げる（Walsh, 2001）。

  教師：So, can you read question 2, Junya?　　　　　　（ I ）
  生徒：(Reading from book) Where was Sabina when this
     happened?　　　　　　　　　　　　　　　　　　（ R ）
  教師：Right, yes, where was Sabina?　　　　　　　　　　（ F ）
     In Unit 10, where was she?　　　　　　　　　　　（ I ）
  生徒：Er, go out...　　　　　　　　　　　　　　　　　　（ R ）
  教師：She went out, yes.　　　　　　　　　　　　　　　（ F ）

教師は、so という談話標識で始まっており、最初の IRF 構造が流れはじめ、その後に再び IRF が繰り返される。また、教師のフォローアップは、right, yes を用いて生徒の応答を評価する働きをもっている。これは教室の中での特有な働きであり、生徒の言語習得にとても重要な役割を果たすものである。

古典的な IRF 構造は、教師主導型の授業でよく用いられ、生徒の自発的な発話の機会が少ないなどの理由から、コミュニケーションを重視する指導法では批判の的になってきた。最近また日本のような EFL 教室で、IRF 構造が生徒に会話のやり取りのモデルを示す可能性があるものとして見直されている。

教室の談話構造の特徴である IRF 構造（teacher-fronted class の場合）は、さらに教師の F ムーブに続く生徒の応答 R を、特にアップテイク（Uptake）と呼んでいる。次に IRFU の授業構造を示す。

T: Initiation（Instruction / Question / etc.）
S: Response
T: Follow-up（Feedback / Comment / etc.）
S: Uptake（A learner's immediate response to corrective feed back on his or her utterances）

本研究は、IRF や IRFU などの教師と生徒の発話交替に焦点を当て、インターラクションを通して、どのように生徒の理解を深め、またどのように生徒の応答を誘発しているかを観察・分析する研究である。

第2章　教師ことば(teacher talk)研究と先行研究の知見

はじめに

　この章では、本研究との関わりにおいて、教師ことば(teacher talk)の意義とその先行研究について論ずる。本研究は、英語授業の授業分析や談話分析、あるいは教師発話の分析を通して、授業の特質を明らかにしていく研究であるため、この章では教師ことば(teacher talk)に関する先行研究を概観する。

1　教師ことば(teacher talk)の基本概念

　ティーチャー・トーク(teacher talk)とは、教師が学習者に話すとき、学習者に理解しやすいように調整された教師ことばを意味している。この概念は、Ferguson(1971)の研究の中で、その言語の発達段階の初期における言語能力しかもっていない非母語話者(NNS)や母語話者(NS)の幼児に対して話される言語使用域は、成人母語話者の間で用いられる言語使用域とは一般に異なると述べられている。そして、簡素化(simplify)された言語使用域を、その言語を十分に持ち合わせていない聞き手に対して用いるために修正(modify)された変種として、Ferguson(1971)は、次のように提案している。

　　"The register is simplified in order to make the native speakers' speech understandable to non-native speakers or native infants."

　非母語話者に対する簡素化された言語使用域(simplified register)をフォ

リナー・トーク(foreigner talk)と呼び、母語話者であるが言語能力が十分に発達していない幼児に対する簡素化された言語使用域をベビー・トーク(baby talk)と呼んでいる。そして、言語使用域の簡素化の概念を言語教室において、教師が学習者に対して用いる言語使用域をティーチャー・トーク(teacher talk)と定義している。

1.1 外国人ことば（フォリナー・トーク）

　フォリナー・トークとは、その言語の母語話者が非母語話者に話すとき、聞き手にできる限り理解しやすくするために簡素化された言語使用域のことを意味する。Ellis(1985)は、フォリナー・トークとは、母語話者が非母語話者に話すとき、母語話者によって用いられるある種の言語使用域であると定義している。また、Ferguson(1975)は、非母語話者への発話と母語話者同士の通常の発話の違いを次のように述べている。

① 冠詞、繋合詞（主部と述部を繋ぐbe動詞など）、接続詞などを省略する。
② 命令文の最後に"you"または"OK?"、"see?"などをつけて付加疑問文をつくる。
③ 否定文で"no"を用いる(例えば、He no want.)。
④ 通常の発話よりも遅く、大きな声で発したり、発音を誇張したりする。
⑤ 通常の発話より簡単な語彙や文法を用いる。
⑥ 文内のトピックとなる語を文の前に移動させたり、繰り返したりする。

母語話者は、上記のようなタイプの発話は、外国人（非母語話者）にとって理解しやすいと考えられている。

　Gass and Varonis(1985)はモディフィケーション（修正）の研究で、母語話者が非母語話者に話していて、非母語話者が理解に困難を示したとき、自分の発話をよりわかりやすくするためにモディファイ（修正）しようとすることを見出した。

　つまり、フォリナー・トークは完全に正しい言語ではない、いわゆる中間言語(interlanguage)であると見なす一方で、非母語話者にとって母語話

者の発話が理解しやすくなり、相互のコミュニケーションが活気づく環境を創り出す働きがあるとしている。

1.2 赤ちゃんことば（ベビー・トーク）

簡素化された言語使用域のもうひとつの事例として、母語話者であるが、その言語能力が十分に発達していない幼児に対して用いられる言語使用域をベビー・トークと呼んでいる。Ferguson (1977:207) は次のように定義している。

> "This special register of the language felt to be appropriate for use with young children is often called 'baby talk'."

また、Freed (1980) は、フォリナー・トークとベビー・トークの特徴を比較して、その類似性を次のように述べている。
① 文として形が整っている。
② 発話がはっきり音調されている。
③ 文法的に許容される文である。
④ 発話が縮小されている。
⑤ 発話ごとの動詞の数が一個の場合が多い。

母親や幼児の世話人が上記のように簡素化するのは、発話の理解を深めると共に、子どもの言語習得を助長していると考えられる。

ベビー・トークもフォリナー・トークも簡素化されているのは、聞き手に理解をより容易にするためである。コミュニケーションにおいて、伝達内容を理解することが主たる目的となるからである。

1.3 教師ことば（ティーチャー・トーク）

外国語の言語教室では、教師が学習者に発する発話は、フォリナー・トークやベビー・トークと同様に、一般的に簡素化される。このような教師発話をティーチャー・トークと呼んでいる。ティーチャー・トークは一般の

日常会話と異なり、言語教室という環境における特別な言語使用域である。ティーチャー・トークは通常、「指導の過程で教師によって用いられる言語の変種である」と定義されている。そして、その特徴は教師が学習者に目標言語で話すとき、学習者の理解の範囲を拡大したり、言語を容易に習得できるように工夫している。Gaies(1977)は、教師が学習者に話すとき、教師は学習者の理解を促進するのにどのように発話の調整をしているか調査し、次のような結果を報告している。
① 複雑な統語法を簡単にする。
② 話す速度を遅くしたり、明確に発音したり、またイントネーションやストレスを誇張する。
③ 用いられている語彙の種類を減じる。

教師によってなされる発話の修正は、修正することで言語をより理解しやすくするという仮説によって、一層行われるようにてってきた。

Chaudron(1988)は、言語教室における教師発話の修正を次のように要約している。
① 発話の速度がより遅くなる。
② 発話のポーズがより頻繁で長い。
③ 発音が誇張されたり、簡素化される。
④ 基本語彙が使用される。
⑤ 従位化の度合いが低い。
⑥ 平叙文が疑問文より多用される。
⑦ 頻繁に繰り返しをする。

以上の点から、教師発話の修正に関心がもたれてきた。それは確かに学習者の理解を促進させる方略ではあるが、一方で、中間言語の化石化が起こる心配もある。化石化が起こらないように、学習者の言語能力を発達させるには、修正を徐々に減じていき実際の言語環境に近づけていくことが重要である。

2 教師ことば(ティーチャー・トーク)の主な特徴

　言語教室の本質的な特徴は、言語そのものが授業のゴールであると同時に、そのゴールを達成するための手段でもある(Richards and Lockhart 1994)。学習者の言語習得において、教師が教室で用いる目標言語には多くの関心事が競合している。例えば、教師は学習者の言語習得や目標言語の使用を促進するために立案された学習活動を計画する。また同時に、教師は、指導や指示を与えたり、目標言語のパターンのモデルづくりをしたり、生徒の活動にフィードバックを与えるための主な手段として、目標言語を使用する。
　次に、言語教室での言語使用に対する3つの言語的な局面に焦点を当てることにする。
　① 教師は自分の言語をどのように修正するか。
　② 教師は質問をどのように行うか。
　③ 教師はどのようにフィードバックを与えるか。

2.1　教師ことばの修正（モディフィケーション）

　ティーチャー・トークの特徴として、教師は学習者の能力や実際の応答に応じて、通常、自分たちの発話に言語指導上の修正(linguistic modification)を加えるものである。Richards and Lockhart(1994)は、Chaudron(1988)によって分類された教師発話の修正を教師の指導や指示が学習者に理解しやすくするための指導上の方略として用いることを提案している。Chaudron(1988)のモディフィケーション（修正）の分類は以下の通りである。

2.1.1　修正（モディフィケーション）の分類
　① Speaking slowly（ゆっくり話す）
　　教師が教室で言語学習者に話すとき、他の場面よりもゆっくりと話す。
　② Using pauses（間をとる）

教師は言語学習者を指導するとき、特に低いレベルの生徒の場合には、ポーズを多くとり、またポーズを長くとる傾向がある。このようなポーズは教師が言ったことを処理する時間をより多く与え、それによって、生徒の理解が促進される。

③ Changing pronunciation（発音の修正）

教師はより明確な発音の仕方をしたり、より一般的な話し方、つまり、指導という状況以外の場合より省略や短縮が少ない話し方をするようである。例えば、"Couldja read that line, Juan?" と発音せず、教師はもっと注意深く一語一語丁寧に "Could you read that line, Juan?" と発音する。

④ Modifying vocabulary　（語彙の修正）

教師は難しい単語をもっと一般的に使われるような単語に変えることが多い。例えば、教師は "What do you think this picture depicts?" と言わず、"What do you think this picture shows?" と尋ねるかもしれない。しかし、教師は、うっかりして簡単なことばに代えるつもりが語彙を難しくしてしまうこともある。例えば、"depicts" ということばの代わりに慣用的な表現を使って、"What do you think this picture is about?" と言ってしまうことがある。

⑤ Modifying grammar　（文法の修正）

言語教師は、教室において、文の文法的構造をしばしば簡略化してしまうことがある。例えば、教師は教室では、他の文脈においてよりも、従属節をあまり使わなかったり、複雑な時制を使うのを避けることがある。

⑥ Modifying discourse　（談話の修正）

教師は、自分の言っていることを理解してもらうために、反復したり、自分の質問に対して自分で答えたりすることがある。

2.1.2　修正（モディフィケーション）の問題点

教師の発話における上記のような修正は、これまでティーチャー・トー

クと呼ばれてきた特殊な教室談話タイプに固まってしまう可能性がある。教師がティーチャー・トークを使用するねらいは、教師が言ったことを生徒にできる限り理解しやすくするためのものであり、効果的なティーチャー・トークであるならば、学習者の言語の理解や発話の産出を促進させるための必須の援助を提供することもある。Krashen(1985)は、この方法こそが、教師が学習者に理解可能なインプット(comprehensible input)、つまり、学習者の理解のレベルに合わせてうまく調整されたインプットを提供する方法であるとしている。これが第2言語習得のための必須の言語題材であるとしている。しかし、ティーチャー・トークを使い続けていると、教室の外では自然な言語であるとは受け取られないような言語変種を作り出してしまう心配もある。いわゆる「言語の化石化」が起こる可能性がある。

2.2 教師ことばの質問（クエスチョン）

これまで先行研究のクラスルーム・リサーチによると、教室で教師が生徒に質問することは、一般的に教師によって最もよく用いられている方法である(Gall, 1984)。質問が指導の中で広く使われている理由について、Richards and Lockhart(1994)は、次のように述べている。

・質問は、生徒の興味をかき立て、維持する。
・質問は、授業の内容について考え、それに焦点を置くことを奨励する。
・質問で、教師は生徒が発言したことをより明確にすることができる。
・質問で、教師が特定の構造や語彙項目を引き出すことができるようになる。
・質問で、教師が生徒の理解度をチェックすることができる。
・質問で、授業における生徒の参加を奨励する。

2.2.1 教師の質問（クエスチョン）の重要性

ティーチャー・トークが多大なる関心を集めている側面の一つが、教師の質問(teacher's questions)である。教師の質問は、言語教育はもちろんの

こと、一般の教科においても研究の関心の的になっている。その理由として、教師の質問は学習者に発話する機会を与えていることになり、学習者の発話の産出や質問に対する応答を促進することになる。教師と学習者の間の質問や応答のやりとりは授業において重要な役割を果たす。

Chaudron(1988)は、「教師の質問は学習者の注意を喚起し、言語による応答を促進し、学習の進度を評価する基本的な手段としての要素を持っている。solicit-response-evaluateの連続体の開始部分として、重要な役割を担っている」と述べている。

第2言語習得の研究者たちは、教師の質問は言語習得において重要な役割を果たしていると報告している。Banbrook and Skehan(1989)は、「教師の質問は学習者の授業への参加を持続させたり、使用している言語をより理解しやすくしたり、質問の内容を個人的に関連づけたりするために用いられる」と報告している。質問は教室で用いられる最も一般的な指導方略のひとつであり、通常いかなる授業もまず教師の質問で開始されることが多く、授業において必要不可欠な教師発話である。

2.2.2 教師の質問(クエスチョン)の分類

教師の質問は大別して、提示質問(display question)と指示質問(referential question)の二種類に分類できる。Nunan(1991)は、これらの二種類の質問を以下のように定義している。

"A display question is one to which teachers know the answer and which is designed to elicit or display particular structure. A referential question is one to which teachers do not know the answer."
(提示質問は、教師が答えを知っている状態で行う質問や特定な文の構造を誘発したり、提示したりするために行うタイプの質問である。一方、指示質問は、教師が答えを知らないときに知りたいから行うタイプの質問である。)

また、Banbrook and Skehan(1989)は、教室における質問の役割を調査するために、3種類の質問を取り出している。それらは、手続き的質問(procedural question)、収斂的質問(convergent question)、拡散的質問(divergent

第2章 教師ことば（teacher talk）研究と先行研究の知見

question)である。次の項で、それぞれの内容についての詳細を述べる。

2.2.2.1 手続き的質問

　手続き的質問とは、学習内容とは異なり、教室での授業の進行やお決まりの手順、教室運営などに関わる質問である。例えば、課題が完成されたことや、課題への指示が明確だったことや、生徒が新しい課題に取り組むことができていることなどを教師がチェックするときに用いる質問である。具体的な発話として、次のような質問が挙げられる。

　・Did everyone bring their homework?
　・Do you all understand what I want you to do?
　・How much more time do you need?
　・Can you all read what I've written on the blackboard?
　・Did anyone bring a dictionary to class?
　・Why aren't you doing the assignment?

(Richards and Lockhart 1994)

　上記の手続き的質問は、授業内容の理解の確認のための働きではなく、生徒が授業の内容に取り組むようにしたり、生徒が理解するのを援助したり、教室でのインターアクションを促進するためのものである。この質問はさらに二つのタイプに分類できる。つまり、生徒の応答の引き出し方によって、収斂的質問と拡散的質問に分類できる。

(Kindswatter, Willen, and Ishler, 1988)

2.2.2.2 収斂的質問

　収斂的質問とは、同種の応答や中心的主題に焦点を当てた応答を奨励する質問であり、応答も"yes"や"no"などの短いものが多い。この質問は生徒にハイレベルの思考を求めるものではなく、先に提示された情報を思い出させることに焦点をおくものとしている。

　次に質問の具体例を挙げるが、日常生活におけるコンピュータの影響に焦点を当てたリーディングの授業を導入するときである。授業を始める前に、次のような収斂的質問をすることによって、リーディングのトピック

に生徒を導いている。
・How many of you have a personal computer in your home?
・Do you use it every day?
・What do you mainly use it for?
・What are some other machines that you have in your home?
・What are the names of some computer companies?
・What is the difference between software and hardware?

(Richards and Lockhart, 1994)

2.2.2.3 拡散的質問

拡散的質問とは、収斂的な質問の反対である。このタイプの質問は生徒の多様な反応を奨励し、短い応答ではなく、生徒の高度なレベルの思考を求めるものである。以前に提示された情報を思い出すことにより、生徒自信の情報や考えを応答として求められる。

教師は上記のような収斂的質問をした後に、さらに続けて次のような拡散的質問をするとよい。

・How have computers had an economic impact on society?
・How would businesses today function without computers?
・Do you think computers have had any negative effects on society?
・What are the best ways of promoting the use of computers in education?

(Richards and Lockhart, 1994)

2.2.3 教室で用いる質問(クエスチョン)のタイプ

これまでの先行研究において、教師は一般的に拡散的な質問より、収斂的質問を多用する傾向があることが報告されている。収斂的な質問は、生徒の考えや教室でのコミュニケーションを産出するよりは、これまでに学習した情報を思い出すのに役立つものである。収斂的な質問は短い応答を求めるので、生徒が目標言語を産出したり練習したりするには限られた機会しか提供できない。

Long and Sato(1983)は、自然な談話と教室談話において、提示質問と指示質問の使用頻度を比較した結果、自然な談話においては、指示質問の方が提示質問より多く用いられており、一方、一斉指導の教室談話においては、提示質問が指示質問よりもはるかに多く用いられていることを発見した。

2.3 教師ことばのフィードバック（フォローアップ）

ティーチャー・トークのもう一つの重要な側面として、フィードバックが挙げられる。Chaudron(1988)は、授業中のインターラクションで、最も広範囲にわたる側面は、誤り訂正も含めて一般的にフィードバックと呼ばれているものであると言及している。言語産出について生徒にフィードバックを提供することは、指導上の重要な側面である。また、Richards and Lockhart(1994)は、「学習者がいかにうまく応答したかを知らせるのみならず、学習への動機を増進させたり、学習者を支援する教室環境を作る役割を果たす」と述べている。フィードバックはいつ、どのように、なにを与えるかによって、肯定的にもなれば否定的にもなるので、与え方が重要となってくる。Richards and Lockhart(1994)は、「言語教室において、学習者の話し言葉へのフィードバックは、学習者の発話の内容面と形式面の二種類に対して行われる」と述べている。次に、内容面と形式面の二種類のフィードバックについて述べる。

2.3.1 内容に関するフィードバック

内容についてのフィードバックを与えることについては、多様な方略が考えられる。次に、その例を示す。
・正しい応答を認める(Acknowledging a correct answer)
　教師は生徒の応答が正しいことを、"Good." とか "Yes, that's right."、"Fine." などと言って認める。
・正しくない応答を指摘する(Indicating an incorrect answer)
　教師は生徒の応答が正しくないとき、"No, that's not quite right." と

か、"Mmm."と言って指摘する。
- 誉める(Praising)
教師は生徒の応答に対して、"Yes, an excellent answer."などと言って誉める。
- 励ます(Encouraging)
教師は生徒の応答がないときには、"Come on."などと言って励ます。
- 生徒の応答を拡張する(Expanding a student's answer)
教師は生徒の曖昧だったり不完全だったりする応答に対して、もっと情報を提供して反応させる。
- 生徒の応答を修正する(Modifying a student's answer)
教師は生徒の応答が曖昧だったり不完全だったりするとき、教師自身のことばで生徒の応答を言い直したり修正を加える。
- 反復する(Repeating)
教師は生徒の応答を繰り返す。
- 要約する(Summarizing)
教師は生徒や生徒のグループが言ったことを要約する。
- 批評する(Criticizing)
教師は生徒が出した反応に対して批評する。

2.3.2　形式に関するフィードバック

　言語教室で与えられるフィードバックは、生徒が言ったことの正確さに向けられることが多い。誤りの訂正の研究では、次のような傾向があることを示している。教師は内容的な誤りを訂正することが最も多く、次いで、語彙の誤り、文法の誤り、そして発音の誤りを訂正する(Chaudron 1988)。次の、誤り訂正のフィードバックの種類を挙げる。
- 語彙の誤り(Lexical error)
- 文法の誤り(Grammatical error)
- 発音の誤り(Phonological error)
- 内容関連の誤り(Content-related error)

・談話関連の誤り(Discourse-related error)

2.3.3 フィードバックの問題点

　フィードバックには、肯定的なフィードバックと否定的なフィードバックがある。特に、「誤り訂正」のフィードバックにおいては、訂正すればよいとは限らない。誤りの訂正をすることが却って逆効果を生む場合もあり得る。教師と学習者では誤りの訂正に対して異なった考え方をしている場合がある。Nunan(1988)は、オーストラリアの成人学習者が誤りの訂正を大変重要なものであると認識しているにもかかわらず、彼らを指導していた教師は、それをあまり高く評価していないことを報告している。
　教師が生徒の誤りの訂正ばかりに意識が向かっていると、言語教育の重要な側面である伝達行為を中断してしまうか、あるいは、授業中のインターラクションで伝達活動に集中し過ぎると、誤りを処置しないで見過ごしてしまうかの、どちらかをしなければならないと言う相反する矛盾が生じてくる。そこで、Hendrickson(1978)は、誤りの訂正を行う場合に、次のような意思決定をしなければならないと述べている。
　① 学習者の誤りは訂正されるべきか。
　② 学習者の誤りのうちどのような種類の誤りを訂正すべきか。
　③ 学習者の誤りをどのように訂正すべきか。
　Chaudron(1988)は、上記の3つにさらに2つ付け加えている。
　① 学習者の誤りを訂正するとしたら、いつ訂正すべきか。
　② だれが訂正すべきか。
　よって、より効果的なフィードバックを生徒に提供するには、長期的スパンでのフィードバック研究が必要となる。

2.4　外国語(EFL)教授における教師の母語使用の役割

　タイや日本のようなEFL(非英語圏における英語学習)環境において英語を学習する際、実際の授業を観察する中で、母語の助けを借りることがしばしば観察される。母語使用が英語習得に負の要因となるのか、あるいは

正の要因となるのか、母語使用の有効性について明らかにしていく必要がある。

2.4.1 ティーチャー・トークとしての目標言語(TL)使用の限界

EFL環境における英語教室での教師の母語使用の適性と役割について述べる。英語授業が目標言語の英語を用いて行われるとき、授業の全過程においてすべて英語で行われるとは限らない。筆者が実施した英語教師へのアンケート調査〔第6章参照〕によると、母語を用いるのは「学習者が教師の英語が理解できないと判断したとき」が最も多い結果として現れた。

一般的に学習者が教師の英語による発話が理解できないときに、学習者が理解できるレベルに合わせて調整された英語のことをティーチャー・トークと言う。教師にティーチャー・トークを使う能力があるならば、すなわち、学習者の英語の能力に合わせて教師発話を調整する能力があるならば、学習者に目標言語の英語で理解させることができるはずである。しかし、教師がティーチャー・トーク(教師発話の調整)能力がないときは、母語を使用せざるを得ない。

外国語(英語)を教授するときは、その目標言語(英語)を用いて教授することが原則であることを前提とするならば、教師にティーチャー・トークを使うことのできる言語能力が必要になってくる。しかし、学校の教育現場で授業やビデオによる研究授業を実際に観察したり、筆者が実施した英語教師へのアンケート調査から、ほとんどティーチャー・トークが使える状態ではないことがうかがえる。アンケート調査では、40名中32名が英語を使用したとしてもクラスルーム・イングリッシュのレベルであると回答している。場面や聞き手に合わせて英語の言語表現を修正するということは、英語非母語話者の英語教師にはかなり困難であるといわれている。立花(1995)によると、英語非母語話者(NNS)教師と英語母語話者(NS)教師に全く同じ「授業指導案」により、それぞれ個別にほぼ同様の条件のもとで授業を行ってもらった結果、指導経験年数がわずか2年に満たないNS教師と指導経験年数15年で、しかも長年に渡って目標言語(英語)のみでほぼ

第 2 章 教師ことば（teacher talk）研究と先行研究の知見

授業を行っている NNS の熟練教師（本授業実践から 1 年後にパーマー賞受賞する）との間でインプット修正（input modification）の使用頻度に顕著な相違が認められた。修正されたインプット（modified input）の使用率は NS が NNS の 2 倍、総発話量に対する使用比率で比較すると2.7倍であった。最も顕著な差が現れたのは、語彙の修正で NS が NNS の11倍であった。Corder(1981)は、言語修正は母語話者が非母語話者に与える言語の調整や適応であり、成人母語話者だけが習得している能力である。従って、母語話者の能力に達している非母語話者だけが発話の調整（modification）が可能であると指摘している。立花（1995）の研究の結果も Corder の指摘を反映している。特に、日本のような EFL 環境での日常生活において英語を使用しないので、なおさらこの傾向は強く現れるものと考える。発話の調整をする際に、NS は無意識に相手の言語能力に応じて修正ができるが、NNS は言語能力上意識的に修正をする必要がある。

そこで、EFL 環境においてはティーチャー・トークを目標言語（英語）で行うのが言語能力的に困難であるならば、教授者や学習者の母語（L1）をティーチャー・トークとして用いることが考えられる。次の項で、ティーチャー・トークとしての母語使用について考えてみる。

2.4.2 EFL 環境におけるティーチャー・トークとしての母語（L1）使用の可能性

ESL 環境と EFL 環境では、授業で使用する英語の量的条件も質的条件もかなり異なることはこれまでに述べてきた。第 2 言語学習であれ、あるいは外国語の学習であれ、学習の最終目標は基本的に同じであると考える。つまり、学習する言語を身につけ、運用することのできる能力を育成することである。英語の授業は英語を使って行うことが大前提である。しかし、ESL と EFL では言語環境があまりにも異なるため、指導においてはその違いを考慮し、また意識して行う必要がある。

EFL 環境では、日常ほとんど英語に触れる機会がなく、日常の生活の中でおこる話題についてもほとんど英語で考える環境がない。そのような

環境において、授業をすべて英語で行うことは実に困難であると考えられる。EFL環境では、学習者がある一定の英語力の水準に達するまでは、コミュニケーションや意味理解、構文理解の助けとして、日本語を有効に使うことも考える必要がある。

そこで、吉田(2003)は、極力、母語を使用しないで、目標言語の英語を使った方がいい場合について2点(①、②)、それらに対して母語を使ってもよい条件として2点(③、④)を挙げている。

① 日常会話のように、言語外の様々な具体的情報があるような、いわゆるBICS(Basic Interpersonal Communication Skill:日常会話能力)レベルの英語を指導する場合は、母語は使う必要性はないだろうし、できる限り使わないようにするべきである。
② 学習者が理解できる適切なインプットとなるティーチャー・トークを教師が使える能力がある場合は、母語を介在させないようにする。
③ Cumminsの提唱するCALP(Cognitive Academic Language Proficiency:認知学習言語能力)レベルの英語を指導する場合は、母語の使用が学習者にとって英語の内容を理解するための具体的な支えになるであろう。Cummins(1984)は、L1とL2には共通の言語能力があるとし、母語をしっかり身につけることで、外国語を学び使用するときにも生かすことができる。つまり、日本人が英語を外国語(EFL)として学ぶには、日本語で思考する力が身についていればそれを使うことができると言うのである。

英語という外国語を学ぶときにも、日本語力が大きな役割を果たしていると言うことである。特に、CALPレベルの外国語を身につけるときは、日本語を介在させることに大きな意味を持ってくる。
④ 学習者が理解できる英語レベル、すなわち適切なインプットとなるティーチャー・トークを教師が使えない場合は、母語の使用が有効となり、しかも母語がティーチャー・トークの役割を果たすようになると考えられる。

以上の点から、英語教師が学習者の英語能力に合わせて調整された英語、すなわちティーチャー・トークを使いこなす能力を備えているならば、す

第2章 教師ことば（teacher talk）研究と先行研究の知見

べて英語で授業を行うべきであるが、EFL環境での実態を観察する限りにおいて、困難な状況である。英語非母語話者教師にはかなり難しいと言われている。すでに先述の項(2.4.1)で述べたように、ティーチャー・トークを使いこなすには成人英語母語話者と同程度の英語力が必要であり、英語非母語話者の場合、母語話者とほぼ同等のレベルの英語力に達しているものだけが発話の調整が可能となる(Corder, 1891)。吉田(2003b)は、ALTでも教育経験の浅い教師や英語非母語話者とあまりコミュニケーションをする機会がない教師は、ティーチャー・トークを容易には使うことはできないと述べている。よって、ティーチャー・トークを英語で行うよりも、学習者にわかりやすい母語で行う方がよい場合があるのである。

2.5 本研究におけるティーチャー・トークの意義と展望

ここでは、本研究におけるティーチャー・トークの意義を述べ、今後の日本の英語教育におけるティーチャー・トーク活用の展望を述べる。

2.5.1 英語授業におけるティーチャー・トークの重要性

外国語教授はEFL環境においても、教師は基本的に目標言語を使って授業を行うのが言語能力育成の観点から、極めて重要であると考える。つまり、英語授業は英語を使って指導することが原則として必要である。そのためには、学習者が英語による教師発話を理解できることが前提となる。そのためには、学習者が教師の英語による発話が理解できないとき、理解できるように導く手段が必要である。その手段として考えられるのがティーチャー・トークである。Krashen(1985)は、ティーチャー・トークこそが学習者に理解可能なインプト(comprehensible input)を与える方法であり、第2言語習得にはこのティーチャー・トークが必要であると述べている。但し、KrashenはESL環境でのティーチャー・トークのことを言っているので、ESL授業においてCLTによるコミュニカティブな指導を行う際に、ティーチャー・トークが有効であると考えられる。

一方、EFL環境での授業では、ESL環境と比べると英語のインプット

量が極めて少ないので、反復(repetition)によってそれを補う必要がでてくる。EFL 環境の場合においても、教師がティーチャー・トークを十分に使いこなす能力があるならば大いに使用し、目標言語の英語で授業を行うことが望ましい。

　Sinclair(1985)は、IRF 構造において、教師発話(ティーチャー・トーク)のⅠとFは教師の資質・能力そのものであると述べている。授業の特徴的な談話構造である IRF 構造は、教師主導型の授業の過程において、連続的に表れてくるものである。そのとき、ⅠとFが教師の担う重要な役割となる。

　Sinclair は兵庫教育大学大学院にて、1983年に言語系コース(英語)の大学院生を対象にした公開講座で、次のように板書しながら、Ⅰ(Initiation)とF(Feedback)は教師が発話を担うため、その発話の質がとても大切であると強調している。

> T: Initiation (Ⅰ)
> S: Response (R)
> T: Feedback (F)

　言語習得上、ティーチャー・トークのⅠとF が機能しないということがないように気をつける必要があると述べている。ⅠとFの言語形式と言語内容を観察すれば教師の資質・能力がうかがえるのは Sinclair の指摘を待つまでもなく不変の真理であると考えられる。

　Nunan(1987)は、「CLT においては、古典的な IRF の教室談話構造はこれまで批判の的になってきた。その理由として、学習者自ら質問する機会が少なく、学習者が興味をもっているトピックを提供できないので、教師主導型になってしまう。そうなると、学習者の方からの意味交渉(meaning of negotiation)の機会が少なくなることなどがあげられる。しかし、批判を浴びながらも今日まで生き残ってきた歴史を持っている」と述べている。特に、日本のような EFL 環境における英語教室ではコミュニケーション重視の英語教育を指導の重点に置きながらも、依然として IRF 構造は色

濃く残っている。Cullen(2002)は、IRF 構造を知識の伝達を行ったり、知識の構成を行うための強力な教育学的装置(pedagogical device)であると見なしている。そこで、EFL 環境での英語教室では、この古典的な IRF 構造を否定的に見なすのではなく、むしろ肯定的に捉える方が望ましいと考える。その理由として、言語のやりとりのモデルを示す可能性があるからである。

2.5.2 EFL 授業におけるティーチャー・トークの着眼点（有効性）

外国語（英語）教授は ESL 環境においては当然のごとく、EFL 環境においても目標言語を使って授業を行うのが原則であると考える。ESL 授業では教師が学習者の母語を使う環境がなく、また母語を使う必要性もない。一方、EFL 授業においては、授業のすべてを目標言語で行うのはとても困難な状況が現実にある。しかし、外国語のコミュニケーション能力を育成するには、できる限り目標言語を使用するのが望ましい。目標言語を使って授業を行うときに必要となるのがティーチャー・トークである。ティーチャー・トークは、学習者が教師の目標言語による発話を理解できないとき、より理解できるレベルの言語（Krashenの言う理解可能なインプット）に調整をする働きをもっている。よって、ティーチャー・トークは外国語を指導する際の言語指導上の方略となりうるものである。

しかし、EFL 環境では、ESL 環境と異なって、目標言語のインプット量が極めて少ないことや、一般的に教師の外国語能力が不十分であることから、ティーチャー・トークを十分に活用できない状況があるのも事実である。そこで、学習者の母語をティーチャー・トークとして用いることが考えられる。いわゆるティーチャー・トークの働きをもった母語の使用がEFL 授業では有効になってくると考える。

2.5.3 ティーチャー・トークと教師教育

現行の指導要領（中学校：平成10年度告示）になって、英語の「実践的ミュニケーション能力の育成」が教育目標になって以来、日本（EFL環境）の英

語教師にも、英語授業を英語で行うことが求められるようになった。また、文部科学省(2003)の行動計画案の「Ⅱ　英語教育改善のためのアクション」の１．と７．に目標として、「実践的コミュニケーション能力を育成するには、授業の大半を英語で進め、英語でコミュニケーションを行う活動を多く取り入れる」と述べている。吉田(2003a)は、行動計画案の解説の中で、目標言語で授業を行うときのティーチャー・トークの必要性と重要性について言及している。

　まず、英語授業をすべて英語で行える条件として、ティーチャー・トークを使えることが挙げられる。そのためには、英語の言語能力がネイティブ・スピーカーに限りなく近いことが求められる。前章でも述べたように、Corder(1981)は、言語の修正(モディフィケーション)は、その言語の母語話者が非母語話者に与える言語の調整や適応であり、成人母語話者だけが習得している能力であると言っているように、場面や聞き手に応じて言語表現を調整するのは非母語話者教師にはかなり困難であるとされている。ティーチャー・トークを必要に応じて使用するためには、かなり高い言語能力を必要とする。その上でさらにティーチャー・トークの使用のための訓練が必要である。母語話者教師でも指導経験が少ない教師の中にはティーチャー・トークがうまく使えない教師がいる。

　よって、ティーチャー・トークを使いこなすには、まず高い言語能力を必要とし、その上でティーチャー・トーク使用のためのTESL(Teaching of English as a Second Language)やTESOL(Teaching of English to Speakers of Other Language)などの特別な訓練が必要となる。英語教師にとって、ティーチャー・トークを使う力（言語能力と指導力の両者を有する力）が、今後ますます求められる重要な資質と能力であると考える。

第3章　研究のリサーチ・デザイン

はじめに

　この章では、本研究を進める上で必要となる研究の枠組みについて論じる。本研究の特性から、教室談話の分析に適した質的な研究に加えて量的研究も行い、質的研究と量的研究を相互補完的に用いることで、より科学性、客観性、妥当性のある研究となりうるリサーチ・デザインを試みる。

1　研究目的

　本研究を進めるに当たり、次のような2つの研究目的を設定する。
① 　授業分析・談話分析を通して、日本と類似のEFL環境にあるタイの中等学校の英語授業を多角的な観点から観察・分析し、その特性を浮き彫りにする。
② 　日本の英語教育との比較的見知から、タイの英語授業を観察・分析し、共にEFL環境にある両国の英語授業の共通項を探る。特に、授業分析・談話分析を通して、母語(L1)使用の観点からEFL環境の特性を分析するという方法論により、その特性を解明する。

2　研究仮説

　本研究を進めるに当たり、次のような仮説を2つ設定する。
【仮説1】　タイや日本のようなEFL環境での英語授業には共通の特性があり、EFL環境での共通項となりうる特性を構築しながら、それらをEFLの特性と見なすことができる。

【仮説２】　EFL の特性は、主として英語授業において、英語教師が学習者の母語(L1)をどのようにどれだけ使用しているか、その使い方や使用量で確認できるものとする。

3　研究方法

　本研究に取り組むに当たり、取り組みの過程について述べる。タイの英語授業の調査・研究のため、２回のタイ現地調査(調査Ⅰ、調査Ⅱ)を行う。いわゆる予備調査(調査Ⅰ)と本調査(調査Ⅱ)の２段階のステップを踏むことにする。調査Ⅰは、事前に英語授業の観察・録画を依頼し、その目的を説明しておく。2005年１月に、タイのアユタヤ地区のセナ・プラジット中等学校を訪問し、２名の英語教師の授業を観察・録画する。調査Ⅱは、半年後の2005年７月～８月にかけて、同じくタイのアユタヤ地区のセナ・プラジット中等学校とバンサイ・ウイッタヤ中等学校の２つの中等学校を訪問し、２校を合わせて10名の英語教師の授業を観察・録画する。

　まず調査Ⅰで得られる２名の教師の授業トランスクリプトを書き起こし、先行研究で用いられている Lynch(1996)のインプット・モディフィケーション(p.47, Table3.1)とインターラクション・モディフィケーション(p.41, Table3.2)のカテゴリーを授業の分析観点としてデータを分析する。その結果から、全く出現しない観点や微量しか出現しない観点は省略し、また微量しか出現していない観点でも、談話分析に必要な情報を提供する観点は残存することにする。このようにして、予備調査(調査Ⅰ)の分析からタイの授業の状況や特性を大まかに把握し、修正を加えてタイの EFL 授業分析に適した本研究(調査Ⅱ)の分析観点を再構築する。

　研究方法として、タイの英語授業の特質をより客観的に明らかにするために、多角的な観点を用いて教室談話を観察・分析する方法をとることにする。主として、教室での教師と学習者の間に起こっていることを忠実に捉えるため、ある設定した研究の枠組みの中で質的な分析を行うための記述分析の方法と授業で使用している発話文の数や使用比率などの量的な分

析方法の両面から相互補完的に分析を試みることにする。

　授業分析のためのデータとなる授業をビデオに収録し、van Lier(1988)と Johnson(1995)を参考にして、すべての発話をトランスクリプトに書き起こす。ビデオ収録した授業のトランスクリプトを次の2つの方法、すなわち定量的(量的)分析法と、定性的(質的)分析法〔記述的分析法〕で分析することにする。

　一方で、金田(1984)の授業分析に用いる定量的な分析方法のCARES-EFL(Communication Acts Recording System for English as a Foreign Language Class) は EFL 授業の分析のための枠組みになっている。他方で、談話分析に用いる定性的な分析方法(Lynch 1996, Sinclair 1982など)は ESL 教室における学習者の理解促進や発話誘発に焦点を当てた談話分析のための枠組みになっている。そこで、ESL 授業での談話分析手法をタイのEFL 授業の談話分析にどのようにリンクさせるかについて論じておくことにする。先に述べたように、調査Ⅰで、ESL 的な授業分析の枠組みに従って、予備的研究として EFL 授業を分析しておき、その結果から EFL の授業分析に適した枠組みへと修正を加え、再構築を行うという過程を踏む。そして、授業で用いる教師の授業言語の使い方によって、ESL と EFL の違いを明らかにしていくものである。

　これまでの先行研究(Nunan 1989, 1991, Richards and Lockhart 1994, Jonson 1995, Lightbown and Spada 1999など)から EFL の特性として、言語の意味よりも形式に焦点を当てた指導が中心になっていることから教師と学習者、あるいは学習者間の意味交渉がほとんど出現せず、教室での教師と生徒のインターラクションの開始点となるクエスチョンの出し方や種類もリファレンシャル・クエスチョン(指示質問)はほとんど出現せず、質問の大半はディスプレイ・クエスチョン(提示質問)である。誤り訂正にしても言語形式に関する誤り訂正が中心となり、メタ言語的指導が多くなる傾向にある。このように、教室談話の分析を通して教師の言語使用の観点からみても、伝統的な教師主導型の授業が多く見受けられる。

　ESL 授業分析の観点で、EFL 授業を分析したとき、分析観点として出

現しないカテゴリーや出現したとしても微量なカテゴリーが存在するならば、そのこと自体がEFLの特性を示していると見なせることになる。

3.1 授業分析

　本研究で取り上げる授業分析に関する定量的研究とは、一定時間ごとに授業の活動を観察し、授業言語(Classroom Discourse)を一定の単位に分けて、その単位間の関係を量的に分析しながら、相互の関係を調べる方法である。このアプローチでは、授業言語を一定の単位に分けてカテゴライズする。設定したカテゴリーに従って記録し、統計的に処理をする相互作用分析を行う。この分析方法は、Flanders(1970)の相互作用分析のFIAC(Flanders' Interaction Analysis Categories)や、Flandersの方法論を応用したWragg(1970)に基礎をおいている。

　金田(1984)は、EFL環境にある日本の英語授業分析に適するように、FIACを応用してCARES-EFL(Communication Acts Recording System for English as a Foreign Language Class)の分析カテゴリーと分析手法を開発した。金田(1985)の研究の中で、このシステムは、①英語の授業における使用言語の実態と、②教師と学習者のコミュニケーション行為の実態をできるだけ正確に捉えるためのカテゴリーが採用されていると述べている。本研究はCARES-EFLの分析カテゴリーを用いて授業分析を行うことにする。

3.1.1 定量的授業分析

　調査Ⅰにおける定量的分析には、タイにおける英語の捉え方が日本と類似のEFL環境にあるため、授業分析観点として、金田(1984)のCARES-EFL(Communication Acts Recording System for English as a Foreign Language Class)を用いた。表3－1が定量的授業分析観点の一覧である。

表3-1：定量的授業分析観点

【教師発話】
① 教室管理・運営（indication, management）
② 制限応答誘発のための言葉、応答を助けるための言葉（hint, cue, support, prop）
③ 説明・講義（explanation）
④ 質問・発問（question）
⑤ 答え返し（follow-up）
【生徒発話】
⑥ 自発的発話（response）
⑦ 選択応答 （response）
⑧ 再構成応答（response）
⑨ 制限応答 （response）
【教師・生徒の非発話】
⑩ 非相互作用（作業や沈黙）(pause, silence)　　CARES-EFL（金田、1984）

3.1.1.1　IRFAS-EFL の提案

　立花（2006）は、IRFAS-EFL(Initiation Response Follow-up Analysis System for English as a Foreign Language Classes in Thailand) を提案する。ESL 授業分析（例えば、FlandersのFIAC System、MoskowitzのFLint等）のカテゴリーは本来、L1やL2の英語授業の分析のために考案されたものであるため、EFL 環境での授業分析には適さない側面がある。金田（1984）、大里（1981）は EFL 環境に適合したカテゴリーと分析方法、また分析結果の解釈法を考案している。立花(2006)は、金田(1984)と大里(1981)の授業分析システムを踏襲して、折衷的システムを考案するものとする。カテゴリーについては、EFL に適した金田(1984)のカテゴリーを用いて分析を行うことにする。

　分析用マトリックスに各カテゴリーの出現率を記録する際に、金田(1984)、大里(1981)は Flanders や Moskowitz と同様に 3 秒ごとに区切っ

てカウントしているが、Freudenstein(1977)は、3分ごとに記録するスタイルをとっている。そのねらいは、3秒ごとに記録するよりも自然な形で教授行動を記録できるからであると述べている。

高梨・高橋(2000)は、授業分析のアプローチにはいくつかの種類があるが、それらに共通する点は、授業言語を一定の単位に分けてカテゴライズすることであり、単位に分ける場合、一定の時間(秒単位)ごとに分ける方法と言語学上の単位(moves, actsなど)に分ける方法があると述べている。そこで、立花(2006)は3秒とか1分とか、あるいは3分といった一定の時間(時間単位)ごとに区切って記録するという方法をとらないで、発言するセンテンスごとに記録する言語学上の方法をとることにする。

その理由は、時間を区切って記録する場合、例えば3秒ごとにカウントするとしたとき、3秒で1文の発言ならば、カウントは1となり、6秒でその1文を発言したならば、カウントは2となってしまう。そこで、本研究は発話分析に焦点を当てる研究なので、どのような働きのセンテンスをいくつ発話しているかは研究上重要な側面となるのである。特に定量的研究の場合は発話文の数量が重要な観点となってくるためである。いずれにしても、金田(1984)や大里(1981)が3秒ごとにカウントしている理由として、1文を発話する時間が平均的に見て3秒程度であることを挙げている。

また、分析対象となるタイの中等学校で収録した英語授業の授業過程や授業内容が教師によってかなり異なることや、特に、授業時間が、本来60分の1枠の授業の中で前の授業から教室移動するのに要する時間と次の授業に移動するのに要する時間を含んでいるので、いつ授業を開始していつ終了するかというのが明確でないため、教師によって1コマの授業時間が一律ではない。以上の点から、一定の時間(秒単位)ごとの区切りによるカテゴリーの記録が困難であるため、時間単位によるカウント方法を取らないことにした。

3.1.1.2 分析用マトリックスの作成

次に、分析用マトリックスの作成について、具体例を示す。本研究では、

マトリックスの作成法としてビデオ録画による方法をとる。マトリックスの作成手順は、まず録画したビデオを文字化して授業のトランスクリプトを作成する。金田(1984)のCARES-EFLに基づいて、授業における教師と生徒、生徒と生徒の相互作用を教師発話、生徒発話、沈黙・作業の3つのカテゴリーに分類する。それぞれの発話をCARES-EFLの10項目のカテゴリーのいずれかにコード化する。表3-2のようにトランスクリプトにコード番号を記入していく。T: Do you play volleyball? ④。文末の④は、この教師発話を分析観点に従ってカテゴライズしコード化すると、カテゴリー④であることを示している。S: Yes, I do. ⑦。文末の⑦は、この生徒発話を分析観点に従ってカテゴライズしコード化すると、カテゴリー⑦であることを示している。

表3-2：カテゴリーのコード化

```
T: Do you play volleyball? ④
S: Yes, I do. ⑦
T: Very good. ⑤
   I play it, too. ③
   When do you play volleyball? ④
S: ……… ⑩
   After school. ⑥
```

上記の授業展開は、④-⑦-⑤-③-④-⑩-⑥と記帳しておく。次に、④-⑦、⑦-⑤、⑤-③、③-④、④-⑩、⑩-⑥のようにペアにし、ペアの前の数字を横列に、後の数字を縦列とした交点のマスに出現の回数の合計を記入して分析用マトリックスを完成する。

　次に出現回数をマトリックスに記入していく例を示す。上記の例をマトリックスに記載していくと以下の表のようになる。まず、④-⑦について表に記入する場合、④が横軸であり⑦が縦軸になる。④と⑦の交点がそれらの出現回数としてカウントされることになる。⑦-⑤は、横軸⑦と縦軸

⑤の交点が出現回数としてカウントされる。以下同様の分析作業を行い、マトリックスを完成させる。

表3-3：マトリックスの記入例

	① E T	② E T	③ E T	④ E T	⑤ E T	⑥ E T	⑦ E T	⑧ E T	⑨ E T	⑩ E T	合計
①											
②											
③											
④							|				
⑤											
⑥											
⑦					|						
⑧											
⑨											
⑩											
回											
総											

3.1.1.3 マトリックスの解釈

完成した分析用マトリックスの解釈には、それぞれのカテゴリー別の出現回数や割合を見る方法、あるカテゴリーとの前後のつながりの関連で見る方法、相互作用の流れをフローチャートで見る方法、いくつかのカテゴリーのうちお互いに関連あるものを組み合わせて、その中であるカテゴリーが占める言語比率(ratio)を産出して授業の特徴的雰囲気を見る方法、などを用いる(金田, 1985)。

まず、言語比率を算出するために、表3-4で金田(1984)のマトリックスを示す。

表3-4：金田のマトリックス

	1	2	3	4	5	6	7	8	9	10
1			A'					B'		G
2										
3	A'		A				B			
4										
5										E
6	C'		C				D			
7										
8										
9	F				E					
10										

A＝内容関連の教師発話連続領域
A＋A'＝教師発話連続領域
B＝内容関連の教師発話のあとに生徒発話の続く領域（相互作用）
B＋B'＝教師発話のあとに生徒発話の続く領域（相互作用）
C＝生徒発話に内容関連の教師発話が続く領域（相互作用）
C＋C'＝生徒発話に教師発話が続く領域（相互作用）
D＝生徒発話連読領域
E＝非相互作用（沈黙・作業）領域
F＝沈黙・作業に内容無関係の教師発話が続く領域
G＝Fの逆の領域

言語比率については、次の表3-5の17言語比率項目について算出する。

表3-5：言語比率項目

（1）教師発話率、（2）生徒発話率、（3）相互発話 T-S、（4）相互発話 S-T、（5）生徒発話持続率、（6）教師発話持続率、（7）相互発話Cの多様性、（8）相互発話Bの多様性、（9）教師支配率、(10)教師発話の多様性、(11)生徒発話の多様性
(A) 英語使用率、(B)タイ語使用率、(C)教師英語使用率、(D)生徒英語使用率、(E)教師英語コミュニケーション率、(F)教師タイ語使用率

次に、言語比率の算出計算式を示す。

（1） 教師発話率（TT Ratio: Teacher Talk）

$$\frac{①+②+③+④+⑤}{①+②+③+④+⑤+⑥+⑦+⑧+⑨+⑩} \times 100$$

（2） 生徒発話率（SS Ratio: Student Talk）

$$\frac{⑥+⑦+⑧+⑨}{①+②+③+④+⑤+⑥+⑦+⑧+⑨+⑩} \times 100$$

（3） 相互発話率（教師－生徒）（T-S Ratio: Teacher to Student）

$$\frac{マトリックスのB+B'領域のタリーの数}{①+②+③+④+⑤+⑥+⑦+⑧+⑨+⑩} \times 100$$

（4） 相互発話率（生徒－教師）（S-T Ratio: Student to Teacher）

$$\frac{マトリックスのC+C'領域のタリーの数}{①+②+③+④+⑤+⑥+⑦+⑧+⑨+⑩} \times 100$$

（5） 生徒発話持続率（S-S Ratio: Student to Student）

$$\frac{マトリックスのD領域のタリーの数}{①+②+③+④+⑤+⑥+⑦+⑧+⑨+⑩} \times 100$$

（6） 教師発話持続率（T-T Ratio: Teacher to Teacher）

$$\frac{\text{マトリックス A + A'領域のタリーの数}}{① + ② + ③ + ④ + ⑤ + ⑥ + ⑦ + ⑧ + ⑨ + ⑩} \times 100$$

（7） 相互発話（C）の多様性(S-TM: S to T Matrix)

$$\frac{\text{C + C'領域のセル占拠率}}{80} \times 100$$

（8） 相互発話（B）の多様性(T-SM: T to S Matrix)

$$\frac{\text{B + B'領域のセル占拠率}}{80} \times 100$$

（9） 教師支配率(TD Ratio: Teacher Dominance)

$$\frac{① + ② + ③}{① + ② + ③ + ④ + ⑤} \times 100$$

（10） 教師発話の多様性(T-TM: T to T Matrix)

$$\frac{\text{A + A'領域のセル占拠率}}{100} \times 100$$

（11） 生徒発話の多様性(S-SM: S to S Matrix)

$$\frac{\text{D領域のセル占拠率}}{64} \times 100$$

（A） 英語使用率(E Ratio: English)

$$\frac{①E + ②E + ③E + ④E + ⑤E + ⑥E + ⑦E + ⑧E + ⑨E}{① + ② + ③ + ④ + ⑤ + ⑥ + ⑦ + ⑧ + ⑨} \times 100$$

（B） タイ語使用率(T Ratio: Thai)

$$\frac{①T + ②T + ③T + ④T + ⑤T + ⑥T + ⑦T + ⑧T + ⑨T}{① + ② + ③ + ④ + ⑤ + ⑥ + ⑦ + ⑧ + ⑨} \times 100$$

（C） 教師英語使用率(TTE Ratio: Teacher Talk in English)

$$\frac{①E + ②E + ③E + ④E + ⑤E}{① + ② + ③ + ④ + ⑤} \times 100$$

（D） 生徒英語使用率(STE Ratio: Student Talk in English)

$$\frac{⑥E + ⑦E + ⑧E + ⑨E}{⑥ + ⑦ + ⑧ + ⑨} \times 100$$

（E） 教師英語コミュニケーション率(T-CE Ratio: Teacher-Communicative English)
$$\frac{①E+③E+④E+⑤E}{①E+②E+③E+④E+⑤E} \times 100$$

（F） 教師タイ語使用率(TTT Ratio: Teacher Talk in Thai)
$$\frac{①T+②T+③T+④T+⑤T}{①+②+③+④+⑤} \times 100$$

　この方法によって、授業がコミュニカティブであるか否か、授業の流れの中での論理の断絶、言語活動や機械的練習の型などを取り出すことができると金田(1985)は述べている。

3.1.2　定性的授業分析(記述分析)
　授業分析の観点に従って分析を行った結果から、個々の被験者(授業者)の授業について質的に解明できることを記述的に分析する。つまり、定量的授業分析の数値的結果から、授業に関して各観点別に明らかになった事柄の中で、各観点別の結果間で相互に関連し合う事柄が発見できれば、それらを授業の特性として取り上げて記述する。

3.1.2.1　授業分析からわかることの記述
　上記の授業分析の方法で授業の色々な特性が明らかになる。例えば、高梨・高橋(2000)は次のような授業の特性がわかると述べている。
① 教師の説明が多くて、インターラクションが少ないか
② 教師がクエスチョンを与えて、生徒の応答がなかったとき、教師はどのような発話で応答を引き出そうとしているか
③ 生徒の自主的な発言にはどんな内容が多く出現するか

3.1.2.2　定量的授業分析の考察としての記述
　定量的な授業分析の数値的結果から考察を行うときに、個々の授業に見られる特性を記述し、数値的結果から見えてくる内容やそれから派生して

見えてくる授業の特性などを記述する。

3.2 談話分析

談話分析は、本質的には質的な研究分野に属するものであるが、談話分析を行う際に、授業言語を一定の単位に分けてカテゴライズする。例えば、言語学上の単位ごとに分類した場合、カテゴリー別の発話の数量も授業の特性を明らかにするための有力な情報となる。そこで、談話分析に関しても質的研究のみならず、量的な研究も合わせて相互補完的に行うことで、より科学性、客観性、妥当性が得られるものと考える。

3.2.1 定量的談話分析

高梨、その他(2005)の研究では、質的研究は、個別的な授業研究の成果が一般性、普遍性をもって他の授業研究に生かされることがなく、研究結果の再現性という意味では全く意味がないわけでもないが、おおかたの場合、量的アプローチの手順が十分に踏まれていないことによる研究結果の信頼性、客観性の欠如に基づくものであることが多いと述べている。よって、質的アプローチに量的アプローチを加えることによって、相互補完的に研究を行い、その欠如したものを解消するように試みる。

3.2.1.1 授業言語に関する分析観点

Lynch(1996)は、教師から学習者に向かって話す言語の修正(modification)として、インプット(input)修正とインターラクション(interaction)修正を取り上げている。

次の表3-6は、教師ことばにおける最も一般的な入力修正(Input modifications)を示している。これらが教室談話の教師発話の分析に用いる分析観点である。

表3-6：Input modifications（インプット・モディフィケーションの分析観点）

*Vocabulary　語彙修正 - use of more common vocabulary　より一般的な語彙使用 - avoidance of idioms　慣用句の回避 - use of nouns rather than pronouns　代名詞よりも名詞を多用
*Grammar　文法修正 - shorter utterances　より短い発話の使用 - less complex utterances　複雑さのより少ない発話の使用 - more regular surface structure　より一般的な表層構造の使用 - increased use of present tense　現在形の多用
*Pronunciation　音声修正 - slower speech　よりゆっくりとした話し方 - clear articulation　明確な音調による発話 - more frequent use of standard forms　標準的な発音形式の使用 - less vowel-reduction　母音の弱化を少なくする - greater stress differentiation　ストレスをより大きくして区別する - wider pitch range　より広範囲なピッチ（音調）の使用 - more pauses　ポーズ（休止）をより多く使用する - longer pauses　より長いポーズ（休止）の使用
*Non-verbal　非言語による修正 - increased use of gesture　身ぶり（ジェスチャー）の多用 - increased use of facial expression　顔の表情の使用増加

〔日本語訳：筆者〕

　次の表3-7は、言語教師が学習者の理解を促進し学習者から発話の誘発を促すために、一般的に用いる相互作用修正（Interaction modification）を示している。これらが、教室談話の教師と学習者のインターラクションに焦点をあてた分析に用いるための分析観点である。

第3章 研究のリサーチ・デザイン

表3-7：Interaction modification（教師と生徒のインターラクションの分析観点）

- confirmation check　確認チェック
  making sure that what you have understood is what the learner means
- comprehension check　理解チェック
  making sure that the learner has understood what you mean
- clarification request　明確化要求
  asking the learner to explain or rephrase
- repetition　反復
  repeating your words or those of the learner
- reformation　再構築
  rephrasing the content of what you have said
- completion　完成
  completing the learner's utterance
- backtracking　バックトラッキング
  returning to a point in the conversation up to which you believe the learner has understood you

〔日本語訳：筆者〕

3.2.1.2　SETT(Self-Evaluation of Teacher Talk)処理に関する分析観点

　Walsh(2001)はSETT(Self-Evaluation of Teacher Talk)モデルを提案している。これはティーチャー・トークの教師による自己評価システムであり、教師と生徒の発話のやり取りの教室談話を評価するのに役立つ。教室談話を把握することは言語教育においてとても重要なことである。Walsh(2001)のSETTモデルは異なった4つのモードから成り立っており、トークの形式に基づいたものである。教室談話の4つのモードは次の通りである。
① Managerial mode(管理モード)
② Material mode(題材モード)
③ Skills and Systems modes(技能と規則モード)
④ Classroom context mode(教室文脈モード)
これらのモードは、教師と生徒の会話のやりとりや指導に使う題材を調

べることを通して観察される。また教室談話の IRF 構造を調べることによって観察される。異なったモードを観察することで、教師が自分の授業の談話をより詳しく理解するための助けとなる。特に、異なったモードの観察は教師が適切なティーチャー・トークを使用しているかどうかを理解するのに役立つ。SETT の枠組みは英語教師として何をどの程度言うべきか、どんな語彙を使うべきかに気づかせてくれるのに役立つ。表3-8は SETT モデルの一覧表である。それぞれのモードを指導目標と相互作用の特徴から要約している。

表3-8：モードの要約

モード	指導目標	相互作用の特徴
管理モード	・情報の伝達をする ・有形の学習環境を組織する ・学習者に題材を指示する ・活動の紹介と終結 ・学習のあるモードから他のモードへ変更する	・説明や指導のための教師単独の長い発話 ・話題変更のための前後を接続する語句 ・確認チェック ・学習者の発話の欠如
題材モード	・題材の単位による言語練習を提供する ・題材に対して応答の顕在化をする ・学習者の応答の確認と提示 ・題材に関する誤解が生じたとき、必要に応じて説明する ・学習者の貢献を評価する	・IRF パターンが支配的である ・提示質問(display question)の多量な使用 ・形式に焦点化したフィードバック ・誤り訂正のフィードバック ・スキャフォールディングの使用
技能と規則モード	・学習者に正しい形式を産出可能にする ・学習者に目標言語の操作を可能にする ・誤り訂正のフィードバックを与える	・直接的修正の使用 ・スキャフォールディングの使用 ・教師の発話時間が長くなる ・提示質問(display question)の使用

		・学習者に補助的技能練習を与える ・正しい答えを提示する	・教師の反復 ・明確化の要求 ・形式に焦点化したフィードバック
教室文脈モード		・学習者に明確な自己表現をさせる ・コミュニケーションの文脈を構築させる ・口頭による流暢さを促進させる	・学習者の発話時間が長くなる ・教師の発話時間が短くなる ・最小限度の訂正ですませる ・内容面のフィードバックを行う ・指示質問(referential question)の使用 ・スキャフォールディングの使用 ・明確化の要求

〔日本語訳：筆者〕

3.2.2 定性的談話分析(記述分析)

　定性的談話分析は意図的に計画された処理による分析を行うのではなく、英語教室内に自然に生起する現象をありのままに記述する方法である。但し、定量的談話分析によって出てきた数量的な結果を参考にして、ありのままの現象を捉えるときの切り口や観点が必要である。定性的談話分析の観点や分析手法について述べる。

3.2.2.1 学習者の発話誘発に焦点を当てた分析方法

　本研究では、定性的談話分析すなわち記述分析については、教師と学習者のインターラクションに用いているティーチャー・トークに焦点を当て、次の3つの観点から、授業トランスクリプトの特徴のある部分の抜粋(スナップ・ショット)を抜き出し、それぞれの抜粋ごとに記述分析を行う。

　①学習者に教師発話をいかに理解させているか
　②学習者からいかに発話を誘発しているか

③ 学習者へのフォローアップをいかに行っているか

英語教室では一般的に、教師の initiation(開始)に始まり、開始に対する学習者の応答 response(応答)がある。そして、その学習者の応答に対する教師の follow-up(フィードバック・コメント)がなされる。フォローアップの直後にそれを受けて学習者が発話を産出する。教師のフォローアップの直後の学習者の応答を uptake(アップテイク)という。

フォローアップに関しては、Lyster and Ranta (1997)が次の6つの異なったフィードバックの観点について言及をしている。

表3-9：フォローアップに関する観点

explicit correction / recasts / clarification requests / metalinguistic feedback / elicitation / repetition

3.2.2.2 SETT 処理の分析記述方法

SETT 処理については、4つのモード(管理モード、題材モード、技能と規則モード、教室文脈モード)ごとに、上記の表3-8の指導目標と相互作用の特徴の分析観点をもとに、各モードごとの特徴を授業トランスクリプトから観察・分析し、詳細に記述する。

3.3 母語(タイ語)使用に関する分析方法

英語授業において、英語教師は母語のタイ語をどの程度、どんなときに使用しているのかを母語使用分析から明らかにする。外国語教授における教師の母語(L1)使用に関する先行研究は Carver(1983)、Atkinson(1987)、Cook(2001)、Turnbull(2001)、Turnbull and Arnett(2002)などが挙げられる。それらの中で、Atkinson(1987)は英語授業での教師の母語使用について、①母語使用による教師と学習者の間の心理的関係の維持、②発話不理解による心理的圧迫の解消、③授業運営の効率化などを述べている。いずれの研究者も EFL 環境での英語授業での母語使用について、目的と使用法が明確な場合に限り有効であるとし、教師は母語を使い過ぎてもよくな

いが、必要に応じて効果的に母語を使用することを奨励している。
　母語(タイ語)の使用分析については、次の２つの観点を考慮に入れる。
　① ティーチャー・トークとしての母語の在り方
　② 英語授業における母語(タイ語)の役割分析
母語(タイ語)分析に関しては、次の４つの観点から分析を試みる。
　① 母語をなぜ使用したのか。
　② 母語をいつどこで使用したのか。
　③ 母語使用による理解の深まりの効果はどの程度あるのか。
　④ 発話の誘発にどの程度効果を発揮しているのか。

3.3.1　定量的母語使用分析

　母語(タイ語)使用分析の観点に関しては、先行研究で用いられている分析観点を使用するのではなく、事前にある授業者を１名抽出しておき、その授業者のトランスクリプトを色々な角度からの分析をとおして、タイの授業分析に即した分析観点を構築していく方法をとることにする。タイ語使用の定量的分析では、どのカテゴリーがどの程度の比率で用いられているかを明らかにする。

3.3.2　定性的母語使用分析

　タイ語使用の定性的分析では、上記(3.3)で述べた分析のカテゴリーをもとに、教室談話の分析をとおして、その特性を明らかにする。

4　分析対象

　この節では、本研究の授業分析に用いるデータの分析対象となる教授者と学習者について述べる。

4.1 教授者と学習者
〔調査Ⅰ〕
　本調査のための予備的調査となる調査Ⅰの観察対象者である教授者2名と学習者2学級について述べる。タイ国アユタヤ地区のセナ・プラジット中等学校の校長に、訪問前に授業観察並びに授業のビデオ録画の許可を得るための許可願いを提出し許可を得た。その後、授業者の女性教師Aが当校代表者として観察者である筆者との折衝を担当してくれた。観察者（筆者）からの意向として、普段の授業をありのままに観察するため、観察することを意識せず通常の授業を行うように要望をしておいた。

〔1〕タイ中等学校1年生の英語授業
　・教授者：女性教師A、指導経験年数：15年目、4年生大学卒業の学士
　・学習者：中等学校1年生(13歳)M1-1の40人

〔2〕タイ中等学校2年生の英語授業
　・教授者：女性教師B、指導経験年数：13年目、4年生大学卒業後、TESOL修士修了
　・学習者：中等学校2年生(14歳)M2-1の40人

　MはMatayom(マタヨム：タイ語)の頭文字で、タイの6年生中等学校(中高一貫)の学年を表している。M1は中等学校1年生で、日本の中学1年生に相当する。タイでは各学年を習熟度別に編成していて、－1～－3は習熟度の高い上位3学級である。－4～－10はそれ以外の習熟度に属する一般の7学級であり、成績上位の優秀な3学級を除いた他の7学級は学力的に均等に学級編成を行っている。

〔調査Ⅱ〕
　予備調査から6ヶ月後の本調査となる調査Ⅱの観察対象者である10人の教師と10学級の学級編成について述べる。調査Ⅰと同様に、当校への訪問前に際し学校長を通して授業観察と授業ビデオの収録の承諾を得る。その後、担当代表教師と電子メールで授業観察のための要望を伝えておく。やはり、調査Ⅰと同様に極力、通常行っているありのままの授業を行ってほしいという意向を伝えておく。担当者が事前に授業観察を承諾してくれる

教師に交渉をお願いする。授業者は、表3-10の通りである。表の①〜⑥、⑩はセナ・プラジット中等学校であり、⑦〜⑨は同じくアユタヤ地区のバンサイ・ウイッタヤ中等学校である。表に記載していないが、もう一校きわめて特殊な環境にあるアユタヤ地区の僻地の学校を訪問し観察と録画をした。小学校と中等前期（日本の中学校）が合同で行っている授業であり、総合学習をコンピュータ指導とともに担任教師とコンピュータ教師と英語教師の3人の教師によるティーム・ティーチングの授業である。生徒数は小中学生合をあわせて12名であった。この授業の特殊性のため、本研究の対象から除外した。

表3-10：タイの中等学校における英語授業の分析対象

No 学年	人数	習熟度	授業担当教師	性	年齢	指導年数	授業の目標
①M1	44	M1-2	Laddawan	女	37	13	職業に関する語彙
②M1	43	M1-1	Suphanna	女	41	15	家族に関する語彙
③M2	42	M2-5	Bualong	女	46	20	進行形に関する文型
④M3	40	M3-3	Um-porn	男	46	19	頻度の副詞と語順
⑤M1	43	M1-3	Taraporn	女	41	20	家族に関する語彙
⑥M3	40	M3-1	Surasit	男	47	25	頻度の副詞と英文作成
⑦M3	41	M3-2	Jutipoon	女	46	24	歌による語彙学習
⑧M2	43	M2-3	Sureraat	女	43	26	4技能統合と母の日
⑨M1	40	M1-5	Chanee	女	37	4	あいさつの会話
⑩M5	43	M5-*	Taraporn	女	41	20	過去形の動詞の使い方

4.2 抽出学習者の様子

　授業の分析対象として抽出したタイ中等学校の生徒について述べる。授業観察を行った学年はM1〜M3（日本の中学校1年〜3年に相当する）とM5（日本の高等学校2年に相当する）である。英語学習経歴は、いずれの学年も小学校5年始から英語学習を開始している。中等学校に入学するとき、

習熟度別学級編成のための試験が実施される。成績上位者は上位３学級に編成されM1-1、M1-2、M1-3に所属する。M1は中学１年を示し、−1、−2、−3は成績上位の３学級を示す。その他の生徒（上位３学級以外の生徒）は、M1-4 〜M1-10に所属し、成績上均等に分配される。授業での様子について述べると、M1-1、M1-2、M1-3は、成績優秀な生徒の集合体であるので、授業での反応は概ねよい状況であるが、M1-4 〜 M1-10の生徒は、学力的にかなり低く学習意欲も低い。授業中の教師の説明や質問に対して反応があまりよくない。授業の理解度も低く、応答もあまりない。教師の様子を観察していると、成績下位学級での指導にかなりのエネルギーを費やしているが、理解がなされずほとんど応答がないため、困りはてているような教師もいる。

　授業観察をしていて気づく顕著な特徴として、学級の生徒が全員で一斉に答えるときは、応答しているが、個別に指名して答えさせると、応答がないことがしばしば観察された。全体では応答しているが、個人になると応答できない、あるいは応答しない状況が観察された。本当に理解していないため応答できない場合もあれば、わかっていても恥ずかしがり屋のために応答できない場合もあるようである。

5　データ収集と分析手順

　データの収集法として、質的研究をより客観的、科学的にするために、まず観察法を用いる。データ収集に観察法を用いるメリットは、多くの関連する変数と近い距離で、それらの現象を研究することが可能になることである。特に、教師と生徒のインターラクションに焦点を当て、観察には明示性を高くした観察の手法を取ることにする。明示性が高いものはある程度、事前に構造化され、観察者が授業の流れの中である程度何をすべきか事前に決めておき、観察中に出現する新たな特性を観察できたら記録しておく。

　また、観察者の存在が被験者の行動を変える場合もある。録音や録画は

被験者にプレッシャーを与える可能性が高いので、プレッシャーを与えないように注意を払う。ビデオによる録画は、より多彩なデータを提供してくれるので、授業のすべてをビデオに録画する。データの信頼度や妥当性が高くなるように考慮する。

5.1　データ収集の方法

① タイのアユタヤ地区の中等学校の2校(セナ・プラジット中等学校とバンサイ・ウィッタヤ中等学校)を訪問し、M1～M3(M5)の10学級を訪問しビデオ録画する。
② 事前にビデオ録画するねらいを被験者に伝えておく。
③ ビデオ録画した授業のすべてをトランスクリプトに書き起こす。
④ ビデオ録画と平行して、観察の方法で収録した授業について記録する。
⑤ 母語のタイ語を使用している箇所は、ビデオ録画後に日本語訳をする。

5.2　データの分析手順

　データの分析手順は、以下の流れになっている。
① 授業の全行程をトランスクリプトに書き起こし、分析カテゴリーを記入する。
② 各々の分析観点に従って、分析を行う。
③ 分析結果から考察を行う。

第4章　タイの英語授業の予備的観察（調査Ⅰ）

1　タイの英語授業観察(調査Ⅰ)の背景

　タイの中等学校と英語授業の観察を実施するための交渉を行ってきた結果、タイ国アユタヤ地区にあるセナ・プラジット中等学校から授業観察、ならびに英語授業のビデオ録画の許可を得た。2004年1月21日から25日までの5日間、セナ・プラジット中等学校に滞在し、中等部1年生から3年生（M1～M3）の英語授業の予備調査としての観察（調査Ⅰ）を行った。中学1年生と2年生(M1とM2)の2学級の英語授業をビデオに録画した。

2　分析方法（調査Ⅰ）

2.1　分析観点
　本研究では、前章で論じたように定量的分析と定性的分析の両面からの授業分析を通して、授業の実態を明らかにしていく。授業を収録したビデオをどのような方法で分析するかについて、高梨（2005）は基本的には定量的分法と定性的分析法の2つの方法のいずれか、あるいは両方を組み合わせて行うことを提案している。本研究は両方を組み合わせて行う分析方法を用いて、多角的な視点から授業分析・談話分析を試みる。

2.1.1　授業分析観点
　調査Ⅰにおける定量的分析は、タイにおける英語が日本と同じ EFL 環境にあるので、金田(1984)の CARES-EFL (Communication Acts Recording System for English as a Foreign Language Class) を授業分析観点として用いることにした。

表4-1：授業分析観点

【教師発話】 ① 教室管理・運営（indication, management） ② 制限応答誘発のための言葉、応答を助けるための言葉（hint, cue, support, prop） ③ 説明・講義（explanation） ④ 質問・発問（question） ⑤ 答え返し（follow-up） 【生徒発話】 ⑥ 自発的発話（response） ⑦ 選択応答（response） ⑧ 再構成応答（response） ⑨ 制限応答（response） 【教師・生徒の非発話】 ⑩相互作用（作業や沈黙）（pause, silence） 　　　　　　　　　　　　　　　CARES-EFL（金田，1984）

2.1.1.1 IRFAS-EFL の提案

立花(2006)は、IRFAS－EFL（Initiation Response Follow-up Analysis System for English as a Foreign Language Classes in Thailand）を提案する。ESL授業分析（例えば、FlandersのFIAC System、MoskowitzのFLint 等）のカテゴリーは本来、L1やL2の英語授業の分析のために考案されたものであるため、EFL環境での授業分析には適さない側面がある。金田(1984)、大里(1981)はEFL環境に適合したカテゴリーと分析方法、また分析結果の解釈法を考案することにした。立花(2006)は、金田(1984)と大里(1981)の授業分析システムをベースにして、折衷的システムを考案することにした。カテゴリーについては、EFLに適した金田(1984)のカテゴリーを用いて分析を行うことにする。

分析用マトリックスに各カテゴリーの出現率を記録する際に、金田

(1984)、大里(1981)はフランダースやモスコーヴィッツと同様に3秒ごとに区切ってカウントしているが、Freudenstein (1977) は、3分ごとに記録するスタイルをとっている。そのねらいは、3秒ごとに記録するよりも自然な形で教授行動を記録できるからであると述べている。

そこで、立花 (2006) は3秒とか1分、3分といった一定の時間 (秒単位) ごとに区切って記録するという方法をとらないで、発話するセンテンスごとに記録する言語学上の方法をとることにした。その理由は、時間を区切って記録する場合、例えば3秒ごとにカウントするとしたならば、3秒で1文の発話ならば、カウントは1となり、6秒でその1文を発話したならば、カウントは2となってしまうからである。そこで、本研究は発話分析に焦点を当てる研究なので、どのような働きのセンテンスをいくつ発話しているかは、研究上重要な側面となるからである。特に定量的研究の場合は発話文の数量が重要な観点となってくるからである。いずれにしても、金田 (1984) や大里 (1981) が3秒ごとにカウントしている理由として、1文を発言する時間が平均的に見て3秒であると見なすからである。よって、3秒ごとにカウントする場合と1文単位でカウントすることには大きな差異がないものと見なせる。

また、分析対象となるタイの中等学校で収録した英語授業の授業過程や授業内容が授業者によってかなり異なることや、特に、授業時間が、本来60分の1枠の授業の中で前時の授業から教室移動する時間と次の授業に移動していく時間を含んでいるので、いつ授業を開始して、いつ終了するのかというのが明確でないため、授業者によって1コマの授業時間が一律ではない。以上の点から、時間ごとの区切りによるカテゴリーの記録を行わないことにした。

2.1.1.2 分析マトリックスの作成

次に、分析用マトリックスの作成について、具体例を示す。本研究では、マトリックスの作成法としてビデオ録画による方法をとる。マトリックス作成手順は、まず録画したビデオを文字化して授業のトランスクリプトを

作成する。金田（1984）のCARES-EFLに基づいて、授業における教師と生徒、生徒と生徒の相互作用を教師発話、生徒発話、沈黙の3つのカテゴリーに分類する。それぞれの発話をCARES-EFLの10項目のカテゴリーのいずれかにコード化する。以下のようにトランスクリプトにコード番号を記入していく。

> T: Do you play volleyball? ④
> S: Yes, I do. ⑦
> T: Very good. ⑤
>   I play it, too. ③
>   When do you play volleyball? ④
> S: ……… ⑩
>   After school. ⑥

上記の授業展開は、④－⑦－⑤－③－④－⑩－⑥と記帳しておく。次に、④－⑦、⑦－⑤、⑤－③、③－④、④－⑩、⑩－⑥、のようにペアにし、ペアの前の数字を横列に、後の数字を縦列とした交点のマスに出現の回数の合計を記入して分析用マトリックスを完成する。

2.1.1.3 マトリックスの解釈

完成した分析用マトリックスの解釈には、それぞれのカテゴリー別の出現回数や比率を見る方法を用いる（金田、1985）。言語比率については、次の11項目について算出する。

（1）教師発話率、（2）生徒発話率（3）相互発話T-S、（4）相互発話S-T、（5）生徒発話持続率、（6）教師発話持続率、（7）相互発話Cの多様性、（8）相互発話Bの多様性、（9）教師支配率、（10）教師発話の多様性、（11）生徒発話の多様性。この方法によって、授業がコミュニカティブであるか否か、授業の流れの中での論理の断絶、言語活動や機械的練習の型などを取り出すことができると金田（1985）は述べている。

第4章　タイの英語授業の予備的観察（調査Ⅰ）

2.1.2　談話分析観点

調査Ⅰにおける定性的分析観点は、ESL の教室談話分析で用いられる分析観点（Lynch, 1996）と SETT 処理（Walsh, 2001）を用いて分析を行った。

表4-2：談話分析観点

Modified Input		Modified Interaction	
（MV）Vocabulary		（CM）	Comprehension check
（MG）Grammar		（CF）	Confirmation check
（MD）Discourse		（CR）	Clarification request
（MP）Pronunciation		（RP）	Repetition
SETT mode		（RF）	Reformulation
（Mn）Managerial mode		（CMP）	Completion
（Mt）Material mode		（BT）	Backtracking
（SS）Skills & systems mode		（NL）	Native language (Thai language)
（CC）Classroom context mode		（RQ）	Referential question
		（DQ）	Display question

Walsh（2001）から SETT 処理、Lynch（1996）から Modified Input / Modified Interaction

2.2　分析対象

2.2.1　分析対象授業

〔Ⅰ〕タイ中等学校1年生（M1）の英語授業〔教師Aの指導〕
　・本時の授業目標：一般動詞を用いた疑問文とその答え方
　・基本文型：*Do you like apples? / Yes, I do. No, I don't.*
〔Ⅱ〕タイ中等学校2年生（M2）の英語授業〔教師Bの指導〕
　・本時の授業目標：時刻のたずね方とその答え方
　・基本文型：*What time is it? / It is three o'clock.*
いずれの授業も教科書を使用していない。本時の授業の単元の構成や、

95

前時あるいは次時の授業との関連など、本時の位置づけについては不明である。日本から国立大学教師と国立大学附属中学校教師が授業観察と授業のビデオ録画のために教室訪問するということから、授業観察者のために意識的に準備をしたことが感じ取られる授業であった。授業のほぼ全体が目標言語の英語で行われていた。教師が母語のタイ語を用いることはほとんどなかった。2回目のタイ（セナ・プラジット中等学校）訪問［2005年の8月］での女性教師Bへのインタビューの中で、次のように述べられている。

> 今年の1月にタイにあなたが来たときは、日本から英語教師が授業観察に来るというので、通常の英語授業では3割から多くて7割ぐらいしか英語を用いていないが、あの時はなるべく英語を用いて授業をしようとかなり準備をしました。しかも、生徒は能力別学級編成のM1-1（中学1年生で最も能力の高い学級）でおこなう授業を観察していただきました。

女性教師Bは、TESLコースの修士修了者であり、セナ地区の小学校や中学校の英語現職教員研修講座のコーディネータや研修の講師の担当者でもある。

2.2.2 分析対象者
〔1〕タイ中等学校1年生の英語授業
・教授者：女性教師A、指導経験年数：15年目、4年生大学卒業の学士
・学習者：中等学校1年生（13歳）M1-1の40人

〔2〕タイ中等学校2年生の英語授業
・教授者：女性教師B、指導経験年数：13年目、4年生大学卒業後、TESL修士修了
・学習者：中等学校2年生（14歳）M2-1の40人

MはMatayomの頭文字で、タイの6年制中等学校の学年を表している。

第4章　タイの英語授業の予備的観察（調査Ⅰ）

M1は中等学校1年生で、日本の中学1年生に相当する。タイでは各学年を能力別編成していて、M-1〜M-3が習熟度の高い上位3学級である。M-4〜M-10は成績上位学級以外の生徒で能力的には均等化した一般学級である。

3　授業言語データ

次に、発話データの一部を提示する。それぞれの発話の文末の①、②、③などの数字は、表4-1の定量的分析のカテゴリーを示している。トランスクリプト中の TTT や 日本語 で示した文字はタイ語で発話した部分である。日本語 はタイ語を翻訳したものである。

3.1　教師Aの場合

教師Aのトランスクリプトを示す。

T: Good morning, boys and girls. ①
Sa: Good morning, Ms. TG. ⑨
T: TTT （教師が食べ物のピクチャーカードを生徒一人に指名して、手渡す）⑩
T: Huh.... S G, come here. ①
S1: （女子生徒が前に出てきて、絵を1枚選んで）　Do you like XXX? ⑥
S2: Yes, I do. ⑦
Sa: [laughing] ⑩
T: TTT （教師が2問目のためのピクチャーカードを2枚差し出し、生徒に選択させる）⑩
S1: （生徒は2枚のうち1枚を取って）Do you like XXX? ⑥
T: To whom? ①
S1: ...⑩
T: TTT （タイ語でだれに答えてもらうのか？）①
S1: S3. ⑦

T: S3. ⑤
S1: Do you like XXX? ⑥
S3:（Yes, I do.）⑦
T: Thank you. ①
T: OK. S4.（S4が前に出てくる）①
S4:（S4はたくさんの絵の中から1枚選んで）⑩
　　S5, do you like salad? ⑥
S5: ...⑩　　（Yes.）⑦
T:（もう一度はっきりと質問を繰り返すように指示する）⑤
S4: Do you like salad? ⑥
S5: Yes, I do. ⑦
T: TTT （もうひとり別の生徒を指名するように指示する）⑤
S5: S6, do you like salad? ⑥
S6: Yes, I do. ⑦
T: Very good. ⑤
T: TTT（別のS7に前に来るように言う）①
　　Choose one of them. ①
S7:（サンドイッチの絵を1枚選ぶ）⑩
T: Oh, you like sandwich. ⑤
S7: 質問しようとする⑩
T: TTT （絵がよく見えないので、みんなに見えるように指示する）①
S7: S8, do you like sandwich? ⑥
S8: Yes, I do. ⑦
S7: S9, do you like sandwich? ⑥
S9: Yes, I do. ⑦
T: TTT （一人質問者を指名するように指示する）①
S7: S9. ⑦
S9:（一枚の絵を選んで質問しようとする）⑩
T: Do you like pizza?（質問文を告げている）②

S9: Do you like pizza? ⑥（目の前の目のあった生徒に尋ねる）
（以下省略）

3.2 教師Bの場合
　次に、教師Bのトランスクリプトを示す。
S: いません。
T: No.31. No.31.
S: いません。
T: OK. No.5, No.5. Last one, last one.
　　6:50 What time is it?（時計で6:50を見せる）
S: ……………………………
T: It's...
S: Ten minutes...（T: Ten minutes）
S: to seven（T: ten minutes to seven）
T: It's ten minutes to seven. It's ten minutes to seven.
T: Okay, I'd like you to play the games, play games.
　　So I would like a... twelve volunteers. Twelve volunteers please.
　　ボランティア12人。
　　I need twelve volunteers
T: 数字の1〜12のカードをボランティアに1枚ずつ配布する。
　　教室中央で人間時計の輪をつくる。 And you stand like a clock.
　　時計の数字通りに立ってください。
　　You stand like a clock and show your number
　　I'll show your number.
　　Two more, two more, two more persons. だれが針の役をしますか？
　　Big hand and little hand.
　　And...
T: When I say it's seven o'clock, you, little hand, where will you stand?（長針と短針をする学生に）You have to stand in front of number twelve

and when they say, it's half past eight, half past eight, where will you stand?

Understand? Understand?

Okay, the next person, who is a big hand? And who is a little hand?

S: （次の長針と短針が決まる）

T: And you can check your friends. You can check your friends.

It's a quarter to eleven. It's a quarter to eleven.

Where is the little hand? Where is the little hand?

Where is the big hand? Show me a little hand.

S: …（移動し始める）　〈途中省略〉

S: Oh, it's very easy one. Thank you very much, thank you very much. Go back to your seat. Thank you very much.

<u>I would like you to read the time together</u> because I think some students cannot get it. 一緒に読みましょう。 〈以下省略〉

第4章　タイの英語授業の予備的観察（調査Ⅰ）

4．分析データと結果

4.1 授業分析（調査Ⅰ）
4.1.1 定量的授業分析データ
（教師A）〔Suphanna's class〕目標文：Do you like ~? Yes, I do./No, I don't.

	① E　T	② E　T	③ E　T	④ E　T	⑤ E　T	⑥ E　T	⑦ E　T	⑧ E　T	⑨ E　T	⑩ E　T
①	4　1	0	0　1	0　1	0	4	4	0	4	6
②	0	0	0	0	0	0	2	0	0	0
③	3	0	6　1	0　1	0	0	0	0	2	0
④	0	1	0	1	0	0	9	0	0	0
⑤	1　1	1	2	1	3	3	0	1	0	3
⑥	1	0	0	0	1	0	1　3	0	0	2
⑦	0　3	0	1	6	10　1	6	2	0	0	2
⑧	0	0	0	0	0	0	0	0	0	1
⑨	2	0	0　1	0	1	0	0	0	0	3
⑩	4　3	1	0	1	2　1	4	2	0	1	1　3
出現 回数	15　8 23	3 3	9　3 12	9　4 13	16　1 17	17 17	32 32	1 1	7 7	30 30	発話 総数 155
割合 %	14.8	1.9	7.7	8.4	11.0	11.0	20.6	0.6	4.5	19.4	100
	\multicolumn{5}{c}{68 （43.9%）}	\multicolumn{3}{c}{57 （36.8%）}	30	

101

(教師B)〔Laddawan's class〕目標文：What time is it?

	①		②		③		④		⑤		⑥		⑦		⑧		⑨		⑩	
	E	T	E	T	E	T	E	T	E	T	E	T	E	T	E	T	E	T	E	T
①	50	5	3		18		11	2	1				2		2				2	1	10
②	1		4		2								7		11		9		4	
③	7	1	2		18		6						1				15		7	
④	4				3		19						2 1	4			1		11	
⑤	15		6		2 2		7		6				1		8		8		3	
⑥									1											
⑦	2	1	3		1		2 1		25		1		3						6	
⑧	2		5				2		19											
⑨	5		5		7		6		11				1		3		1		2	
⑩	12		9		7		5						10				4		110	
出現回数	98	7	37	0	58	2	58	3	63	0	1	2	49	1	22	0	40	1	158	
	105		37		60		61		63		3		50		22		41		158	発話総数600
割合%	17.5		6.2		10.0		10.2		10.5		0.5		8.3		3.5		6.8		26.3	100
	326（54.3%）										116（19.3%）								158	

4.1.2 定量的授業分析結果

調査Ⅰの定量分析の結果は以下の表の通りである。教師Aと教師Bの比率を比較する際に比較する手段として、教師Aの比率を教師Bの比率で除した数値をA／Bの欄に示した。この欄の数値が0.5以上1.5未満は四捨五入すると1.0になるため大差がなく類似していると見なすことにした。

一方、1.5以上、0.5未満は両者に相違があると見なした。相違がある項目の数値はボールド体で示している。

表4-3：教師－生徒の相互作用（言語比率）

言語比率分析項目	A／B	教師A	教師B
（1） 教師発話率	0.81	43.9%	54.3%
（2） **生徒発話率**	**1.91**	**36.8%**	**19.3%**
（3） 相互発話（教師→生徒）率	1.22	18.7%	15.3%
（4） 相互発話（生徒→教師）率	1.11	18.1%	16.3%
（5） **生徒発話持続率**	**9.0**	**13.5%**	**1.5%**
（6） 教師発話持続率	0.56	18.7%	32.5%
（7） 相互発話（CC'）S→Tの多様性	0.61	11.3%	18.6%
（8） 相互発話（BB'）T→Sの多様性	0.61	10.0%	16.3%
（9） 教師支配率	0.90	55.9%	62.0%
（10） 教師発話の多様性（AA'）T-T	0.65	13.0%	20.0%
（11） 生徒発話の多様性（D）S-S	0.60	4.7%	7.8%
（12） 教師英語使用率		76.5	96.3
（13） 教師タイ語使用率		23.5	3.7

4.1.3 考察

調査Ⅰの定量的分析の結果から、教師Aと教師Bの比率を比較すると、言語比率分析の11項目の中で、（2）の生徒発話比率は2倍近い相違が現れた。（5）の生徒発話持続率の項目は9倍の顕著な相違が現れた。他の9項目については大きな相違はなく、ほぼ類似していると見なせる結果が現れた。

相違点について考察すると、教師Aの授業の方が生徒発話率や生徒発話持続率が高い比率を示しているのは、授業の組み立て方によるものである。教師Aは既習の文型を用いて対話をさせる形式のペア・ワークを授業の中に多く取り入れている。そのため、生徒同士による学習活動が授業の多くを占め、教師の授業への介入が減少するためである。それに合わせて、教師Aの教師発話持続率が低い比率を示しているのである。

　生徒同士の学習活動を除いた他の授業過程での言語比率はすべての項目にわたって、教師Aと教師Bは大差がなく類似の傾向が現れた。この２人の被験者の予備調査（調査Ⅰ）の結果は、タイの英語授業の本調査（調査Ⅱ）に向けての授業分析の枠組みづくりのベースとなるものであり、本調査の分析の基準となりうるものである。

4.2　談話分析（調査Ⅰ）

4.2.1　定性的談話分析結果

　次に教師Aと教師Bの生徒との相互作用分析のパターンの分析結果を示す。

　教師Aの発話パターンは、授業の構成の仕方に影響を受けた談話構造になっている。授業構成が生徒同士の学習活動を中心に組み込まれているので、大半が以下のような発話パターンになっている。

表4-4：（教師Aの場合）【発話パターン】

Pattern A	Pattern B（ボールド体はパターンA）
T: Giving instructions S1: Question to the friend S2: Answer the friend's question T: Giving the follow-up	T: Giving instruction S1: (vague question) T: Follow-up S1: (vague question) **T: Follow-up** **S1: Make question** **S2: Answer the question** **T: Giving the follow-up**

第4章　タイの英語授業の予備的観察（調査Ⅰ）

教師Bの発話パターンは、以下のAからEの5つのパターンが出現した。

表4-5：（教師Bの場合）【発話パターン】

(Pattern A)	(Pattern B)	(Pattern C)
T: Question 1 S1: .... T: Question 1 S1: Response T: Repeat（F）	T: Question 1 S1: .... T: Question 2 S1: .... T: Question 3 S1:（vague answer） T: Giving Hint（F） S1: .... T: Asking another student's help S2: Answer S1: Repeat（単なる応答の反復）	T: Question 1 S1:（vague answer） T: Question 2 S1:（vague answer） T: Question 3 S1:（vague answer） T: Giving Answer S: Repeat Answer T: Repeat（F）
(Pattern D)		(Patter E)
T: What time is it? 1:45 S1: .... T: We use...... S1: Quarter...... T: To．It's... S1: Quarter T: To S1 .... T: To S1: Two. T: It's a quarter to S1: Two. T: It's a quarter to two.	T: Question S1:（no answer） T: Giving hint S1: Vague answer T: Giving hint S1: Vague answer T: Giving hint S1: No answer T: Giving hint S1: Vague answer T: Giving hint S1: A part of the answer T: Tell the answer	T: Question 1 S1: .... T: Question 2 S1: .... T: Question 3 S1: .... T: Asking all student's help Sa: Answer S1: Repeat the answer

4.2.2 考察
① 教師Aについて
　授業構成が、学習目標となっている文型を用いて質問-応答（Q＆A）をさせる学習活動の場面が多く設定されているため、パターンAが多く出現する。生徒同士の対話形式になっているが、基本文型を用いて一定のパターン化した対話なので、生徒自身が実際に尋ねたいことを質問しているわけではない。すでに質問で使用される文型が決められていて、尋ねたい語彙も数種類準備されているものの中から選択して用いるため、コミュニカティブな活動とは言えない。むしろ文型練習のためのメカニカルドリルに近く、少しだけミーニングフルな活動をしているだけにすぎない。

　パターンBも実質はパターンAとほとんど同じ談話構造である。教師の指示が1回でできないために、教師のフォローアップによって、正しい発話ができるようになってきたという発話パターンであり、最終的にはパターンAと同じ談話構造を構成している。

② 教師Bについて
　教師Bの生徒との相互作用パターンを1コマの授業の中からとりだし整理すると、次のA～Eの5つのパターンが出現した。

〔パターンA〕教師の1回目の質問に対して生徒の応答がない。2回目に同じ質問を繰り返すと、応答が現れて終了する。

〔パターンB〕教師の1回目の質問に対して生徒の応答がない。2回目に同じ質問を繰り返しても応答がない。3回目に同じ質問をすると、不明瞭な応答がでる。4回目に応答のためのヒントを与えても応答がない。5回目に他の生徒に対して応答者への助けを求める。他の生徒が応答し、その応答を反復して終了する。

〔パターンC〕教師の1回目の質問に対して生徒の不明瞭な応答がでる。2回目に同じ質問を繰り返しても不明瞭な応答である。3回目に同じ質問を繰り返しても不明瞭な応答である。4回目に正解を与えて、生徒にその正解を反復させて終了する。

〔パターンD〕教師の1回目の質問に対して生徒の応答がない。2回目に

応答のためのヒントを与えても不明瞭な応答である。3回目にヒントを与えても不明瞭な応答である。4回目にヒントを与えても応答がない。5回目にヒントを与えても不明瞭な応答である。6回目にヒントを与えると応答の一部が現れた。最後に正解を与えて終了する。

〔パターンE〕教師の1回目の質問に対して生徒の応答がない。2回目に同じ質問を繰り返しても応答がない。3回目に同じ質問を繰り返しても応答がない。4回目に学級の全員の生徒に応答のための助けを求めると、他の生徒たちが応答する。応答者はそれを反復して終了する。

〔パターンA〕から〔パターンE〕まで、教師と生徒の相互作用の基本的な談話構造はいずれも類似している。教師の度重なる質問の繰り返しに対して、①応答がない、②不明瞭な応答がでる、③応答の一部であり、いずれのパターンも正解の応答が現れていない。最終的に解答を知っている他の生徒に助け（応答）を求めて、応答者がそれを反復して会話を終了している。教室で観察している限りでは、応答者の生徒はただ単に他の生徒の応答を反復しているだけで、本当に理解して応答を反復している様子はうかがえなかった。その証として、その後、直ぐにもう一度同じ質問をしても応答が返ってこなかった。教師Bはすぐに解答を与えないで、粘り強く質問を繰り返し、何とか応答を引き出そうとしているが、同じ質問を何度繰り返しても生徒がその質問の意味を理解できていなければ繰り返しの効果はない。生徒が本当に理解して自信を持って応答できるまで指導をする必要がある。そのとき、質問の表現を変えるか、それでも生徒が理解できていなければ母語の使用を考慮してもよい。ティーチャー・トーク（modified input や modified interaction）の必要性を強く感じる。また、ティーチャー・トークとしての母語の使用を考える必要もある。

4.2.3　定量的談話分析結果

表4-1の分析観点に従って分析を行った結果、次の表4-2A, 4-3Aの通りである。

表4-2A：教師Aと教師Bの分析結果
(Modified Input / Modified Interaction)

T	MV	MG	MD	MP	CM	CF	CR	RP	RF	CMP	BT	NL	RQ	DQ
教師A	0	0	0	1	0	0	0	2	2	0	0	16	13	0
教師B	1	1	4	0	0	0	1	57	22	2	0	12	19	19

表4-3A：教師Aと教師Bの分析結果（SETT mode）

	Mn-m	Mt-m	SS-m	CC-m	Snap Shot Total
教師A	3	0	2	13	18
教師B	5	7	26	0	38

4.2.4 考察

① 教師Aも教師Bも Modified input がほとんど使用されていない。理由として考えられることは、modify するほどの語彙や文型や談話が、initiation move で用いられていないことが挙げられる。

② 教師Aも教師Bも相互理解のために重要な Modified interaction の典型的なタイプである Comprehension check, Confirmation check, Clarification request が全くといっていいくらい使用されていない。理由として考えられることは、扱っている言語材料や語彙が相互に確認し合うだけの内容ではないことが挙げられる。

③ パターンAからEまでを観察すると、生徒の応答がないとき、最終的に理解している生徒に応答させたり、教師の方から応答を提示している。結果的に、その応答を反復させているだけである。このタイプの対話では、本当に理解をして応答を反復しているかを確認するためのComprehension check が必要であると思われる。

④ 質問の種類に関して、生徒の実際の応答を引き出すために質問するという意味では、両者ともに Referential question を多く用いている。教師Bの場合は、本時の基本文型を使って、時刻をたずねたり答えたりすることや、教師Aの場合は、食べ物の好き嫌いをたずねたり答えたりす

るだけであり、しかも小学校ですでにいずれも学習した内容なので、実際にたずねたいことを質問できる状態になっていると考えられる。但し、Referential question といっても、教師Aも教師Bも基本文型のみ使って生徒に質問をしているので、生徒から応答を引き出すこと自体が目的というよりも、基本文型を定着させるために、同じ文型の質問を何度も繰り返しているだけに過ぎないと考えられる。よって、実質的なReferential question とは言い難い側面がある。どちらかというと、Display question に近い質問であると見なした方がよいと考えられる。
⑤ 教師Bは、Display question も多く使用している。これはいろいろなタイプの時刻の答え方を徹底して指導しようとしたからであると考えられる。教師Aは分析結果から、Display question は全く用いていない結果が出ているが、④で述べたように、Referential question としてカウントした数のデータは、Display question と見なした方がよいと考えられるものである。
⑥ 教師Bは、教師自身の発話の反復と生徒の応答の反復を多用している。教師の習慣的なものもあるであろうが、教師と生徒とのやり取りを観察してみると、生徒の反応があまりなく、理解度がかなり低いことが見受けられる。そのために何度も繰り返している。生徒全体に質問するときは、理解できている生徒は反応するが、個別に質問するとほとんど応答がなく、生徒は発言することなく、もじもじして待っている状態である。このように、生徒の反応が悪いのは、前述の8月の学校訪問の際に語ってくれたことがかなり影響していると予想できる。つまり、普段の授業でタイ語をかなり使用していたにもかかわらず、授業観察者の存在を意識して準備した、いつもと異なった授業方法のために生徒は戸惑ったことが想像できる。
⑦ 教師Bは、Reformulation（再構成）を多用している。学習者からの応答を何とか引き出そうと念入りに我慢づよく指導をしている。その結果、部分的で不完全ではあるが、生徒からの応答が出始める。その不完全な応答に対して再構成を用いている。

⑧ 母語（タイ語）使用については、教師Aは1コマの授業で16回使用している。いずれもある活動をさせるための指示をするときに母語が用いられている。活動の支持をするときこそ、英語を使って進めやすいはずであるのに、なぜか母語（タイ語）を使用している。

　教師Bも12回使用している。教師の言った英語が難しくて生徒が理解していないと思ったとき、とっさに英語をタイ語に置き換えて使用している。

⑨ 教室談話をSETT処理で観察すると、教師Bは、技能と規則モードを最も多く用いている。いろいろなタイプの時刻の言い方を徹底的に指導するためである。一方、教師Aは、ある意味で教室文脈モードを最も多く用いている。このことは、本時の基本文型（Do you like ～? / Yes, I do. / No, I don't.）は小学校での既習事項であり、身近な表現なので、学習者同士でも十分に対話が可能であると考えられる。但し、1つの基本文型のみを使っての対話なので、文型定着のための練習と考えられる。よって、実質的な教室文脈モードとは言い難い側面があり、これらは技能＆規則モードとしてカウントした方がよいと判断した。

5　談話分析考察のまとめ（調査Ⅱへの示唆）

5.1　データの再構成

考察の結果からデータのカウントに修正を加えた結果、表4-2Bと表4-3Bとなった。

表4-2B：[修正] 教師Aと教師Bの分析結果（Modified Input / Modified Interaction）

	MV	MG	MD	MP	CM	CF	CR	RP	RF	CP	BT	NL	RQ	DQ
教師A	0	0	0	1	0	0	0	2	2	0	0	16	0	13
教師B	1	1	4	0	0	0	1	57	22	2	0	12	0	38

表4-3B：[修正] 教師Aと教師Bの分析結果(SETT mode)

	Mn-m	Mt-m	SS-m	CC-m	Snap Shot Total
教師A	3	0	15	0	18
教師B	5	7	26	0	38

5.2 予備的研究からの示唆

ESL環境における英語授業の談話分析で用いられる教師発話の分析観点(Lynch, 1996)であるModified inputとModified interactionとSETT(Self Evaluation of Teacher Talk)処理(Walsh, 2001)を用いて授業分析を行った結果、ほとんど出現しない観点や、全く出現しない観点が15観点の中で、教師Aは13観点もあった。主に用いられた観点は2種類の観点だけであった。教師Bは11種類の観点を全く、もしくはほとんど用いていなかった。教師自身の発話の反復、および生徒の応答発話の反復の観点の使用率と生徒の応答の再構成の観点の使用率が高かった。教師Aと教師Bに共通して多く用いられた観点は提示質問 [Display question]（教師があらかじめ解答を知っていて生徒にする質問であり、文の特定の構造を提示したり引き出したりするように仕組まれた質問である）であった。

提示質問や反復が多く用いられているのはEFL環境における英語授業の大きな特徴であると見なせる。調査Ⅱの分析から根拠をもっと明らかにする必要がある。データ結果からは、反復を多く用いているのは教師Bである。教師Aは全く同じ発話の反復はほとんど用いていないが、部分的に語彙を入れ替える程度の同じ文型を何度も用いている。このことは同じ文型の反復を意味している。立花(1995, 2004)の研究から明らかになっているように、この結果は日本の英語授業（EFL環境）で用いられる教師発話の類型と非常に類似している。Long and Sato(1983)は、教室の内外で提示質問と指示質問の使用頻度を比較している。その結果を彼らは、教室内の一斉授業では提示質問が指示質問よりはるかに高い頻度で現れる一方で、教室外の自然な言語環境では、指示質問が提示質問より多く現れていると述べている。EFL環境における英語授業は文法シラバスによる指導

が中心であり、すなわち形式中心のアプローチが多く、文型・文法の形式や構造の指導が中心になっているためと考えられる。

　SETT 処理においては、教師 A，教師 B に共通して技能と形式モードが最も多く用いられており、続いて管理モード、題材モードの使用となっている。これらはいずれも教師主導型の授業で、IRF パターンが支配的であり、意味よりも形式に焦点化した授業が主流である。教室文脈モード（学習者間のコミュニケーションモード）は実質的には使用していなかった。つまり、教室内で授業中に目標言語を用いての意味交渉はなかったことになる。あくまで、教科の一環として英語学習をするという、言語形式や言語知識の認知的学習形態が授業の大半を占めて、コミュニカティブな度合いが低いことが明らかになった。このことからも EFL 環境の特性が強く出現しているとみなせる。

　CARES-EFL（金田　1984）を用いての授業分析による量的研究では、被験者 2 名(教師 A と教師 B)の各分析項目の言語比率はほぼ類似していた。教師発話率は、教師 A が43.9％、教師 B が54.3％であった。教師支配率は教師 A が55.9％、教師 B が62.0％であった。教師の英語使用率は、教師 A が76.5％、教師 B が96.3％であった。

　以上の言語比率からわかることとして、教師の英語使用率はかなり高く、授業のほとんどを英語で行っている。但し、教師の発話率や教師支配率を見ると、教師主導型の授業になっていることがわかる。よって、教師・生徒間の相互作用はかなり少なく、教師の教え込み型の授業であると言える。教師 A は、基本文型を用いて生徒同士の対話活動を取り入れているために、幾分生徒発話率が高くなっている。

　英語使用率が高いのは、この 2 人の教師の英語力や指導力が優れており、日本人の授業観察者がビデオ録画しながら授業観察を実施すると言うことで、意識的に英語を使っていることが推測できた。授業分析からわかることとして、英語授業の大半を目標言語で行っているが、生徒発話が少なく、教師と生徒のインターラクションも少ない。そして、基本文の文法や語彙の指導が中心であり、コミュニカティブな授業の要素は少ない。目標言語

で授業を行っているからコミュニカティブであるとは限らない。文法規則や語彙指導の認知的学習が中心的であり、EFL 的な授業の要素と考えられる。

5.3　本研究への展望

① 定性的分析による教師発話の分析や教室談話の分析などの質的な分析を通して、教室の中で実際に起こっている教師と学習者のインターラクションによって、学習者はいかに言語を学び、教師はいかに言語を指導しているかが見えてくる。
② 実際に教室現場で観察したことを詳細に分析・記述することにより、指導上の問題の原因を見つけ、その問題点の解決につながる知見を得ることができる。
③ 教室の談話分析を通して、授業構成の仕方や指導のあり方が ESL 環境の特質を表しているのか、または EFL 環境の特質を表しているのかについての検討の可能性が見えてくる。
④ 定量的分析によって、カテゴリー別の比率や言語比率、特に教師と生徒の発話比率や教師の英語と母語の使用比率の数量的解釈によって見えてくる授業特性を明らかにしていくことの可能性が見えてくる。
⑤ 英語授業における母語の使い方によって、EFL の特質を仮説形成的に構築していく可能性が見えてくる。

本章の予備調査から得た知見をもとに、次章ではタイの英語授業の本調査を行い、被験者教師も10人に増やし、タイの英語授業に適した観察の手法や分析の観点を整理し、予備調査を土台にして、本格的研究へと進展させる。

第5章　タイの英語授業の本格的観察（調査Ⅱ）

1　タイの英語授業の予備的研究から本研究へ

　本章では、前章（第4章）でのタイの予備的調査結果からの示唆を受けて、2度目のタイ訪問でタイの英語授業の本調査を実施した。その調査Ⅱについて論ずる。

1.1　タイの英語授業観察（調査Ⅱ）の背景
　2005年1月下旬のタイ訪問（調査Ⅰ）から6ヶ月後に、2005年8月の約1ヶ月に渡って2度目のタイ訪問を行った。滞在場所は1月と同じくタイのアユタヤ地区のセナ・プラジット中等学校に滞在した。
　タイを訪問する前に世話役の教師を通して、授業観察のアポイントメントを取った。日本の中学1年から中学3年に相当する学年の英語授業の観察とビデオ録画を被験者10人の教師に依頼した。事前に観察できる教室の指導案を依頼したが、入手困難であった。結局、学校を訪問して初めてどの教師の授業を観察できるのか世話役が授業者と交渉をしながら決定していった。10人中3人くらいまでは事前の観察許可を取り、それ以外の授業者に対しては観察者（筆者）が学校訪問をした当日に世話役が観察依頼をしていた。観察依頼の交渉の様子を見ていると、快く引き受けてくれる授業者はあまりいなかった。
　ある女性教師の場合、度重ねる交渉の末、ようやく授業観察の許可をしてくれた。中には別の女性教師に会うたびに授業観察の依頼をしたが、「明日は病気になるから無理です」とか「授業を見せるくらいなら死んでしまった方がましだ」などと言って、結局、授業観察はできなかった。教師になって以来、今回が観察者に授業を公開するのが始めてであるという教師がほ

とんどであった。授業を観察されるのはあまり気の進まないことのようであった。日本から授業観察とビデオ録画に訪れるということで、事前に観察許可を出してくれた教師は、かなり授業の準備をして、授業に臨んだようである。英語の使用量も普段よりかなり多く、通常は30％程度の英語使用率であるにもかかわらず、観察当日は70％〜80％、中にはほぼ100％の英語の使用率であった。各教師が1回しか授業を見せてくれなかった。理由は同じ内容だから見ても意味がないと言うのである。2度目でもいいので見せてほしいという依頼をしても許可を出してくれなかった。2週目に入ると授業の内容も新たなものになるだろうと思い、再度、授業観察の依頼をしたが、出張があるからとか会議があるからと言って、結局、授業観察の許可は出なかった。

　学校内を巡回してみると、確かに自習時間が多くある。生徒たちが自由に自分のしたいことをして時間をすごしている。自習課題が出ているわけでもないようである。

　タイの学校教育には教育省のガイドラインはあるが、具体的な授業カリキュラムやシラバスは各学校に委ねられている。ガイドラインをもとに、学校ごとにカリキュラムを作成することになっている。セナ・プラジット中等学校の各学年の年間指導計画（シラバス）を見せてもらうように依頼すると、「タイ語で書いているからあなたには分からない」といわれた。そこで、略案でよいので英語で書いた年間指導計画を見せてほしいと依頼したが、これも手に入れることができなかった。当校の年間の指導計画の全体像がなかなか見えてこない。日本に帰国した後、年間シラバスを送っていただいたが、結局、それは学習指導要領（ガイドライン）であった。各教師が能力別編成の学級に応じて、教材準備や授業準備をしているので、教師間でどのような打ち合わせをして授業を進めているのか、その様子をうかがい知ることはできなかった。ちなみに、英語教師が全員集まっての打ち合わせは毎週1回1時間あるが、その会合に参加することはできなかった。

第5章　タイの英語授業の本格的観察（調査Ⅱ）

2　調査Ⅱへの研究の枠組みの再構成

2.1　授業分析

　本調査（調査Ⅱ）では、予備調査（調査Ⅰ）で用いた分析観点において全く検出されなかった観点やほとんど検出されなかった観点は、タイの英語授業においては分析観点として不要と見なし削除した。ただし、全く、あるいはほとんど検出されなかった観点でも、検出されないこと自体が授業の特質を表している観点であるならば、残すことにした。

2.1.1　授業分析方法

2.1.1.1　授業分析観点

　本調査（調査Ⅱ）における定量的授業分析は、予備調査（調査Ⅰ）で用いた分析観点である金田（1984）のCARES-EFLが、タイの英語授業が日本と同じEFL環境にあるという意味で適切であると判断した。よって、下記の表5-1の分析観点を用いる。

表5-1：定量的授業分析観点

【教師発話】
① 教室管理・運営（indication, management）
② 制限応答誘発のための言葉、応答を助けるための言葉（hint, cue, support, prop）
③ 説明・講義（explanation）
④ 質問・発問（question）
⑤ 答え返し（follow-up）
【生徒発話】
⑥ 自発的発話（response）
⑦ 選択応答　（response）

> ⑧ 再構成応答（response）
> ⑨ 制限応答　（response）
> 【教師・生徒の非発話】
> ⑩ 非相互作用（作業や沈黙）(pause, silence)
>
> CARES-EFL（金田 1984）

2.1.1.2　マトリックスの解釈項目

　完成した分析用マトリックスの解釈には、それぞれのカテゴリー別の出現回数や比率を見る方法を用いる（金田 1985）。言語比率については、調査Ⅰでは、英語授業における英語使用とタイ語（母語）使用の区別をしないで分析した。その理由は、予備調査（調査Ⅰ）の分析対象となった教師2人ともほとんどタイ語（母語）を使用していなかったため、調査の必要性がなかったからである。そこで、次の（1）教師発話率、（2）生徒発話率、（3）相互発話 T-S、（4）相互発話 S-T、（5）生徒発話持続率、（6）教師発話持続率、（7）相互発話Ｃの多様性、（8）相互発話Ｂの多様性、（9）教師支配率、(10) 教師発話の多様性、(11) 生徒発話の多様性の11項目について調査した。

　しかし、調査2では授業観察時にタイ語（母語）使用がある程度見受けられたので、英語使用とタイ語（母語）使用を分類してカテゴリー別に調査した。さらに次の（A）英語使用率、（B）タイ語使用率、（C）教師英語使用率、（D）生徒英語使用率、（E）教師英語コミュニケーション率、（F）教師タイ語使用率の6項目を分析観点として追加した。この方法によって、授業がコミュニカティブであるか否か、授業の流れの中での論理の断絶、言語活動や機械的練習の型などを取り出すことができると金田（1985）は述べているからである。

表5-2：言語比率項目

> （1）教師発話率、（2）生徒発話率、（3）相互発話 T-S、（4）相互発話 S-T、（5）生徒発話持続率、（6）教師発話持続率、（7）相互発話Ｃ

の多様性、(8) 相互発話Bの多様性、(9) 教師支配率、(10) 教師発話の多様性、(11) 生徒発話の多様性、
(A) 英語使用率、(B) タイ語使用率、(C) 教師英語使用率、(D) 生徒英語使用率、(E) 教師英語コミュニケーション率、(F) 教師タイ語使用率

2.2 談話分析

2.2.1 談話分析観点

調査Ⅱでは、タイの英語授業の特質（EFL特質）を分析するために、より適切な観点になるように調査Ⅰにおける定性的分析観点（ESL用談話分析観点に用いられる観点）に調整を加えた。調査Ⅱでほとんど出現しない可能性のある観点は削除した。それらは次に挙げる観点である。(CMP) completion と (BT) backtracking, その他の調整した点として、(RP) repetition を教師自身の発話の反復と生徒の応答発話の反復の2種類に分類し、(RPTU)repetition teacher's utterance と (RPSU)repetition student's utterance とした。

全く、あるいはほとんど出現しない観点ではあるが、授業特性を観察するために必要と見なし残存させた観点は、(CM) comprehension check, (CF) confirmation check, (CR) clarification request である。

さらに、EFL環境の最大の特質を表すのは、英語授業における母語（L1）使用の状況である。よって、(NL) native language を観点項目につけ加えた。教師発話として、授業でかなりの比重で用いられ、談話分析の観点としても重要な観点である質問（Question）をつけ加え、それを（RQ）referential question と (DQ) display question に分類した。調査Ⅱの授業の構造を分析するためのSETT処理は、調査Ⅰと同様の観点で行うことにする。

表5-3：談話分析観点

Modified Input （MV）Vocabulary（語彙修正） （MG）Grammar（文法修正） （MD）Discourse（談話修正） （MP）Pronunciation（音韻修正）
Modified Interaction （CM）Comprehension check（生徒理解確認チェック） （CF）Confirmation check（教師自己理解確認チェック） （CR）Clarification request（生徒応答明確化要求） （RPTU）Repetition teacher's utterance（教師発話の反復） （RPSU）Repetition student's utterance（生徒発話の反復） （RF）Reformulation（再構成） 　　　※以下の観点は筆者加筆 （RQ）Referential question（指示質問） （DQ）Display question（提示質問） （NL）Native language（Thai language）（母語使用）
SETT mode （Mn）Managerial mode（管理モード） （Mt）Material mode（題材モード） （SS）Skills & systems mode（技能と規則モード） （CC）Classroom context mode（教室文脈モード）
Walsh（2001）から **SETT** 処理、**Lynch**（1996）から **Modified Input / Modified Interaction**

3 分析対象

3.1 分析対象授業

　授業観察を行う前に、授業者に授業観察とビデオ録画の依頼を申し入れしておいた。授業のねらい、授業過程、授業内容を事前に知らせていただく依頼に対しては明確な応答がもらえなかった。被験者10人中3人は事前に授業観察の許可がとれたが、その他の教師についてはタイの中等学校を訪問してから授業観察の依頼をして許可を得た。よって、事前に授業観察を意識して準備した教師と突然の授業観察になった教師の2通りの被験者となった。授業の目標（テーマ）は下記の表5-4に記載している通りである。

3.2 分析対象者

　表5-4に記載している通り、教授者は指導経験年数から判断すると大半が熟練教師である。表5-4の中では、1名が修士課程を修了している。9名は学士卒業者である。通常の英語授業において、目標言語である英語の使用率をたずねてみると、学士卒業者は、上限で30％使用している。修士修了者は上限で50％使用している。立花（2005）の本研究によると、授業観察からの印象では大半の教師が80％近くを目標言語の英語を使用して授業を行っている状況であった。詳細な英語使用率は研究の分析に従って明らかにしていくことにする。

　一方、学習者は能力別に学級編成が行われている。小学校から中等学校に入学する時点で学級編成のための学力検査が行われる。10学級中、学力上位群の3学級（M1-1～M1-3）を決める。それ以外の学習者は均等に配分され一般学習者（M1-4～M1-10）として学級編成が行われる。中等学校の3年間、入学時の学級編成が継続される。

表5-4：タイの中等学校における英語授業の分析対象教師

教師	学年	人数	習熟度	授業担当教師	性	年齢	指導年数	授業の目標
A	M1	44	M1-2	Laddawan	女	37	13	職業に関する語彙
B	M1	43	M1-1	Suphanna	女	41	15	家族に関する語彙
C	M2	42	M2-5	Bualong	女	46	20	進行形に関する文型
D	M3	40	M3-3	Um-porn	男	46	19	頻度の副詞と語順
E	M1	43	M1-3	Taraporn	女	41	20	家族に関する語彙
F	M3	40	M3-1	Surasit	男	47	25	頻度の副詞と語順
G	M3	41	M3-2	Jutipoon	女	46	24	歌による語彙学習
H	M2	43	M2-3	Sureraat	女	43	26	4技能統合と母の日
I	M1	40	M1-5	Chanee	女	37	4	あいさつの会話
J	M5	43	M5*	Taraporn	女	41	20	過去形の動詞

（＊M5は日本の高校2年）

4 分析の実際

4.1 授業分析の実際

本節では、授業分析の実際について、授業分析マトリックスを示し、マトリックスを作成するためのデータ処理、分析結果、分析結果の解釈、そして考察について論じる。

4.1.1 授業分析マトリックス

本項では、被験者の英語教師10人（A～J）の完成したマトリックスを提示する。マトリックス作成の手順は、第3章ですでに述べている。マトリックスの①～⑤が教師発話の分析観点である。⑥～⑨が生徒発話の分析観点である。⑩が作業や沈黙などの非相互作用を示す。

第 5 章 タイの英語授業の本格的観察（調査Ⅱ）

＜分析対象Ａ＞授業分析シート（マトリックス）〔 Laddawan M1 〕

	① E T	② E T	③ E T	④ E T	⑤ E T	⑥ E T	⑦ E T	⑧ E T	⑨ E T	⑩ E T	
①	19 3	12 5	6 7	1 1			16 3		6 1	2 5	
②	3	9 1	2	11 1				1	16 1	1	
③	6 3	3	9 4	7 4		1	1	1	5 1	3	
④	7 5	5	5 3	33 14			28 8		1	19	
⑤	15 1	8	4	9 2	11 4		2 1	3	3		
⑥		1									
⑦	13	2	2	8 4	24 3		1 1			2	
⑧				2	3						
⑨	8	2	2 2	4 2	15 2				2		
⑩	6	4 1	3 1	9 5			1		1	2	
出現回数	77 12	46 1	31 18	90 33	54 9	1 0	48 14	5 0	33 4	52 5	発話総数
	89	47	49	123	63	1	62	5	37	57	528
割合 %	16.9	8.9	9.3	23.3	11.9	0.2	11.7	0.9	7.0	9.8	
	371（70.3%）					105（19.9%）			57	100%	

123

<分析対象B>授業分析シート（マトリックス）〔 Suphanna M1 〕

	① E T	② E T	③ E T	④ E T	⑤ E T	⑥ E T	⑦ E T	⑧ E T	⑨ E T	⑩ E T	
①	5 8	9	1 1	14			3		3	4	
②	2 5	10 1	1	7 2			3	41	21	1	
③	1 1	4	10 2	4 3			3 1		5	2	
④	3 2	21	6 4	60 9		1	81	1	5	31	
⑤	1 1	6	5	9 4	15		4		6	6	
⑥					1						
⑦	6 1	9	1	39 4	33 1		4			6	
⑧	1	1 1	1	10 3	1 3					1	
⑨	7 2	1 2	4	4 2	4 1		1	1	1	1	
⑩		8	2 1	24 1			4	1		15	
出現回数	26 20	90 1	28 11	171 28	65 3	1 0	103 1	44 0	41 0	67 0	発話総数 700
	46	91	39	199	68	1	104	44	41	67	
割合 %	6.5	12.8	5.5	28.0	9.6	0.1	14.6	6.2	5.8	9.6	
	443 (63.3%)					190 (27.1%)				67	100%

第5章　タイの英語授業の本格的観察（調査Ⅱ）

＜分析対象Ｃ＞授業分析シート（マトリックス）〔 Bualong M2 〕

	① E T	② E T	③ E T	④ E T	⑤ E T	⑥ E T	⑦ E T	⑧ E T	⑨ E T	⑩ E T
①	1 14	5	3 3	3 4		1			3	4
②	8 5	18	2	3 4	1 2		6 1	7	47 13	3
③	3 4	2	14 11	5 2					2	4
④	3	16	3 6	10 9			6			15
⑤	1	2	1	1 2	3	1	2		1	1
⑥	1					1				2
⑦	1	2	1	1	6		2			4
⑧		1		1						
⑨	4	15		1	2				8	3
⑩	5	6	4	9 9	3	1 1	1			
出現回数	14 36	76	25 23	32 31	16 3	4	17 1	7	61 13	42 0	発話総数 401
	50	76	48	63	19	4	18	7	74	42	
割合％	12.7	18.9	11.9	15.7	4.7	1.0	4.5	1.7	18.4	10.5	
	256（63.8%）					103（25.7%）				42	100%

125

<分析対象D>授業分析シート（マトリックス）〔 Um-porn M3 〕

	①		②		③		④		⑤		⑥		⑦		⑧		⑨		⑩	
	E	T	E	T	E	T	E	T	E	T	E	T	E	T	E	T	E	T	E	T
①	2	5	2		2				2				2					5	1	2
②									1	1			1	4			19		3	
③	1	4	3		2	19		2			1		1				1	1	10	
④					1	3	2						6	3					3	
⑤	0	5	1		2					1	1				2		3		8	
⑥		1					1	2	1										2	
⑦		1	1				1	2	2	2	1		2						4	
⑧	1	1	1						2										2	
⑨	2		1	9			2	2	1	6	1							1	7	
⑩	2	5	6		8	7	3	1	6		2			1	1		6	1	51	
出現回数	8	22	33	0	15	31	8	10	17	6	3	4	10	5	7	0	35	2	102	2	発話総数 318
	30		33		46		18		23		7		15		7		37		104		
割合 %	10.2		10.6		15.9		7.0		7.0		2.6		7.0		2.3		11.6		32.2		
	150（47.0%）										66（20.8%）								102		100%

126

第5章　タイの英語授業の本格的観察（調査Ⅱ）

＜分析対象Ｅ＞授業分析シート（マトリックス）〔 Taraporn M1 〕

| | ①　　 | ②　　 | ③　　 | ④　　 | ⑤　　 | ⑥　　 | ⑦　　 | ⑧　　 | ⑨　　 | ⑩　　 |
	E　T	E　T	E　T	E　T	E　T	E　T	E　T	E　T	E　T	E　T
①	22　14	16	5　7	3　2	2		7		1	15
②	1	8	2　2	1　5			12	2	41　1	2
③	7　5	3　1	7　11	4　14			3	1	2	6
④	5　5	5　1	1　20	7　6	1　1		12		4	7
⑤	6　6	9	2	5　6	12　8		1		3	2
⑥										
⑦	1　3	4	1	1　1	27		4			2
⑧	1	1			1　1			1		
⑨	2　4	26　1	1　2	4　6	4			1		2
⑩	6　5	4	3　1	3　7	3　1		4		1	37
出現回数	51　42	76　3	20　45	28　47	48　13		43	4　1	48　5	73　0	発話総数 547
	93	79	65	75	61	0	43	5	53	73	
割合%	16.9	14.4	11.8	13.6	11.1	0.0	7.8	0.9	9.6	13.3	
	373（68.4%）					101（18.3%）			73	100%

127

＜分析対象Ｆ＞授業分析シート（マトリックス）〔 Surasit M3 〕

	① E　　T	② E　　T	③ E　　T	④ E　　T	⑤ E　　T	⑥ E　　T	⑦ E　　T	⑧ E　　T	⑨ E　　T	⑩ E　　T
①	157　32	3　　0	24　　7	12　　3	4	4	6		14	37
②	20　　2	33	9　　1	3		5	3	3	6	12
③	26　　9	4	45　　9	12　　2	4					7
④	9　　1	3	6　　2	16　　4	3		1　　6		1	4
⑤	12　　1	5	8　　1	6　　2	29　　2	4	9		4	6
⑥	3	1		1	7	2	2			
⑦	6　　2	5			21		17			2　　1
⑧		1			2					
⑨	11	7		1	8				2	
⑩	35　　2	10	5	2　　2	8	3	1			23
出現回数	279　49	99　　0	97　20	53　13	86　　2	18　　0	54　　0	3　　0	27　　0	91　　1
	328	99	117	66	88	18	54	3	27	92
割合 %	36.8	11.1	13.1	7.4	9.9	2.0	6.1	0.3	3.0	10.3%
	698（78.3%）					102（11.4%）			92	100%

発話総数 892

128

第5章　タイの英語授業の本格的観察（調査Ⅱ）

<分析対象G>授業分析シート（マトリックス）〔 Jutipoon M3 〕

	① E T	② E T	③ E T	④ E T	⑤ E T	⑥ E T	⑦ E T	⑧ E T	⑨ E T	⑩ E T
①	15　19	3	3　　1	6　　1		1	2		4	8
②		32　　1	8　11	4　　2			1	1	18	4
③	3　　2	1　　7	17　11	10　　5					1　　2	5
④	3	5	5　　6	19　　8	1		26　　2			11
⑤	2	2	6	4	8		1			1
⑥					1					
⑦	4		2	9　　2	10　　1		4			4
⑧				1						
⑨	3　　2	18		1					1	
⑩	7　　2	1	5　　3	9　　3	1　　1				25	32　　1
出現回数	37　25	78　　1	44　34	61　22	22　　2	1	33　　2　1	1	49　　2	65　　1
	62	79	77	83	24	1	35	1	51	66
割合 %	13.4	17.6	17.1	18.5	5.3	0.2	7.8	0.2	12.5	13.6
										発話総数 478
	325（68.0%）					88（18.4%）			66	100%

129

<分析対象H>授業分析シート（マトリックス）〔 Sureraat M2 〕

	① E　T	② E　T	③ E　T	④ E　T	⑤ E　T	⑥ E　T	⑦ E　T	⑧ E　T	⑨ E　T	⑩ E　T
①	109　6	4　3	20　2	15　3		1	5			32
②	3	3　8		5			8		2	1
③	16	2	7　2	4	1		1		1	2
④	5		1	1　1	14　3		20　3		2	11
⑤	20			1　1	9	1	2			1
⑥	4				1	4				
⑦	2	5　1	1	2	25	1	4			
⑧										
⑨	1			1　1	1		1			
⑩	31	3	1	6	5	2				3
出現回数	191　6 / 197	17　13 / 30	30　6 / 36	58　3 / 61	45 / 45	9 / 9	41　3 / 44	0	5 / 5	50　0 / 50	発話総数 477
割合 %	41.3	6.3	7.5	12.8	9.4	1.9	9.2	0.0	1.0	10.5
	369 (77.4%)					58 (12.2%)				50	100%

130

第5章　タイの英語授業の本格的観察（調査Ⅱ）

<分析対象Ⅰ>授業分析シート（マトリックス）〔 Chanee M1 〕

	① E T	② E T	③ E T	④ E T	⑤ E T	⑥ E T	⑦ E T	⑧ E T	⑨ E T	⑩ E T	
①	57　9	4　1	7　1	6		1	3	2	2	9	
②	1		2	2　1		1	1	31		1	
③	7	1	7	2					2		
④	2	2	1　1	1			7		1		
⑤	5					1	5		2	1	
⑥	2		1	1	1						
⑦	6	3		1	6　1	2	1			2	
⑧				3							
⑨	3	27	1	1	1		2			1	
⑩	9	2			2	1	2			99	
出現回数	92　9	45　2	19　2	13　2	13　1	4　0	21　0	3　0	36　0	115　0	発話総数 377
	101	47	21	15	14	4	21	3	36	115	
割合 %	26.8	12.5	5.6	4.0	3.7	1.1	5.6	0.8	9.5	30.5	
	198（52.5%）					64（17%）			115	100%	

131

<分析対象J>授業分析シート（マトリックス）〔Taraporn M5〕

	① E T	② E T	③ E T	④ E T	⑤ E T	⑥ E T	⑦ E T	⑧ E T	⑨ E T	⑩ E T
①	49 39	1 7	12 4	4 5		1	3	6	2 1	4
②	3	11 1	1	5 1			16	16	1	3
③	18 5	3	10 10	3 8					3	
④	1 2	3	3 9	2 2			13 6	1	2	4
⑤	9 1	1 2	1 1	3	5		3	6	6	3
⑥	1				1					
⑦	3 2	1 1	3 3	3	24					
⑧	1 1	7	1	4	1 6				1	
⑨	3	1	1 4	2 1	2				1 2	
⑩	3 2	4 2	2	2	1		1	1	40	
出現回数	91 53	59 2	30 32	28 20	49 0	1 1	35 6	30 1	22 6	55 0	発話総数 521
	144	61	62	48	49	2	41	31	28	55	
割合 %	27.6	11.7	11.9	9.2	9.4	0.4	7.7	5.9	5.4	10.6	
	364（69.9%）					102（19.6%）				55	100%

第5章 タイの英語授業の本格的観察（調査Ⅱ）

4.1.2 定量的授業分析データ処理（言語比率の算出式）

前項のマトリックス上に、カテゴリー別にカウントした数値が記入されている。それらの数値を用いて第3章で述べた言語比率算出の計算式に従って、それぞれの言語比率を算出する。

＜分析対象A＞

(1) $\dfrac{89+47+49+123+63}{89+47+49+123+63+1+62+5+37+52} \times 100 = 70.3$

(2) $\dfrac{1+62+5+37}{89+47+49+123+63+1+62+5+37+52} \times 100 = 19.9$

(3) $\dfrac{73+26}{89+47+49+123+63+1+62+5+37+52} \times 100 = 18.8$

(4) $\dfrac{78+21}{89+47+49+123+63+1+62+5+37+52} \times 100 = 18.8$

(5) $\dfrac{4}{89+47+49+123+63+1+62+5+37+52} \times 100 = 0.8$

(6) $\dfrac{149+94}{89+47+49+123+63+1+62+5+37+52} \times 100 = 46.0$

(7) $\dfrac{11+2}{80} \times 100 = 16.3$

(8) $\dfrac{11+2}{80} \times 100 = 16.3$

(9) $\dfrac{89+47+49}{89+47+49+123+63} \times 100 = 49.9$

(10) $\dfrac{13+9}{100} \times 100 = 22$

(11) $\dfrac{2}{64} \times 100 = 3.1$

(A) $\dfrac{77+46+31+90+54+1+48+5+33}{89+47+49+123+63+1+62+5+37} \times 100 = 80.9$

133

（B） $\dfrac{12+1+18+33+9+0+14+0+4}{89+47+49+123+63+1+62+5+37} \times 100 = 19.1$

（C） $\dfrac{77+46+31+90+54}{89+47+49+123+63} \times 100 = 80$

（D） $\dfrac{1+48+5+33}{1+62+5+37} \times 100 = 82.9$

（E） $\dfrac{77+31+90+54}{77+46+31+90+54} \times 100 = 84.6$

（F） $\dfrac{12+1+18+33+9}{89+47+49+123+63} \times 100 = 20$

＜分析对象B＞

（1） $\dfrac{46+91+39+199+68}{46+91+39+199+68+1+104+44+41+67} \times 100 = 63.3$

（2） $\dfrac{1+104+44+41}{46+91+39+199+68+1+104+44+41+67} \times 100 = 27.1$

（3） $\dfrac{172+6}{46+91+39+199+68+1+104+44+41+67} \times 100 = 25.4$

（4） $\dfrac{134+36}{46+91+39+199+68+1+104+44+41+67} \times 100 = 24.3$

（5） $\dfrac{7}{46+91+39+199+68+1+104+44+41+67} \times 100 = 1.0$

（6） $\dfrac{183+54}{46+91+39+199+68+1+104+44+41+67} \times 100 = 33.9$

（7） $\dfrac{3+13}{80} \times 100 = 20.0$

（8） $\dfrac{2+11}{80} \times 100 = 16.3$

（9） $\dfrac{46+91+39}{46+91+39+199+68} \times 100 = 39.7$

第 5 章　タイの英語授業の本格的観察（調査Ⅱ）

(10)　$\dfrac{13+8}{100} \times 100 = 21.0$

(11)　$\dfrac{4}{64} \times 100 = 6.3$

(A)　$\dfrac{26+90+28+171+65+1+103+44+41}{46+91+39+199+68+1+104+44+41} \times 100 = 89.9$

(B)　$\dfrac{20+1+11+28+3+0+1+0+0}{46+91+39+199+68+1+104+44+41} \times 100 = 10.1$

(C)　$\dfrac{26+90+28+171+65}{46+91+39+199+68} \times 100 = 85.6$

(D)　$\dfrac{1+103+44+41}{1+104+44+41} \times 100 = 99.3$

(E)　$\dfrac{26+28+171+65}{26+90+28+171+65} \times 100 = 76.3$

(F)　$\dfrac{20+1+11+28+3}{46+91+39+199+68} \times 100 = 14.2$

＜分析対象C＞

(1)　$\dfrac{50+76+48+63+19}{50+76+48+63+19+4+18+7+74+42} \times 100 = 63.8$

(2)　$\dfrac{50+76+48+63}{50+76+48+63+19+4+18+7+74+42} \times 100 = 25.7$

(3)　$\dfrac{86+4}{50+76+48+63+19+4+18+7+74+42} \times 100 = 22.4$

(4)　$\dfrac{29+7}{50+76+48+63+19+4+18+7+74+42} \times 100 = 9.0$

(5)　$\dfrac{11}{50+76+48+63+19+4+18+7+74+42} \times 100 = 2.7$

(6)　$\dfrac{117+57}{50+76+48+63+19+4+18+7+74+42} \times 100 = 43.4$

（7） $\frac{9+3}{80} \times 100 = 15.0$

（8） $\frac{8+2}{80} \times 100 = 12.5$

（9） $\frac{50+76+48}{50+76+48+63+19} \times 100 = 68.0$

（10） $\frac{14+8}{100} \times 100 = 22.0$

（11） $\frac{3}{64} \times 100 = 4.7$

（A） $\frac{14+76+25+32+16+4+17+7+61}{50+76+48+63+19+4+18+7+74} \times 100 = 70.3$

（B） $\frac{36+0+23+31+3+0+1+0+13}{50+76+48+63+19+4+18+7+74} \times 100 = 29.7$

（C） $\frac{14+76+25+32+16}{50+76+48+63+19} \times 100 = 64.2$

（D） $\frac{4+17+7+61}{4+18+7+74} \times 100 = 86.4$

（E） $\frac{14+25+32+16}{14+76+25+32+16} \times 100 = 53.4$

（F） $\frac{36+0+23+31+3}{50+76+48+63+19} \times 100 = 36.3$

＜分析对象D＞
（1） $\frac{30+33+46+18+23}{30+33+46+18+23+7+15+7+37+102} \times 100 = 47.2$

（2） $\frac{7+15+7+37}{30+33+46+18+23+7+15+7+37+102} \times 100 = 20.8$

（3） $\frac{44+7}{30+33+46+18+23+7+15+7+37+102} \times 100 = 16.0$

第 5 章　タイの英語授業の本格的観察（調査Ⅱ）

(4) $\dfrac{45+6}{30+33+46+18+23+7+15+7+37+102} \times 100 = 16.0$

(5) $\dfrac{4}{30+33+46+18+23+7+15+7+37+102} \times 100 = 1.3$

(6) $\dfrac{40+21}{30+33+46+18+23+7+15+7+37+102} \times 100 = 19.2$

(7) $\dfrac{11+4}{80} \times 100 = 18.6$

(8) $\dfrac{10+2}{80} \times 100 = 15.0$

(9) $\dfrac{30+33+46}{30+33+46+18+23} \times 100 = 72.7$

(10) $\dfrac{10+6}{100} \times 100 = 16$

(11) $\dfrac{4}{64} \times 100 = 6.3$

(A) $\dfrac{8+33+15+8+17+3+10+7+35}{30+33+46+18+23+3+10+7+35} \times 100 = 69.8$

(B) $\dfrac{22+0+31+10+6+4+5+0+2}{30+33+46+18+23+7+15+7+37} \times 100 = 32.1$

(C) $\dfrac{8+33+15+8+17}{30+33+46+18+23} \times 100 = 54.0$

(D) $\dfrac{3+10+7+35}{3+10+7+35} \times 100 = 84.8$

(E) $\dfrac{8+15+8+17}{8+33+15+8+17} \times 100 = 59.3$

(F) $\dfrac{22+0+31+10+6}{30+33+46+18+23} \times 100 = 46.0$

＜分析対象E＞

（1） $\dfrac{93+79+65+75+61}{93+79+65+75+61+0+43+5+53+73} \times 100 = 68.1$

（2） $\dfrac{0+43+5+53}{93+79+65+75+61+0+43+5+53+73} \times 100 = 18.5$

（3） $\dfrac{72+8}{93+79+65+75+61+0+43+5+53+73} \times 100 = 16.5$

（4） $\dfrac{81+11}{93+79+65+75+61+0+43+5+53+73} \times 100 = 16.8$

（5） $\dfrac{6}{93+79+65+75+61+0+43+5+53+73} \times 100 = 1.1$

（6） $\dfrac{134+106}{93+79+65+75+61+0+43+5+53+73} \times 100 = 43.9$

（7） $\dfrac{10+3}{80} \times 100 = 16.3$

（8） $\dfrac{10+2}{80} \times 100 = 15.0$

（9） $\dfrac{93+79+65}{93+79+65+75+61} \times 100 = 64.3$

（10） $\dfrac{14+9}{100} \times 100 = 23.0$

（11） $\dfrac{3}{64} \times 100 = 4.7$

（A） $\dfrac{51+76+20+28+48+0+43+4+48}{93+79+65+75+61+0+43+5+53} \times 100 = 67.1$

（B） $\dfrac{42+3+45+47+13+0+43+4+48}{93+79+65+75+61+0+43+5+53} \times 100 = 32.9$

（C） $\dfrac{51+76+20+28+48}{93+79+65+75+61} \times 100 = 60.0$

第 5 章　タイの英語授業の本格的観察（調査Ⅱ）

(D) $\dfrac{0+43+4+48}{0+43+5+53} \times 100 = 94.1$

(E) $\dfrac{51+20+28+48}{51+76+20+28+48} \times 100 = 65.9$

(F) $\dfrac{42+3+45+47+13}{93+79+65+75+61} \times 100 = 40.0$

＜分析対象Ｆ＞

(1) $\dfrac{328+99+117+66+88}{328+99+117+66+88+18+54+3+27+92} \times 100 = 78.3$

(2) $\dfrac{18+54+3+27}{328+99+117+66+88+18+54+3+27+92} \times 100 = 11.4$

(3) $\dfrac{24+51}{328+99+117+66+88+18+54+3+27+92} \times 100 = 8.4$

(4) $\dfrac{22+54}{328+99+117+66+88+18+54+3+27+92} \times 100 = 8.5$

(5) $\dfrac{23}{328+99+117+66+88+18+54+3+27+92} \times 100 = 2.6$

(6) $\dfrac{349+209}{328+99+117+66+88+18+54+3+27+92} \times 100 = 62.6$

(7) $\dfrac{10+3}{80} \times 100 = 16.3$

(8) $\dfrac{9+3}{80} \times 100 = 15.0$

(9) $\dfrac{328+99+117}{328+99+117+66+88} \times 100 = 77.9$

(10) $\dfrac{9+15}{100} \times 100 = 24.0$

(11) $\dfrac{4}{64} \times 100 = 6.3$

(A) $\dfrac{279+99+97+53+86+18+54+3+27}{328+99+117+66+88+18+54+3+27} \times 100 = 89.5$

(B) $\dfrac{49+0+20+13+2+0+0+0+0}{328+99+117+66+88+18+54+3+27} \times 100 = 10.5$

(C) $\dfrac{279+99+97+53+86}{328+99+117+66+88} \times 100 = 88.0$

(D) $\dfrac{18+54+3+27}{18+54+3+27} \times 100 = 97.1$

(E) $\dfrac{279+97+53+86}{279+99+97+53+86} \times 100 = 83.9$

(F) $\dfrac{49+0+20+13+2}{328+99+117+66+88} \times 100 = 12.0$

＜分析对象G＞

（1） $\dfrac{62+79+77+83+24}{62+79+77+83+24+1+35+1+51+65} \times 100 = 68.0$

（2） $\dfrac{1+35+1+51}{62+79+77+83+24+1+35+1+51+65} \times 100 = 18.4$

（3） $\dfrac{52+7}{62+79+77+83+24+1+35+1+51+65} \times 100 = 12.3$

（4） $\dfrac{45+9}{62+79+77+83+24+1+35+1+51+65} \times 100 = 11.3$

（5） $\dfrac{5}{62+79+77+83+24+1+35+1+51+65} \times 100 = 1.0$

（6） $\dfrac{182+58}{62+79+77+83+24+1+35+1+51+65} \times 100 = 50.2$

（7） $\dfrac{7+2}{80} \times 100 = 11.3$

（8） $\dfrac{6+3}{80} \times 100 = 11.3$

第 5 章　タイの英語授業の本格的観察（調査Ⅱ）

（9）$\dfrac{62+79+77}{62+79+77+83+24} \times 100 = 67.1$

（10）$\dfrac{7+14}{100} \times 100 = 21.0$

（11）$\dfrac{2}{64} \times 100 = 3.1$

（A）$\dfrac{37+78+44+61+22+1+33+1+49}{62+79+77+83+24+1+35+1+51} \times 100 = 78.4$

（B）$\dfrac{25+1+34+22+2+0+2+0+2}{62+79+77+83+24+1+35+1+51} \times 100 = 21.2$

（C）$\dfrac{37+78+44+61+22}{62+79+77+83+24} \times 100 = 74.0$

（D）$\dfrac{1+33+1+49}{1+35+1+51} \times 100 = 95.5$

（E）$\dfrac{37+44+61+22}{37+78+44+61+22} \times 100 = 67.8$

（F）$\dfrac{25+1+34+22+2}{62+79+77+83+24} \times 100 = 26.0$

＜分析対象 H＞

（1）$\dfrac{197+30+36+61+45}{197+30+36+61+45+9+44+0+5+50} \times 100 = 77.4$

（2）$\dfrac{9+44+0+5}{197+30+36+61+45+9+44+0+5+50} \times 100 = 12.2$

（3）$\dfrac{40+6}{197+30+36+61+45+9+44+0+5+50} \times 100 = 9.6$

（4）$\dfrac{38+7}{197+30+36+61+45+9+44+0+5+50} \times 100 = 9.4$

（5）$\dfrac{10}{197+30+36+61+45+9+44+0+5+50} \times 100 = 2.1$

（6） $\dfrac{72+206}{197+30+36+61+45+9+44+0+5+50} \times 100 = 58.3$

（7） $\dfrac{8+3}{80} \times 100 = 13.8$

（8） $\dfrac{8+2}{80} \times 100 = 12.5$

（9） $\dfrac{197+30+36}{197+30+36+61+45} \times 100 = 71.3$

（10） $\dfrac{11+9}{100} \times 100 = 20.0$

（11） $\dfrac{4}{64} \times 100 = 6.3$

（A） $\dfrac{191+17+30+58+45+9+41+0+5}{197+30+36+61+45+9+44+0+5} \times 100 = 92.7$

（B） $\dfrac{6+13+6+3+0+0+3+0+0}{197+30+36+61+45+9+44+0+5} \times 100 = 7.3$

（C） $\dfrac{191+17+30+58+45}{197+30+36+61+45} \times 100 = 92.0$

（D） $\dfrac{9+41+0+5}{9+44+0+5} \times 100 = 94.8$

（E） $\dfrac{191+30+58+45}{191+17+30+58+45} \times 100 = 95.0$

（F） $\dfrac{6+13+6+3+0}{197+30+36+61+45} \times 100 = 8.0$

<分析对象Ⅰ>

（1） $\dfrac{101+47+21+15+14}{101+47+21+15+14+4+21+3+36+115} \times 100 = 52.5$

（2） $\dfrac{4+21+3+36}{101+47+21+15+14+4+21+3+36+115} \times 100 = 17.0$

第 5 章　タイの英語授業の本格的観察（調査 II）

(3) $\dfrac{49+8}{101+47+21+15+14+4+21+3+36+115} \times 100 = 15.1$

(4) $\dfrac{47+11}{101+47+21+15+14+4+21+3+36+115} \times 100 = 15.4$

(5) $\dfrac{5}{101+47+21+15+14+4+21+3+36+115} \times 100 = 1.3$

(6) $\dfrac{20+100}{101+47+21+15+14+4+21+3+36+115} \times 100 = 31.8$

(7) $\dfrac{11+3}{80} \times 100 = 17.5$

(8) $\dfrac{8+4}{80} \times 100 = 15.0$

(9) $\dfrac{101+47+21}{101+47+21+15+14} \times 100 = 85.4$

(10) $\dfrac{8+8}{100} \times 100 = 16.0$

(11) $\dfrac{3}{64} \times 100 = 4.7$

(A) $\dfrac{92+45+19+13+13+4+21+3+36}{101+47+21+15+14+4+21+3+36} \times 100 = 93.9$

(B) $\dfrac{9+2+2+2+1+0+0+0+0}{101+47+21+15+14+4+21+3+36} \times 100 = 6.1$

(C) $\dfrac{92+45+19+13+13}{101+47+21+15+14} \times 100 = 91.9$

(D) $\dfrac{4+21+3+36}{4+21+3+36} \times 100 = 100$

(E) $\dfrac{92+19+13+13}{92+45+19+13+13} \times 100 = 75.3$

(F) $\dfrac{9+2+2+2+1}{101+47+21+15+14} \times 100 = 8.0$

143

＜分析対象 J＞

（1） $\dfrac{144+61+62+48+49}{144+61+62+48+49+2+41+31+28+55} \times 100 = 69.7$

（2） $\dfrac{2+41+31+28}{144+61+62+48+49+2+41+31+28+55} \times 100 = 19.6$

（3） $\dfrac{73+13}{144+61+62+48+49+2+41+31+28+55} \times 100 = 16.5$

（4） $\dfrac{75+11}{144+61+62+48+49+2+41+31+28+55} \times 100 = 16.5$

（5） $\dfrac{12}{144+61+62+48+49+2+41+31+28+55} \times 100 = 2.3$

（6） $\dfrac{95+169}{144+61+62+48+49+2+41+31+28+55} \times 100 = 50.7$

（7） $\dfrac{13+4}{80} \times 100 = 21.3$

（8） $\dfrac{10+4}{80} \times 100 = 17.5$

（9） $\dfrac{144+61+62}{144+61+62+48+49+48+49} \times 100 = 73.4$

（10） $\dfrac{13+8}{100} \times 100 = 21.0$

（11） $\dfrac{1}{64} \times 100 = 1.6$

（A） $\dfrac{91+59+30+28+49+1+35+30+22}{144+61+62+48+49+2+41+31+28} \times 100 = 74.0$

（B） $\dfrac{53+2+32+20+0+1+6+1+6}{144+61+62+48+49+2+41+31+28} \times 100 = 26.0$

（C） $\dfrac{91+59+30+28+49}{144+61+62+48+49} \times 100 = 70.0$

第5章　タイの英語授業の本格的観察（調査Ⅱ）

(D) $\dfrac{1+35+30+22}{2+41+31+28} \times 100 = 86.3$

(E) $\dfrac{91+30+28+49}{91+59+30+28+49} \times 100 = 40.9$

(F) $\dfrac{53+2+32+20+0}{144+61+62+48+49} \times 100 = 30.0$

4.1.3　定量的授業分析結果

表5-5は、授業分析結果を授業分析シート（マトリックス）に整理し、言語比率の算出式を用いて17項目の言語比率を算出した結果を示している。

表5-5：言語比率分析結果（NO.1）

言語比率項目	対象A	対象B	対象C	対象D	対象E
(1) 教師発話率	**70.3%**	**63.3%**	**63.8%**	**47.2%**	**68.1%**
(2) 生徒発話率	**19.9%**	**27.1%**	**25.7%**	**20.8%**	**18.5%**
(3) 相互発話 T-S	18.8%	25.4%	22.4%	16.0%	16.5%
(4) 相互発話 S-T	18.8%	24.3%	9.0%	16.0%	16.8%
(5) 生徒発話持続率	0.8%	1.0%	2.7%	1.3%	1.1%
(6) 教師発話持続率	45.8%	33.9%	43.4%	19.2%	43.9%
(7) 相互発話Cの多様性	16.3%	20.0%	15.0%	18.6%	16.3%
(8) 相互発話Bの多様性	16.3%	16.3%	12.5%	15.0%	15.0%
(9) 教師支配率	49.9%	39.7%	68.0%	72.7%	64.3%
(10) 教師発話の多様性	22.0%	21.0%	22.0%	16.0%	23.0%
(11) 生徒発話多様性	3.1%	6.3%	4.7%	6.3%	4.7%
(A) 授業英語使用率	80.9%	89.9%	70.0%	69.8%	67.1%
(B) 授業タイ語使用率	19.1%	10.1%	30.0%	32.1%	32.9%
(C) **教師英語使用率**	**80.0%**	**86.0%**	**64.0%**	**54.0%**	**60.0%**
(D) 生徒英語使用率	82.9%	99.3%	86.4%	84.8%	94.1%
(E) 教師英語コミュニケーション率	84.6%	76.3%	53.4%	59.3%	65.9%
(F) **教師タイ語使用率**	**20.0%**	**14.0%**	**36.0%**	**46.0%**	**40.0%**

145

表5-5：言語比率分析結果（続き）（NO.2）

言語比率項目	対象F	対象G	対象H	対象I	対象J	平均値%
(1) 教師発話率	78.3%	68.0%	77.4%	52.5%	69.7%	65.9%
(2) 生徒発話率	11.4%	18.4%	12.2%	17.0%	19.6%	19.1%
(3) 相互発話 T-S	8.4%	12.3%	9.6%	15.1%	16.5%	15.8%
(4) 相互発話 S-T	8.5%	11.3%	9.4%	15.4%	16.5%	14.2%
(5) 生徒発話持続率	2.6%	1.0%	2.1%	1.3%	2.3%	1.6%
(6) 教師発話持続率	62.6%	50.2%	58.3%	31.8%	50.7%	43.9%
(7) 相互発話Cの多様性	16.3%	11.3%	13.8%	17.5%	21.3%	16.5%
(8) 相互発話Bの多様性	15.0%	11.3%	12.5%	15.0%	17.5%	14.6%
(9) 教師支配率	77.9%	67.1%	71.3%	85.4%	73.4%	66.9%
(10) 教師発話の多様性	24.0%	21.0%	20.0%	16.0%	21.0%	20.6%
(11) 生徒発話の多様性	6.3%	3.1%	6.3%	4.7%	1.6%	4.6%
(A) 授業英語使用率	89.5%	78.4%	92.7%	93.9%	74.0%	80.6%
(B) 授業タイ語使用率	10.5%	21.2%	7.3%	6.1%	26.0%	19.4%
(C) 教師英語使用率	88.0%	74.0%	92.0%	92.0%	70.0%	76.0%
(D) 生徒英語使用率	97.1%	95.5%	94.8%	100.0%	86.3%	91.1%
(E) 教師英語コミュニケーション率	83.9%	67.8%	95.0%	75.3%	40.9%	70.2%
(F) 教師タイ語使用率	12.0%	26.0%	8.0%	8.0%	30.0%	24.0%

4.1.4 定量的授業分析の解釈

　定量的授業分析の結果について述べる。マトリックス集計と分析解釈については、次の17項目の言語比率についての集計と分析解釈を行う。

表5-6：定量的授業分析項目

（1）教師発話率、（2）生徒発話率、（3）相互発話 T-S、（4）相互発話 S-T、（5）生徒発話持続率、（6）教師発話持続率、（7）相互発話Cの多様性、（8）相互発話Bの多様性、（9）教師支配率、（10）教師発話多様性、（11）生徒発話

第5章　タイの英語授業の本格的観察（調査Ⅱ）

の多様性、(A) 授業英語使用率、(B) 授業タイ語使用率、(C) 教師英語使用率、(D) 生徒英語使用率、(E) 教師英語コミュニケーション率、(F) 教師タイ語使用率

　表5-6の項目の中から、主な8項目について述べる。1群の（1）、（2）、(C)、(F) と2群の（6）、（9）、（10）、(E) についての分析解釈を述べる。
　グラフ5-1は、授業分析の定量的分析結果の1群を棒グラフに示したものである。教師発話率、生徒発話率、教師英語使用率、教師タイ語使用率を示している。被験者10人の教師の言語比率の平均値は、教師発話率が65.9％、生徒発話率が19.1％、教師英語使用率が76.0％、教師タイ語使用率が24.0％であった。

グラフ5-1

第1群

授業分析（定量）結果（1）　　　**授業分析（定量）結果（2）**
言語比率分析結果（数値は％）　　　言語比率分析結果（数値は％）

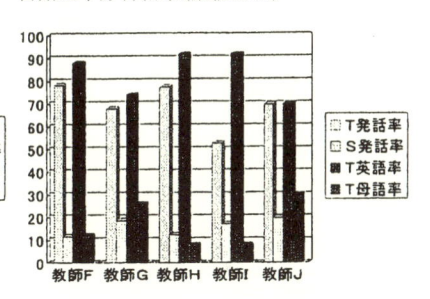

　次のグラフ5-2は、2群を棒グラフに示したものである。教師発話持続率、教師支配率、教師発話の多様性、教師英語コミュニケーション率を示している。被験者10人の教師の言語比率の平均値は、教師発話持続率が43.9％、教師支配率が66.9％、教師発話の多様性が20.6％、教師英語コミュニケーション率が70.2％であった。

グラフ5-2

第2群

授業分析(定量)結果(1)　　　授業分析(定量)結果(2)

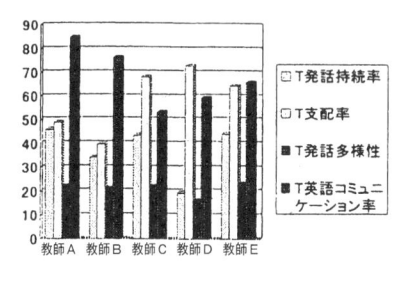

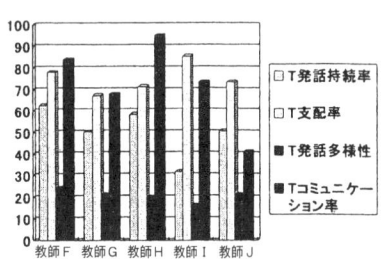

次のグラフ5-3は、教師から生徒、あるいは生徒から教師への相互作用に関する言語比率を示すグラフである。教師－生徒の相互発話、生徒－教師の相互発話、教師－生徒の相互発話の多様性、生徒－教師の相互発話の多様性について示している。被験者10人の言語比率の平均値は、教師－生徒の相互発話15.8％、生徒－教師の相互発話14.2％、教師－生徒の相互発話の多様性14.6％、生徒－教師の相互発話の多様性16.5％、であった。

グラフ5-3

相互発話、相互発話多様性(1)　　　相互発話、相互発話多様性(2)

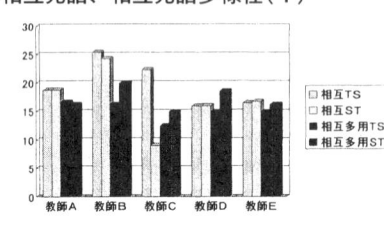

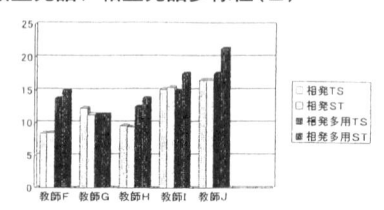

次のグラフ5-4は、生徒発話に関する言語比率を示したグラフである。生徒発話率、生徒発話持続率、生徒発話多様性、生徒英語使用率について示している。被験者10人の教師の英語授業での生徒の言語比率の平均値は、生徒発話率19.1％、生徒発話持続率1.6％、生徒発話の多様性4.6％、生徒英語使用率91.1％であった。

グラフ5-4

相互発話、相互発話多様性（1）　　**相互発話、相互発話多様性（2）**

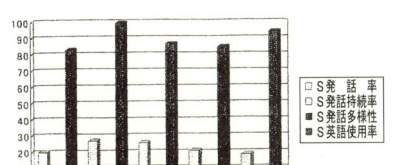

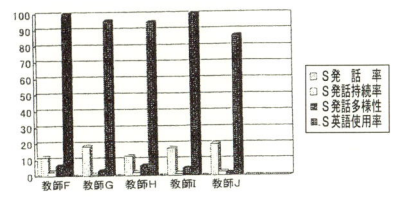

（教師A、教師B、教師C、教師D、教師E）　　（教師F、教師G、教師H、教師I、教師J）

凡例：S発話率／S発話持続率／S発話多様性／S英語使用率

4.1.5 考察

① 教師発話率と生徒発話率

被験者の教師発話率の平均値は65.9％で、生徒の発話率の平均値が19.1％であり、やはり概して、EFL環境によく見受けられる教師主導型の授業であるといえる。但しESL環境の授業においても教師発話の比率が高い授業もあり、教師主導型の授業もある。この点においては定性的談話分析からの結果に委ねるものとする。

詳細は、Lightbown and Spada（1999）が英語授業の談話分析の具体例を挙げて、教師の授業言語の使い方によって、形式中心のアプローチか、コミュニケーション中心のアプローチかを提示している。つまり、授業言語の使われ方がコミュニカティブであるか否か、あるいは、教師と生徒の間で意味の交渉がなされているか否かなどによって、ESL的であるか、あるいはEFL的であるかを判明できるものとして考察することにする。

本研究の授業分析では、後ほど詳細について述べるが、教師・生徒間のインターラクション量の少なさや質の低さ、また、教師発話率が高いことが日本のEFLの特質と類似していると見なすことができる。

② 教師英語使用率と教師タイ語（母語L1）使用率

被験者である教師の英語使用率の平均値は76％、よってタイ語使用率の平均値は24％を示している。これは、日本と比較すると教師の目標言語（英語）使用率は高いことがうかがえる。このことは、日本から授業観察に来ると言うことで、授業の大半を努めて英語で行うようにかなりの準備をし

たことが、授業者との話し合いから推察できるところもある。一般的に、教室に授業観察者がいると、授業者はそれを意識して英語をなるべく使おうとする傾向がある。さらに言えることは、授業観察を行ったセナ・プラジット中等学校は、セナ地区の現職教員研修のための拠点校となっており、英語力や指導力もかなり高い教師が勤務している。また、現職教員研修講座の講師も務めている。以上の点から、教師の英語使用率の高いことがうかがえる。

　数名の授業者とのパーソナル・コミュニケーションの中で、普段の授業はせいぜい30％程度を目標言語（英語）で行っているとのことであった。やはり、日本から授業観察に来るということで、意識的に英語で授業をするところを見て欲しいという気持ちが働いたようである。タイの英語教師と休憩時間に話していると、ことばの端々に「観察者が授業を観ているから、なるべく英語を使っているところを見せようとしているのだ」ということばがしばしば返ってきた。

③ **教師発話持続率と生徒発話持続率**

　教師発話持続率は教師の発話が続く割合を示す数値であり、平均値の43.9％は、生徒発話持続率の1.6％に比べるとかなり高く「教師の喋りすぎ」という状態を表していることになる。教師の発話持続率の高さからも言えることであるが、それにも増して生徒の発話持続率の低さから、教師と生徒のインターラクションが少ないことがうかがえる。日本のEFL環境の特性と類似している。

　①の生徒発話率の低さやここでの生徒発話持続率が低いのは、②で述べたように、通常よりも教師が英語を多く使用するので、生徒にとっては普段と異なった授業形態であるため、生徒の発話率や発話持続率が低かったことが予測できる。つまり、教師の英語使用率が高いため、生徒は教師発話が理解しにくかったことが推察できる。

　神戸大学経済学部に留学しているタイの女子学生にインタビューしたところ、タイの生徒は概して、授業中にあまり発言しようとしない傾向にあるとのことであった。よって、授業形態に関係なく、生徒発話率や生徒発

話持続率は低いことが推察できる。実際に、教室で授業観察をしていても生徒の発話はきわめて少ない状況であった。全体での口頭練習では声を出しているが、個別に指名をして応答させようとすると、ほとんどの生徒が応答しようとしないことが見受けられた。

④ **教師支配率**

教師支配率は教師発話後の生徒の反応の出方が、必ず教師の制御の中に収まっていることを示している。よって、平均値の66.9％は、教師のコントロールの高さを示しており、同時に生徒の発話の自由度の低さを示している。この観点もEFLの特性と考えられる。

つまり、発話の自由度の高さがコミュニケーションの度合いの高さを示しているため、教師のコントロールが高いことや、生徒の発話の自由度が低いことは、教師と生徒のインターラクションにおけるコミュニカティブな度合いの低さを示しており、教室がコミュニケーションの場になっていないことを示している。よって日本のEFLの特性と類似していると考えられる。

⑤ **教師発話の多様性と生徒発話の多様性**

次に教師発話の多様性の平均値は20.6％を示し、生徒発話の多様性はわずかに4.6％である。教師発話の多様性は、教師から教師への発話、つまり教師が連続で発話するときにどの程度多様性のある発話をしているかを示している。また、生徒発話の多様性は、生徒から生徒への発話、つまり生徒が連続で発話するときにどの程度多様性のある発話をしているかを示している。この結果から、教師発話も多様性がかなり低く単調であることがわかる。生徒に至っては、発話自体ほとんどしていないこともあるが、わずかながらに発言した発話の多様性はほとんどないことがわかる。よってコミュニケーションの場からほど遠い教室の言語状況であると言える。

⑥ **教師英語コミュニケーション率**

次に、教師英語コミュニケーション率は教師と生徒の「相互作用」のパラダイムに乗っていることを示している。平均値が70.2％を示し、教師は生徒に内容のあるメッセージを届けていることを示している。この観点に

ついては、日本の EFL 環境であまり見受けられない状況が表れている。教師サイドからのコミュニケーション率は高くても、生徒とのインターラクションが少ないため、一方通行の発話になっていることになる。教師のコミュニケーション力が生徒の発話の誘発に作用していないことになる。言語指導で重要な点は、教師発話の質の高さが、生徒の理解促進と発話の誘発にリンクしなければ意味をなさなくなってしまうことになる。

⑦ **教師から生徒へ、及び生徒から教師への相互発話**

まず教師から生徒への相互発話（T-S 率）は相互作用のうち、教師発話の後に生徒発話が続く率を示し（IRF 構造の I-R の関係をほぼ示している）、生徒から教師への相互発話（S-T 率）は相互作用のうち、生徒発話の後に教師発話が続く率をしている（必ずしも IRF 構造の R-F とは限らない。この場合の教師発話は必ずしもフィードバックであるとは限らないからである）。平均値は T-S 率が15.8%を示し、S-T 率は14.2%を示している。共にこの率はとても低い。このことは教師と生徒の相互作用が非常に単調であることを示している。この観点も日本の EFL の特性と共通していると考えられる。

⑧ **教師から生徒の相互発話（B）の多様性と生徒から教師の相互発話（C）の多様性**

B は教師発話の後に内容関連の生徒発話が続いている場合（T-SM）のマトリックス B 領域のセルの埋まり方をもとめるものである。C は生徒発話の後に内容関連の教師発話が続いている場合（S-TM）のマトリックス C 領域のセルの埋まり方を求めるものである。このセルの埋まり方に「多様性」が顕著な場合は、教師発話も生徒発話も共に、豊かで連続性のある相互作用が行われていることの証拠となる。

相互発話（B）の多様性は14.6%を示し、相互発話（C）の多様性は16.5%を示している。共に数値が低いので、教師発話も生徒発話も共に単調なやりとりの連続であることを示している。教室内での言語中心の相互作用が型どおりの単一なやりとりの繰り返しであることを示している。これも日本の EFL 環境の特質と共通していると考えられる。

⑨ **生徒発話に関すること**

平均値は生徒発話率が19.1%、生徒発話持続率が1.6%、生徒発話の多様性が4.6%、生徒英語使用率が92.4%を示している。生徒英語使用率が高い数値を示しているのは、大半の発話が言語練習のための反復であり、英語での自主的な発話は皆無であると言ってよい状況である。その他の生徒に関する発話の率はすべて相当低い数値を示している。このことから、非常に受け身的で消極的な生徒の学習態度が見受けられる。このことも日本のEFL環境の特性と一般的に共通していると見なすことができる。

4.2 談話分析の実際

次に、被験者10人の教師の英語授業の談話分析を試みる。談話分析の観点に従って分析を行うが、定量的談話分析と定性的談話分析の２つの視点から分析を行い、それぞれのティーチャー・トークの用い方や授業談話の特質をより明らかにしたいと考えている。

談話分析は、本質的には定性的アプローチによるものであるが、観点別の発話の数量の比率からも授業談話の特質が明らかになるものと考えた。

4.2.1 Modified Input / Modified Interaction の定量的談話分析

4.2.1.1 Modified Input / Modified Interaction の定量的談話分析の実際

まず、Modified Input / Modified Interaction の定量的談話分析のための言語データの事例を挙げ、分析の結果から比率が高い観点の発話事例の抜粋をスナップショットで示す。

＜分析対象Ａ＞

|抜粋1| 提示質問（DQ）の多用事例（その１）

1　T:（Audio-picture）3枚の絵が映し出されている。(いずれも工事現場)
2　T: What do they do? ④　　　　　　　　DQ
3　　　 Do you know? ④　　　　　　　　　DQ
4　　　 What do they do? ④　　　　　　　DQ　RT　MD

5   S: ＿＿＿＿＿＿ ⑩
6   T: Are they teacher(s)? ④   DQ
7   Are they teacher(s)? ④   DQ / RT / MD
8   S: No. ⑦
9   T: What do they do? ④   DQ
10   What do they do? ④   DQ / RT / MD
11 S: ＿＿＿＿＿＿ ⑩
12 T: What do they do? ④   DQ / RT / MD
13   Can you guess? ①   DQ
14   Can you guess? ①   DQ / RT / MD
15   Can you guess? ①   DQ / RT / MD
16   推測できますか？ ①   DQ / RT / MD

　抜粋1は、提示質問が多く使われている事例である。これについては、反復を多用している（2-4、6-7、9-10、12、13-15）ため、ほとんどの場合が反復にともなって出現した提示質問（4、7、10、12、14、15）である。反復によって理解の促進と発話の誘発に努めている。

|抜粋2|　提示質問（DQ）の多用事例（その2）
1   T: (Audio-picture)
2   T: What does she do? ④   DQ
3   What does she do? ④   DQ / RT / MD
4   Do you know? ④   DQ
5   What does she do? ④   DQ / RT / MD
6   S: ＿＿＿＿＿＿ ⑩
7   T: What does she do? ④   DQ / RT / MD
8   What does she do? ④   DQ / RT / MD
9   Do you know? ④   DQ
10 S: ＿＿＿＿＿＿ ⑩

第5章　タイの英語授業の本格的観察（調査Ⅱ）

11	T: Can you guess? ①	DQ
12	S: 電気技師　　⑨	
13	T: 電気技師, are you sure? ③	CM
14	電気技師, in English? ④	DQ
15	In English? ④	DQ / RT / MD
16	S: ＿＿＿＿＿＿　⑩	
17	T: Do you know? ④	DQ
18:	S: ＿＿＿＿＿＿　⑩	

　抜粋2も提示質問（DQ）が多く使われている事例である。抜粋1と同様に、反復に伴う提示質問の多用事例である。反復によって理解の促進と発話の誘発に努めている。12で生徒の母語による応答を受けて、13の理解チェック（CM）を入れながら、14では母語による応答を英語で言うように導いている。

抜粋3　生徒理解チェック（CM）の多用事例

1	T: (Audio-picture)	
2	S: A firefighter. ⑨	
3	T: Oh! Are you sure? ④	CM
4	S: *Yes.* ⑦	
5	T: **Are you sure?** ④	CM
6	S: *Yes.* ⑦	
7	T: **Are you sure?** ④	CM / RT / MD
8	S: *Sure!* ⑦	
9	T: Listen and repeat. ①	
10	V: A firefighter. ②	
11	S: *A firefighter.* ⑨	
12	T: **OK.** ⑤	

155

抜粋3では、教師が自分の意図が生徒に正しく理解されているかどうかを確認するための理解チェック発話（CM）（3、5、7）が3回連続で繰り返されている。理解チェックの繰り返しによって、理解を確実にすることや、さらに発話の誘発へ導こうと試みている。

＜分析対象B＞
|抜粋1| DQ が同時に RT, MD の働きとなる発話の多用事例

1	T: What is his name? ④	DQ
2	What is his name? ④	|DQ| / |RT / MD|
3	S: *Werapap*. ⑦	
4	T: How many children do they have? ④	DQ
5	How many children do they have? ④	|DQ| / |RT / MD|
6	S: *Two*. ⑦	
7	T: The fist one, daughter or son? ④	DQ
8	S: Son. ⑦	
9	T: Son, son? ⑤（peeling the paper cover）	RS / DQ
10	S: 男、son. ⑨	
11	T: Son. ⑤	RS
12	S: Son, son. ⑨	
13	T: What's his name? ④	DQ
14	**What's his name?** ④	|DQ| / |RT / MD|
15	S: *Nam*. ⑦	
16	T: Who is Nam? ④	DQ
17	S: ＿＿＿＿＿＿ ⑩	
18	T: **Who is Nam?** ④	|DQ| / |RT / MD|
19	**Nam is …**②	
20	S:（Nam is）*Um and Werapap's son*. ⑧	

　抜粋1は、分析対象Aと同様に教師発話の反復（RT）が多いことから

156

第5章　タイの英語授業の本格的観察（調査Ⅱ）

派生して談話修正（MD）が多く用いられている事例である。反復によって理解の促進に努めている。2と3、14と15、18と20は、教師の質問の反復に対して、生徒の応答が誘発されている。18の場合は19で応答の最初の2語をヒントとして提示し、生徒発話20の誘発を導いている。

抜粋2　再構築（RF）の使用事例

1　S: ＿＿＿＿＿＿＿＿＿＿⑩
2　T: One? Two? ④　　　　　　　　　　RQ
3　　　いますか？ ④　　RQ
4　　　いなかったら、このように言います。③（一人もいないときの言い方）
5　　　No, no, no brother. ③
6　　　I have no brother. ③　　　　　　　RT／MD
7　　　How many sisters do you have? ④　RQ
8　　　How many sisters do you have? ④（指名）　RQ／RT／MD
9　S: Two.（small voice）⑦
10　T: One, two? ④　　　　　　　　　　CR
11　S: *Two.* ⑦
12　T: Ah, two sisters. ⑤　　　　　　　　RF
13　　　I have two sisters. ⑤　　　　　　RF
14　　　How many sisters do you have, Atchar?（学生の名前）④　RQ
15　S: 姉？⑥
16　T: お姉さんでも妹さんでも ⑤
17　S: *I have no*（sisters）（small voice）⑦
18　T: I have no sisters. ⑤
19　　　How many sisters do you have? ④（指名）RQ
20　S: ＿＿＿＿＿＿＿＿＿＿⑩
21　T: How many sisters do you have? ④　　RQ／RS／MD

22　S : One. ⑦
23　T : One, ⑤ and how many brothers do you have? ④　　RQ
24　S : *No.* ⑦
25　T : **I have no brother.** ⑤　　　　　　　　RF
26　　　You have only one sister. ⑤

　抜粋２では、再構築（RF）が用いられている事例である。10の明確化要求（CR）によって、11で生徒が two と応答すると教師は12で Ah, two sisters. と再構築（RF）を用い、さらに13で I have two sisters. ともう一度さらなる再構築（RF）を用いて文を完成している。24で生徒が no という応答に対して、25で教師は I have no brother. と再構築（RF）を用いて英文を完成している。再構築（RF）によって理解の促進と発話の誘発を図ろうとしている。26でさらに You have only one sister. をつけ加えて、I have no brother. であることをより明確にしている。

＜分析対象Ｃ＞
抜粋１　提示質問（DQ）の多用事例
1　T : じゃ、今から一人の学生がジェスチャーをするので、他の人が当ててみてください。①じゃ、君、クラスの前に来て、やってみて。①
　　（ある女子生徒に、前に出てきて本を読むようにタイ語で指示する）
2　S :（read a book）（ある女子生徒が前に出てきて本を読み始める）⑩
3　T : **What is she doing?** ④　　　　　　DQ
4　S : She is　⑦ ......⑩
5　T : **What is she doing?** ④　　　　　　DQ
6　S : *She is read*　⑦.........⑩
7　T : **What is she doing?** ④　　　　　　DQ / RT / MD
8　　　She is reading　　　　　　　　　　MD
9　　　あっていますか？④　　　　　　　　DQ

158

第5章 タイの英語授業の本格的観察（調査Ⅱ）

10　　　はい、あっていますね。③　　　　　　MD
11　　　（黒板に She is reading. と書きながら）⑩
12　　　The writing is she is reading. ③
13　　　もう一人、次、男の子が来て。①
14　　　（ある男子生徒に前に歩いてくるように指示する）
15　　S：(walk to the front) ⑩
16　　T: **What is he doing?** ④　　　　　DQ
17　　　　**What is he doing?** ④　　　　　DQ / RT/ MD
18　　S: *He is walking.* ⑦
19　　T: **Again** ①
20　　S: *He is walking.* ⑨

　抜粋1は、反復による提示質問（DQ）を多用している事例である。反復によって理解の促進に努めている。3と4、5と6、は教師の質問と生徒の応答である。生徒の応答が徐々に拡張されるがまだ不完全なので、7－8のレトリカル・クエスチョンによって、正しい応答例を提示している。この談話が理解の促進を促し、17の質問に対して18では直ちに応答を導いている。

抜粋2　語彙修正（MV）使用の例

1　T: How many birds are there? ④
2　S: .... ⑩
3　T: たくさんいますか？④
4　　　多かったら、答えは④
5　　　There are many birds. ③
6　　　**Many birds** ③
7　　　**A lot of birds** ③　　　　　　MV
8　　　どうですか？④
9　　　鳥がたくさんいますね。③

159

10　S:……⑩
11　T: A lot of birds.③（黒板に綴りを書きながら）
12　S:……⑩

　この抜粋では、教師が６で Many birds、７で A lot of birds と語彙修正（MV）を用いて語彙やフレーズを拡張し、理解の促進を図っている。
・・・・・・・・・・・・・・・・・・・・・・・・・

1　T: How many boys are they playing soccer? ④
2　　 How many boys are they playing **soccer?** ④
3　　 **Soccer or football.** ②　　　　　　　　MV
4　　 How many boys? ④

　この抜粋でも同様に、教師が２で How many boys are they playing soccer? と言って、３で Soccer or football. と語彙修正（MV）を用いて語彙の理解促進と増強を図っている。

＜分析対象Ｄ＞
抜粋１　再構築（RF）の使用による発話の理解促進と誘発の事例
1　T:（point the spelling of 1st）⑩
2　S: <u>First.</u> ⑨
3　T: <u>The first.</u> ⑤　　　　　　　　　　RF
4　S: *The first.* ⑨

　この抜粋では、生徒が２で first, と応答したのを受けて、教師は３で the first. と再構築（RF）の発話を提示している。４で生徒は正しい応答を反復している。
・・・・・・・・・・・・・・・・・・・・・・・・・

1　T:（point the number 2005）⑩
2　S: Two thousand, ⑨
3　T: Two thousand and. ②　　　　　　　　RF
4　S: *Five.* ⑨

　この抜粋では、生徒が 2 で two thousand, と応答すると、教師は 3 で、再構築（RF）を用いて two thousand and と提示する。4 で生徒から five と応答が誘発されている。

・・・・・・・・・・・・・・・・・・・・・

1　T:（point ...）The day after tomorrow. ②
2　S: **The day after tomorrow.** ⑨
3　T: Is. ②　　　　　　　　　　　　　　　RF
4　S: *Is Wednesday,*（T: third ⑤）3rd, August, 2005. ⑧
5　T: Five. ⑤

　この抜粋では、生徒が 2 で **The day after tomorrow.** と応答すると、そのあとに続けて教師が 3 で is. と発話する。生徒は 4 で *is Wednesday,* と応答が誘発されている。

＜分析対象Ｅ＞

|抜粋1|　理解チェック（CM）の使用事例
1　S: Five. ⑧
2　T: So there are......? ②
3　S: Six. ⑦
4　T: Six people in the picture. ⑤
5　　　OK? ⑤　　　　　　　　　　　　　　CM
6　　　Can you guess? ①　　　　　　　　　CM
7　　　Can you guess? ①　　　　　　　　　CM

161

8   **Can you guess?** ①   CM
9   Who is he? ④
10   Is he a father? ④
11 S : *No.* ⑦
12 T : No. ⑤
13   Not father. ⑤
14   Not father. ⑤
15   Ah......? He is a grand..? ②
16 S : *Grandfather.* ⑧
17 T : **You know, OK?** ①   CM

　抜粋1では、生徒の3での応答に対して、教師は5でOK?と理解チェック（CM）を用いて生徒の応答を確かなものにしようとしている。17の理解チェックも同様に、16の応答を確実にするための理解確認である。

＜分析対象F＞
|抜粋1|　理解チェック（CM）を多く使用する事例
1 T :（1～9までグループ番号を黒板に書く）⑩
2   OK, now. ①
3   Each group. ①
4   Each group. ①
5   I have a piece of plain paper. ③
6   Plain paper. **OK?** ③   CM
7   One group, one piece, one, one. ①
8   One group, one piece, **OK?** ①   CM
9   テーブルは使わなくてよいから、椅子をもっと近くにくっつけて。①
10   OK. ①
11   One group, one piece. ③

第5章　タイの英語授業の本格的観察（調査Ⅱ）

12　　Come on. ①
13　　Come on. ①
14　　One group, one piece. ③
15　　**OK?** ①　　　　　　　　　　　　　CM
16　S：(come to the front to get paper) ⑩
17　　T: One ①
18　　**OK?** ①　　　　　　　　　　　　　CM

　この抜粋では、6、8、15、18で、教師が生徒に言ったことに対して、そのつど OK? という発話で理解チェックを行っている。生徒の理解度を確認しながら授業を進めている。

・・・・・・・・・・・・・・・・・・・・・・・・・・・・・・・・・・

1　T: Never.
2　　You help together.
3　　Try to write the sentence. ②
4　　I will read out. ③
5　　I will read out ③
6　　I will read three times ③
7　　準備できた？①
8　　Are you ready? ④
9　　**Do you understand?** ④　　　　　CM
10　　OK. ①

　この抜粋では、やはり教師が説明したことをちゃんと理解しているかを確かめてから、次の段階に進めようとしている。2、3、4、5、6と活動の方法を説明している。7、8でその説明が理解できたか、また活動の開始ができる準備ができているかどうかを確認している。そして、9で、これまでの説明（発話内容）が本当に理解できているか、理解チェック（CM）をしている。

163

|抜粋2|　教師発話の反復（RT）の多用事例

1　T: Two. ②
2　　　 Two. ②　　　　　　　　　　　　　RT
3　　　 Three. ③
4　　　 One group, one piece of paper. ③
5　　　 One group, one piece. ③　　　　　RT
6　　　 (5 Sec.) ⑩
7　　　 Have you got? ④
8　　　 Have you got a piece of paper? ④　RT
9　　　 Yes. ①
10　　　OK. ①
11　　　Have you got one? ①
12　　　One? ①　　　　　　　　　　　　RT
13　　　Paper? ①　　　　　　　　　　　RT
14　　　Paper? ①　　　　　　　　　　　RT
15　　　Paper? ①　　　　　　　　　　　RT
16　　　Paper? ①　　　　　　　　　　　RT
17　　　OK? ①
18　　　That's OK. ①
19　　　That's OK. ①　　　　　　　　　RT
20　　　OK. ①

　抜粋2は、教師発話の反復（RT）を多用している。反復が増えるのは生徒のへの理解を強化しようとする意識が働くからであろう。理解の促進をねらっての反復であると思われる。反復が往々にして、ただ単に口癖になっている場合もあるので、生徒の言語習得に機能するように意味ある反復をすることが重要である。日本の授業でも教師自身の発話の反復が非常に多く観察される。EFL環境の英語授業の特質と思われる。

第5章　タイの英語授業の本格的観察（調査Ⅱ）

＜分析対象Ｇ＞

抜粋１　提示質問（DQ）使用事例

1　T: Never. ②
2　　What is the meaning of "never"? ④　　DQ
3　S : .... ⑩
4　T: So, Never? ④　　DQ
5　S : .... ⑩
6　T: What is the meaning of "never"? ④　　DQ
7　S : .... ⑩
8　T: 今までやったことないという意味でしょう？③
9　　つまり、① don't ③
10　　So don't ③
11　　Don't …live or leave? ④
12　S : Leave. ⑦〔小声〕
13　T: 何をしないでと言っていますか？④　　DQ
14　　Live, the first one is... ⑤
15　　The meaning of the first one is ..? ④　　DQ
16　　What is the meaning of the first one? ④　　DQ
17　　１個目はどういう意味ですか？④　　DQ
18　　住む③
19　　The second one? ④　　DQ
20　S : .... ⑩
21　T: The second one? ④　　DQ
22　　What is the meaning of the second one? ④DQ
23　　２個目は？④　　DQ
24　S : .... ⑩

　抜粋１では、提示質問の多用事例であるが、ほとんどが反復のために起

165

こる多用である。質問しても生徒から応答がないので、応答が出てくるまで何度も同じ質問や少し修正を加えた質問をしている。理解促進と応答誘発のために質問を反復している。これは、反復だけでは生徒の応答が誘発されない事例である。

＜分析対象H＞
|抜粋1| 指示質問（RQ）の多用事例
1　T: What do you usually do on Mother's Day? ④　　|RQ|
2　　　What do you do? ④　　　　　　　　　　　　|RQ|
3　　　What do you do? ④　　　　　　　　　　　　|RQ|
4　S : (1 sec.) ⑩
5　T: Do you give many flowers to your mother? ④　|RQ|
6　S : Yes. ⑦
7　T: What kind of flower do you give to your mother? ④|RQ|
8　S : (1 sec.) ⑩
9　T: Rose? ②　　　　　　　　　　　　　　　　　|RQ|
10　　　Rose? ②　　　　　　　　　　　　　　　　|RQ|
11　S : Rose. ⑨
12　T: No. ⑤
13　S : Jasmine. ⑦
14　T: Jasmine. ⑦
15　　　Very good. ⑤
16　T: What color is the jasmine? ④
17　S : White. ⑦
18　T: White. ⑤
19　T: What else to do in Thailand? ④　　　　　　|RQ|
20　S : (1 sec.) ⑩
21　T: Who gives your mother jasmine, raise your hand? ①|RQ|
22　　　Jasmine. ③　ジャスミン③

166

23　　　If you give jasmine to your mother, raise your hand. ①
24　　S :（Some students raise their hands.）⑩
25　　T: Wow, very good. ⑤
26　　　What about you? ④　　　　　　　　　RQ
27　　　What do you do on Mother's Day? ④　　RQ
28　　　What do you do? ④　　　　　　　　　RQ
29　　　何をしますか？④
30　　S : I write a card. ⑦
31　　T: Oh, you will give a card to your mother. ⑤
32　　　Very good. ⑤

　抜粋1は、教師自身の英語力も高く、授業構成も4技能を統合した運用能力をつけさせるとてもコミュニカティブな英語の授業である。よって、質問も指示質問が多く、生徒自身が考えて応答するような質問が多く発せられている。提示質問を多用しているのは、反復から派生しているのも理由の1つとなっている。

抜粋2　理解チェック（CM）使用事例
1　　T: I'd like you to choose. ①
2　　　I will say in Thai words. ③
3　　　Tell me which one. ③
4　　　**Do you understand?** ①　　　　　　CM
5　　　I'd like to read poems like this. ③
6　　　**OK?** ①　　　　　　　　　　　　　CM
7　　　Try to understand what does it mean. ③
・・・・・・・・・・・・・・・・・・・・・・・

1　　T: If the group that can tell me. ①
2　　　The most correctly. ①

3　　Will be the winner, **OK?** ①　　　　　　CM
4　　それでは、先にカードを読みましょう。③
5　　S：＿＿＿＿＿＿＿＿＿＿＿＿＿⑨
6　　T：私は最初五つの言葉を教えます。③
7　　And please tell me which one match the Thai verse? ①
8　　**Do you understand?** ④　　　　　　CM
9　　That is the example. ①

抜粋2は、OK? や Do you understand? を多用して、そのつど生徒の理解を確認しながら授業を進めている。理解チェック（CM）を使用しても生徒の応答が出てこないが、授業観察で見る限り、生徒の表情やうなずきから理解の促進につながっていることがわかる。

＜分析対象Ⅰ＞
|抜粋1|　理解チェック（CM）と再構築（RF）の使用事例
1　　T：What? ⑤
2　　S1：Where…⑦
3　　T：**Are you sure?** ①　　　　　　CM
4　　S1：Where…⑦
5　　T：**Are you sure?** ①　　　　　　CM
6　　S1：Where do you come from? ⑧
7　　T：Ah, OK. ⑤
8　　S1：I come from Bangkok, Thailand. ⑦
9　　S1：I come from…⑦
10　T：**I come from California.** ⑤　　　RF
11　S ：I come from California. ⑨
12　S2：＿＿＿＿＿＿＿＿＿＿⑩
13　S2：Nice to meet you. ⑥
14　T：何でしょうか？④

第5章　タイの英語授業の本格的観察（調査Ⅱ）

15　S2 : Nice to meet you. ⑦
16　T : **Are you sure?** ①　　　　　　　　CM
17　S1 : Nice to meet you, too. ⑧
18　T : OK, good. ⑤

　抜粋1は、教師の理解チェック（CM）や再構築（RF）が生徒の発話の誘発に確実に役立っている事例である。
　生徒が2で Where...と応答する。教師が3で Are you sure? と CM を使用すると、生徒から4で Where と応答するので、教師は5でさらにもう1度、Are you sure? と CM を使用する。すると6で Where do you come from? という応答が誘発された。
　15で Nice to meet you という応答に対して、16で Are you sure? という CM を使用すると、17で Nice to meet you, too. という応答が出てきた。
　9で、I come from......という応答に対して、10で I come from California. と再構築（RF）を使用すると、11で I come from California と正答を反復して定着を図っている。

＜分析対象 J＞
|抜粋1|　発音修正（MP）使用事例
1　T: Construct... ②
2　S : Constructed. ⑧
3　T: They… ②
4　S : They construct (ed) Titanic ⑧
5　T: ConstructED. ⑤　　　　　　　　MP
6　S : They constructed Taitanic ⑧
7　T: **IN** Britain. ③
8　　　You know Britain? ④
9　S : ＿＿＿＿＿＿ ⑩
10　T: Britain. ③ Where, where? ④

169

11　S : England. ⑦
12　T : What is the capital city? ④
13　S : London. ⑦
14　T : London? ⑤
15　　　OK. ⑤
16　　　Um…The third one, ①　she.. she… she she… ②　Anaporn, she… ②
17　S : She sailed… out of… ⑧
18　T : She sailed… out of… ⑤
19　S : Southampton… ⑦
20　T : **SOUTHAMPTON** ⑤　　　　　　　　　　　　MP
21　S : Southampton on her first trip to New York in ////// ⑧
22　T : **IN 1912**.　　　　　　　　　　　　　　　　MP

　抜粋1は、発音修正（MP）を用いた事例である。タイの英語授業では、ほとんど発音についての指導は観察されなかったが、M5（中等学校5年生）の授業で、唯一発音指導がなされていた。この抜粋での発音指導は、本時のねらいである過去形の発音、固有名詞の発音、前置詞の発音の修正を行っている。これらは、生徒の発音のままでは、文法的に誤りがあったり、内容的に不明瞭になってしまうため、必ず修正が必要である。ゆっくり発音したり、強く強調して発音し、正しい発音の理解と定着につながっている。

抜粋2　生徒発話の反復（RS）の使用事例

1　T : so now you can check with the tape. ①
2　　　OK. 単語を確認しましょう。①
3　　　1番目は何ですか？④
　　　（答えの綴りを黒板に書きながら綴りの再確認をしていく）
4　　　OK. 単語を確認しましょう。①
5　　　1番目は何ですか？④
　　　（答えの綴りを黒板に書きながら綴りの再確認をしていく）

第5章　タイの英語授業の本格的観察（調査Ⅱ）

6　　　No. 1. ②
7　S : *Was.* ⑦
8　T : **Was.** ⑤　　　　　　　　　　　RS
9　　　No. 2 ②
10　S : *Constructed.* ⑦
11　T : **Constructed.** ⑤　　　　　　　RS
12　S : *Constructed* ⑨
13　T : Construc....? ②
14　　　Construc...? ②
15　S : Ted. ⑧
16　T : And No. 3. ②
17　S : *Sailed.* ⑦
18　T : **Sailed.** ⑤　　　　　　　　　RS
19　　　And No. 4. ②
20　S : *Didn't believe.* ⑦
21　T : **Didn't believe.** ⑤　　　　　RS
22　　　No. 5. ②
23　S : *Traveled.* ⑦
24　T : **Traveled.** ⑤　　　　　　　　RS
25　　　No. 6. ②
26　S : *Danced.* ⑦
27　T : **Danced.** ⑤　　　　　　　　　RS
28　　　No. 7. ②
29　S : *Used.* ⑦
30　T : **Used.** ⑤　　　　　　　　　　RS

　抜粋2は、生徒の応答の反復（RS）を多用している事例である。これは、応答した生徒自身に対しての確認でもあり、また学級の生徒全体に対する応答の確認でもある。いずれにしても理解促進と定着につながるものである。

4.2.1.2 Modified Input / Modified Interaction の分析結果

表5-7は、Modified Input と Modified Interaction の定量的分析の結果を観点別の発話数量で示している。各観点別に10人の平均値を算出することによって、このデータからタイの英語授業の特性を把握することを試みる。

表5-7：Modified Input / Modified Interaction

	MV	MG	MD	MP	CM	CF	CR	RPTU	RPSU	RF	RQ	DQ	NL	TalU
T①	1	0	40	0	15	1	2	36	19	0	8	75	8	364
T②	0	0	79	0	4	0	3	76	25	12	26	165	63	443
T③	2	0	39	0	0	0	0	17	9	0	0	37	93	256
T④	0	0	3	0	0	0	0	3	2	3	0	7	69	150
T⑤	0	0	16	1	10	0	0	26	19	1	7	13	150	373
T⑥	3	0	37	0	21	3	1	70	16	2	15	9	79	698
T⑦	1	0	19	0	0	0	0	15	11	0	15	35	84	325
T⑧	4	0	25	0	10	1	1	26	7	1	31	26	28	369
T⑨	2	0	5	0	3	0	0	5	0	1	3	4	16	198
T⑩	1	2	16	5	11	0	4	14	31	8	9	23	107	364
平均値	1.4	0.2	27.9	0.6	7.4	0.5	1.1	28.8	13.9	2.8	11.4	39.5	75.7	354

4.2.1.3 Modified Input / Modified Interaction の考察

この表5-7は、談話分析の定量的分析結果である。10人の被験者のデータ分析の結果は次のとおりである。インプット修正（MV, MG, MD, MP）もインターラクション修正（CM, CF, CR, RT, RS）も含めて、モディファイド・ディスコース（談話修正）とリピティション（反復）を除けば、モディフィケーション（修正）をほとんど用いていないことが挙げられる。一方で、リピティション（反復）やディスプレイ・クエスチョン（提示質問）を多用していることが分かる。インプット修正のカテゴリーのモディファイド・ディスコースが多用されているのは、教師発話のリピティション（反復）が多用されていることに連動している。つまり、モディファイド・ディスコースというのは教師が自分自身の発話を反復する場合を意味している

第5章 タイの英語授業の本格的観察（調査Ⅱ）

からである。

談話分析の定量的分析からわかることとして、インプット修正やインタラクション修正がほとんど出現しないのは、モディファイ（修正）の必要性がある教師発話がなされていないことが挙げられる。一方、リピティション（反復）やディスプレイ・クエスチョン（提示質問）を多用しているのは、EFL環境で、必要とされる文型・文法や語彙の指導と定着のための形式中心のアプローチによる指導から出てくる特性であると考えられる。第6章で取り上げたLightbown and Spada (1999) の言及によると、教師の用いる授業言語、および教師と生徒のインタラクションの状況によって、英語授業がストラクチャー・ベイスト・アプローチ（形式中心の指導法）であるか、あるいはコミュニケーション中心のアプローチ（コミュニカティブ・アプローチ）であるかを提示している。本研究の結果として表れたリピティションやディスプレイ・クエスチョンの多用から、EFL環境の授業でしばしば観察される形式中心のアプローチの特性と一致している。

4.2.2 SETT処理の定量的談話分析

4.2.2.1 SETT処理の定量的談話分析の実際

まず、SETT処理の定量的談話分析のための言語データの事例を挙げ、分析の結果から比率が高い場合の発話事例についての抜粋をスナップショットで示す。

＜分析対象A＞

|抜粋1| Mn-m 使用事例

1　T: Job skills and responsibilities. ③
2　　Before, before we learn job skills and responsibilities, do you know? ④
3　　What is the meaning of responsibilities? ④
4　　Responsibilities はどういう意味か知っていますか？ ④

5　OK. ①
6　I don't know, OK. ①
7　In Thai, 職業そして、職業の責任の意味です。③
8　OK. ①
9　Before, before we do task 2, I'd like you to do Task 1 first, Task 1 first. OK? ①
10　（ワークシートを配布する）（タスク１）⑩
11　T: OK. Instruction. ①
12　Look at the pictures. ①
13　Write the name of a job under the picture. ③
14　And ask one occupation you know. ③
15　分かりましたか？④
16　Do you understand? ④
17　S: OK. ⑦（Do the work.）⑩
18　T: What do you do? ④
19　何をしますか？④
20　What do you do in this task? ④
21　何を write, write the name of … ④
22　何を書きますか？④
23　職業ですね。③
24　In English, 英語では何と言いますか？④
25　Job. ③
26　One more. ①
27　You have to do task, one more. ①
28　皆さんは one more question を書かないといけません。①
29　Add しないといけません。①（先生は英語とタイ語が入り混じっています）
30　Can I have XXX ? ①
31　Occupation こちらにない職業を書きましょう。③

174

第5章 タイの英語授業の本格的観察（調査Ⅱ）

32　　OK. ①

＜分析対象B＞

[抜粋1]　**Mt-m 使用事例**

1　T :（Show a family tree）
2　　　Movie star family. ③
3　　　Movie star family. ③
4　S : Movie star. ⑨
5　T : The first, the first. ①
　　　（peel a cover paper）⑩
6　　　What is his name? ④
7　　　What is his name? ④
8　　　Sorayuth. ③
9　　　He is married. ③
　　　（peel the next paper）⑩
10　　She is married too. ③
11　S : Chintarah. ⑨
12　T : これは Chintarah. ⑤
13　　Who is Chintarah? ④
14　S : Who is Chintarah? ⑨
15　T : Chintarah is Sorayuth's wife. ③　（S: wife）⑨
16　　Chintarah is Sorayuth's wife. ③
17　　Who is Sorayuth? ④
18　　Sorayuth is Chintarah's …? ②
19　S : Wife. ⑧
20　T : Wife? ⑤
21　　Husband, husband. ⑤
22　　Chintarah is Sorayuth's wife. ③
23　　Sorayuth is Chintarah's …? ②

24　S : Husband. ⑨

＜分析対象C＞
|抜粋1|　SS-m の使用事例
1　T: The boy is? ②
2　　　The boy is? ②
3　S : .... ⑩
4　T: The boy The boys in the pool は何ですか？④ is swimming. ②
5　　　The boy is. ②
6　S : ////// ⑦
7　　　Eating. ⑦
8　T: is ? ②
9　T: ///////// boys? ②
10　　A boy or the boys? ④
11　　A boy or the boys? ④
12　　A boy, は一人 ////////// ③
13　　A boy? ②
14　　/////Two boys は the boys? ②
15　　Which one? ④
16　　A boy or the boys? ④
17　　どれ？④
18　　上か下？④
19　S : Are swimming ⑦
20　T: OK. ⑤
21　　The boys are... ②
22　S : Swimming. ⑨

＜分析対象D＞
|抜粋1|　SS-m の使用事例

176

第5章　タイの英語授業の本格的観察（調査Ⅱ）

1　T：じゃ、今から練習問題をしましょう。①
2　　　（point the sentence）I alway... ②
3　S：...go to school. ⑧
4　T：（英文を言うように生徒に指示する）①
5　S：I always go to school. ⑨
6　T：（point the sentence）⑩
7　　　I always go to school. ②
8　S：XXX？⑩
9　T：（point the next sentence）⑩
10　　次のところは？①
11　S：I am always late. ⑨
12　　XXX
13　　XXX

＜分析対象E＞

|抜粋1|　SS-m の使用事例
1　T：じゃ、教科書を見ましょう。①
2　　　Look at your, your book. ①
3　　　OK. First one. ①
4　　　Mother. ②
5　S：Mother. ⑨
6　T：Mother. ②
7　S：Mother. ⑨
8　T：Mother. ②
9　S：Mother. ⑨
10　T：OK? ①
11　　Aunt. ②
12　S：Aunt. ⑨
13　T：Aunt. ②

14　S：Aunt. ⑨
15　T：Aunt. ②
16　S：Aunt. ⑨
17　T：これはどういう意味ですか？④
18　　　おばさんですね。③
19　S：Father. ⑦
20　T：OK. ⑤ Father. ②
21　S：Father. ⑨
22　T：ただ絵を見るだけじゃなくて、言葉を指差して見て下さい。①
23　　　Father XXX　②
24　　　Father. ②
25　S：Father. ⑨
26　T：Cousin. ②
27　S：Cousin. ⑨
28　T：Grandfather. ②
29　S：Grandfather. ⑨
30　T：先ほど意味を教えましたが、どういう意味でしたっけ？④
31　　　教科書に単語の意味を全部書いてくださいね。③

＜分析対象F＞
|抜粋1|　SS-mの使用事例
1　T：Next one. ①
2　　　（7 secs）⑩
3　T：Let's listen. ①
4　　　Listen, please. ①
5　　　OK, now. ①
6　　　Seven eleven, go, to, after, often, you, school. ②
7　　　Listen again. ①
8　　　Listen again. ①

178

第5章　タイの英語授業の本格的観察（調査Ⅱ）

9 　　Seven eleven. ②
10　　You know meaning of seven eleven, shop. ③
11　　You know SEVEN ELEVEN? ③
12　　OK, again. ①
13　　Seven eleven, go, to, after, ofte. ②
14　S：(come to the front) ⑩
15　　You, school. ⑦
16　　One. ①
17　　(4 secs) ⑩
18　S：(come to the front) ⑩
19　T：Two. ①
20　S：(come to the front) ⑩
21　　Three. ①
22　S：(come to the front) ⑩

＜分析対象G＞

|抜粋1|　**Mt-m の使用事例**

1 　T：Now, ahm. ①
2 　　What is... ④
3 　　What is the word that you choose? ④
4 　　I bless the... ④
5 　S：Day. ⑦
6 　T：Way or day? ④
7 　S：Day. ⑦
8 　T：Way or day? ④
9 　S：Day. ⑦
10　T：Day. ⑤
11　　I bless the day I found you. ⑤
12　　The first one is the second one. ③

179

13　　The second one ③ 2個目です。③
14　　I want to stay... ②
15　S: Around. ⑧
16　T: Around. ⑤
17　　Around. ⑤
18　　He second. ⑤

|抜粋2|　SS-m の使用事例

　Now please read after me. ①（完成した歌詞を教師の後について読んでいく：音読練習）

1　T: I bless the day I found you. ②
2　S: I bless the day I found you. ⑨
3　T: I bless the day I found you. ②
4　S: I bless the day I found you. ⑨
5　T: I want to stay around you. ②
6　S: I want to stay around you. ⑨
7　T: And so I beg you. ②
8　S: And so I beg you. ⑨
9　T: Let it be me. ②
10　S: Let it be me. ⑨
11　T: Don't take this heaven from one. ②
12　S: Don't take this heaven from one. ⑨
13　T: If you must cling to someone. ②
14　S: If you must cling to someone. ⑨
15　T: Now and forever. ②
16　S: Now and forever. ⑨
17　T: Let it be me. ②
18　S: Let it be me. ⑨

第5章　タイの英語授業の本格的観察（調査Ⅱ）

＜分析対象H＞

|抜粋1|　Mn-mの使用事例

1　T: Now I'd like everybody in your group to read a poem. ①
2　　　Try to read poems by this all of them. ①
3　　　For five minutes, OK? ①
4　　　Three minutes, three minutes, only three minutes. ①
5　　　After that I will say in Thai words and you have to match. ③
6　　　Which one is Thai poem? ④
7　　　OK? ①
8　　　Write No.1, 2 on the paper ①
9　　　Try No.1 No.2 ①
10　　One, two, three, four, five, six, seven, eight, nine, nine XXX. ①
11　　I'd like you to choose. ①
12　　I will say in Thai words. ③
13　　Tell me which one. ③
14　　Do you understand? ①
15　　I'd like to read a poem like this. ③
16　　OK? ①
17　　Try to understand what does it mean. ③
18　　Talk with your friend. ①
19　　And then I will say in Thai. ③
20　　For example, ①
21　　This is from the BOOK 2. ③
22　　Let's get tried. ①
23　　For example, when I say? ③
24　　〔教師がタイ語で読む〕②
25　　１年間私を愛してくれてありがとうございます。②
26　　母の日おめでとう。②
27　　So which one matches this Thai poem? ④

181

28		So which is this one? ④
29		〔2度目をタイ語で読み始めると〕1年間私を愛してくれてありがとう②
30	S:	(教師がタイ語で読んだ文の英文に相当するものを選んで英語で読み始める)
31		Thank you for giving me so much love on this year. ⑦
32		I love you, mom. ⑦

＜分析対象Ⅰ＞

抜粋1　SS-m 使用事例（会話モデル文の発音練習）

1	T:	Watch carefully. ① ［V: VTR］
2	V:	Excuse me. ②
3	S:	Excuse me. ⑨
4	V:	Oh, thank you. ②
5	S:	Oh, thank you. ⑨
6	V:	Hello, my name is Max. ②
7	S:	Hello, my name is Max. ⑨
8	V:	Hello, my name is Sunee. ②
9	S:	Hello, my name is Sunee. ⑨
10	V:	Where do you come from, Sunee? ②
11	S:	Where do you come from, Sunee? ⑨
12	V:	I come from Bangkok, Thailand. And you? ②
13	S:	I come from Bangkok, Thailand. And you? ⑨
14	V:	I come from San Francisco, California. ②
15	S:	I come from San Francisco, California. ⑨
16	V:	Nice to meet you. ②
17	S:	Nice to meet you. ⑨
18	V:	Nice to meet you, too. ②
19	S:	Nice to meet you, too. ⑨

第5章　タイの英語授業の本格的観察（調査Ⅱ）

20　V: Thanks again, good-by. ②
21　S: Thanks again, good-by. ⑨
22　V: Good-by. ②
23　S: Good-by. ⑨
24　V: Do you remember? ①

＜分析対象J＞

|抜粋1|　SS-m 使用事例（過去形の指導）
1　T: 知っている単語を先に書いてね。①
2　　 Ah, so ah. ①
3　　 Can you help me change the word before listening to the tape? ①
4　　 Who, who, who will help me? ①
5　　 The first one, the first one. ①
6　　 The Titanic. ②
7　S: was. ⑦
8　T: Pekin（生徒の名前）, stand up ①
9　S: The Titanic was the biggest ship in the world. ⑧
10　T: Very good. ⑤
11　　Sit down. ① And... They... ah... ②
12　　Uhm, Paarita（生徒の名前）, stand up. ①
13　T: Construct... ②
14　S: Constructed. ⑧
15　T: They... ②
16　S: They construct(ed) Titanic. ⑧
17　T: ConstructED. ⑤
18　S: They constructed Taitanic. ⑧
19　T: IN Britain. ③
20　　You know Britain? ④

21　S：_____⑩
22　T：Britain. ③ Where, where? ④
23　S：England. ⑦
24　T：What is the capital city? ④
25　S：London. ⑦
26　T：London? ⑤
27　　　OK. ⑤
28　　　Um...The third one, ①
29　　　She... she... she. she. ②
30　　　Anaporn.（生徒の名前）she. ②
31　S：She sailed... out of... ⑧
32　T：She sailed... out of... ⑤
33　S：Southampton. ⑦
34　T：**SOUTHAMPTON.** ⑤
35　S：Southampton on her first trip to New York in... ⑧
36　T：**IN** 1912.
37　　　（5 secs.）⑩
38　　　And No.4, um, Nucchanart.（生徒の名前）①
39　S：Many people did not believe it was possible to sink her. ⑧
40　T：Many people did not. ②
41　　　Do you know negative form of "not"? //////// ④
42　　　Many people did not believe it was possible to sink her. OK? ②
43　　　You know "her"? ④
44　　　Who is "her"? ④
45　S：_____⑩
46　T：her, who is her? ④
47　S：////////⑩
48　T：No! ⑤
49　　　Ah, It is Titanic. ⑤

50　S :　_____⑩
51　T : Ah. ①
52　　この場合、ローズの事ではなく沈んだ船の事について言っています。③

4.2.2.2　SETT 処理の分析結果

表5-8は、SETT処理の定量的分析結果を示す表である。被験者10人のタイ人英語教師の授業をSETT処理により、管理モード（Mn-m）、題材モード（Mt-m）、技能と規則モード（SS-m）、教室文脈モード（CC-m）の４つのモードによって定量的談話分析を試みた。結果は以下の表の通りである。

表5-8：SETT mode

教　師	Mn-m(%)	Mt-m(%)	SS-m(%)	CC-m(%)	Tal-Snap-shot
A	2 (33)	2 (33)	2 (34)	0 (0)	6
B	1 (4)	20 (80)	4 (16)	0 (0)	25
C	5 (24)	5 (20)	11 (44)	0 (0)	21
D	1 (8)	2 (17)	9 (75)	0 (0)	12
E	1 (7)	6 (40)	8 (53)	0 (0)	15
F	6 (35)	1 (6)	10 (59)	0 (0)	17
G	2 (20)	3 (30)	5 (50)	0 (0)	10
H	5 (33)	3 (20)	7 (47)	0 (0)	15
I	3 (19)	2 (12)	11 (69)	0 (0)	16
J	2 (20)	2 (20)	6 (60)	0 (0)	10
%平均値	2.8(20.3)	4.6(27.8)	7.3(50.7)	0 (0)	14.7

4.2.2.3 SETT 処理の考察

　前述の SETT 処理の定量的談話分析結果から考察を試みる。各モードの使用比率は被験者10人の英語教師の平均値で見ると、技能と規則モード（SS-m）が最も多く、全体の50％を占めている。このことは、「指導目標が文型・文法、語彙などの言語形式を産出させる」指導が中心であり、「アキュラシー（正確さ）」の指導に専念するため、「誤り訂正」に指導の重点が置かれ、「正しい答えを提示すること」に教師の意識が傾斜している。

　一方、対極的な立場にある教室文脈モード（CC-m）の占める比率は０％である。SETT 処理の観点から分析すると、授業の指導目標の中に、「生徒に明確な自己表現をさせる」「コミュニケーションの文脈を構築させる」「口頭による流暢さを促進させる」といったコミュニカティブな指導の側面が皆無となっている。

　管理モード（Mn-m）と題材モード（Mt-m）は、英語の授業には必ず出現するモードである。分析結果から、管理モードが約20％、題材モードが約28％を占めている。管理モードは授業を行う限りにおいて、その授業の導入で何を行うかをまず教師が説明することから始まり、授業の最後では学習指導のまとめを行う。題材モードは授業を実施するには必ず題材が必要であり、題材に関する言語練習を行い、題材に関して応答を引き出すものである。

　よって、技能・規則モードと教室文脈モードの占める割合のバランスがその授業の特性を示すことになる。技能・規則モードの割合が多ければ言語形式中心の指導になり、教室文脈モードの割合が多ければコミュニカティブな授業になる。

　タイの授業の特性は、SETT 処理の観点から見ると、コミュニカティブな指導が皆無であり、指導の大半が言語形式中心の指導に終始している。このような SETT の分析結果から表れた特性を仮説形成的に EFL の特質であるとする。

4.2.3　Modified Input / Modified Interaction の定性的談話分析

4.2.3.1　Modified Input / Modified Interactionの分析の実際(結果と考察)

　次に、定量的な談話分析では十分に捉えられない授業の特性について、定性的談話分析を用いて教室で実際に何が起こっているのかを探ることにする。つまり、教室での教師と生徒の間のインターラクションに焦点を当て、ありのままの状況を明らかにすることを試みる。

　特に、教師が自分の発話（ティーチャー・トーク）を生徒にどのように理解しやすくしようとしているか、あるいは教師の授業言語（ティーチャー・トーク）の使い方が指導過程において生徒の発話をどのように誘発しているのかに焦点を当てた分析を行うことにする。

　すなわち、生徒が応答を誘発するまでにどのような指導過程を取り、どのようなティーチャー・トークを使用しているのか、教室内の談話について質的に分析を試みることにする。

＜分析対象Ａ＞

|抜粋A-1|　母語の利用による発話の誘発

（ビデオによる３枚の絵が映し出されている。いずれも工事現場の映像。）
1　T: What do they do? ④
2　　 Do you know? ④
3　　 What do they do? ④
4　S : ＿＿＿＿＿＿＿ ⑩
5　T: Are they teachers? ④
6　　 Are they teachers? ④
7　S : No. ⑦
8　T: What do they do? ④
9　　 What do they do? ④
10　S : ＿＿＿＿＿＿＿ ⑩
11　T: What do they do? ④

12		Can you guess? ①
13		Can you guess? ①
14		Can you guess? ①
15		推測できますか？ ①
16		What do they do? ④
17		What's, What's, What's their occupation? ④
18	S :	＿＿＿＿＿＿＿ ⑩
19	T :	何の仕事ですか？ ④
20		彼等の職業は何ですか？ ④
21		Can you guess? ①
22	S :	建築する. ⑦
23	T :	建築する，in English. ④
24		Don't speak Thai, in English.
25		分かりましたか？ ① in English.
26	S :	***Construction worker.*** ⑦
27	T :	Construction worker ⑤
28		OK, OK. ⑤
29	T :	Ah, OK, repeat, listen, repeat. ①
30	V :	Construction workers. ②
31	T :	Repeat. ①
32	S :	Construction workers. ⑨
33	V :	Construction workers. ②
34	S :	Construction workers. ⑨
35	T :	Again. ①
36	V :	Construction workers. ②
37	S :	Construction workers. ⑨
38	T :	Good. ⑤

　抜粋 A-1 を観察すると、抜粋中の 1、2、3 で同じ質問 What do they

第5章　タイの英語授業の本格的観察（調査Ⅱ）

do? を3回繰り返しても、4で生徒の応答がない。2の Do you know? は、Do you know what they do? を意味しているので、1、3と同じ質問であると解釈できる。

次に5、6で最初の質問文とは異なった文型を用いて、ヒントとなる Are they teachers? という英文で質問する。同じ質問を2回繰り返すと、yes / no の質問なので生徒の応答が誘発される。しかし、それは本来たずねようと意図している質問文ではないので、8、9でもう1度、最初の質問文を使ってたずねるが、やはり依然として10で生徒の応答がない。12、16で、もう1度最初の質問を繰り返し、さらに17で同じ意味ではあるが異なった文型である What's their occupation? に談話修正をしてから質問するが、まだ依然として18で生徒の応答が誘発されない。

次に、19、20で母語のタイ語に置き換えることによって、英語からタイ語への談話修正（ティーチャー・トークとしての母語）を用いて質問をすると22でようやく生徒もタイ語での応答が誘発された。22の生徒が応答したタイ語を英語で言うように23、24、25で求めると、ようやく26で、Construction worker. と英語での応答が誘発された。

教師の発話を理解させるので、反復を多く使用している。同じ英文の反復では何回反復しても応答が出てこないので、生徒から応答を引き出すために、少し修正した英文やヒントとなる英文を与えている。

しかし、それでも応答がないので、最終的に母語（L1）を使用することによって応答を引き出している。次の段階で、母語での応答を英語に置き換えるように指導することによって、教師が求めている応答が誘発された。

その後、ビデオの発音に従って、32、34、37で正しい応答を3回リピートさせ、定着を図ろうとしている。

|抜粋A-2|　母語の利用による発話の誘発

1　T: (Audio-picture)
2　T: What does she do? ④
3　　 What does she do? ④

189

4　　Do you know? ④
5　　What does she do? ④
6　S :＿＿＿＿＿＿　⑩
7　T: What does she do? ④
8　　What does she do? ④
9　　Do you know? ④
10　S : 電気技師。⑩
11　T: Can you guess? ①
12　　電気技師。Are you sure? ③
13　　電気技師 in English? ④
14　　In English? ④
15　S :＿＿＿＿＿＿　⑩
16　T: Do you know? ④
17　S :＿＿＿＿＿＿　⑩
18　T: なんとか cian じゃない？②
19　　A ＿＿＿＿＿ ②
20　S : *A technician*. ⑧
21　V: (picture) A technician.
22　T: OK, very good. ⑤
23　　Listen and repeat. ①
24　V: A technician. ②
25　S : A technician. ⑨
26　T: A technician. ⑤

　抜粋A-2は、教師発話の理解促進のために、教師が提示質問（DQ）を連続でしかも多く使用している。抜粋中の2、3、5で、What does she do? を3回繰り返している。4で、Do you know? と言っているのは、Do you know what she does? を意味しているので、結果的に2、3、4、5と同じ質問を4回連続で繰り返していることになる。それでも6で生徒か

第5章 タイの英語授業の本格的観察（調査Ⅱ）

らは応答が全くない。

そこで、教師は再び同じ質問を抜粋中の7、8、9と繰り返すと、10で生徒はほとんど聞き取れない不明な音声で反応しようとしているが、明確な応答は誘発されない。

次の12の教師発話から、たぶんタイ語で「電気技師」という応答が出たことが推察できる。12、13で、教師が「電気技師」Are you sure? と理解チェック（CM）を使って理解できたかを確認している。13で、「電気技師」を英語で何というのかをたずねているが、15、17で生徒の応答はない。18で教師が単語の一部である ....cian を発音してヒントを出している。しかも、19で冠詞の a から始めるように生徒の応答を引き出そうと誘導している。すると、20でようやく生徒からの応答が誘発された。

ここでは、まず生徒の応答が母語（L1）で出てくる。次に母語を英語で言わせるようにヒントを与えて応答を誘発させようとしている。結局、ここでも母語が発話の理解促進と応答誘発のための言語指導上の方略になっている。

<分析対象B>

抜粋B-1　質問の反復や応答の気づきとなる語彙による発話の誘発

1　T: Who is Nam's father? ④
2　　 Who is Nam's father? ④
3　S:＿＿＿＿＿＿＿＿＿＿ ⑩
4　T: Who is Nam's father? ④
5　　 **Father.** ④
6　S:＿＿＿＿＿＿＿＿＿＿ ⑩
7　T: **Father.** ④
8　　 Who is Nam's father? ④
9　S: No. ⑦
10　T: **Who? Who?** ⑤
11　S: *Werapap.* ⑦

12　T: Ah, Werapap is... ②
13　S: ***Num's father.*** ⑧

　抜粋B-1では、1、2と質問を連続で反復しても応答がない。理解促進のためのティーチャー・トークとして、3で再度、1、2と同じ質問を繰り返し、5で、fatherを取り出して強調するが応答がない。さらにもう1度、最初と同じ質問を反復する。9で、質問とちぐはぐの応答がでてきたので、10で質問していることを強調するために who? を取り出して2回反復する。すると11でようやく正しい応答が誘発された。12では、質問に対する正しい応答の確認と定着のために、発話の誘導手法として、Ah, Werapap is ... を与えることによって、(Werapap is) Nam's father. という応答の誘発へと導いている。すぐに正答を与えず、反復や修正を加えながら、インターラクションの中で、応答を引き出そうと意図している。

|抜粋B-2|　レトリカル・クエスチョンによる発話の誘発
1　T: How many cousins do you have? ④
2　　　この問題は皆さん一緒に think しましょう。①
3　　　I give you one second. ①
4　　　How many cousins? ④
5　S: ＿＿＿＿＿＿＿＿　⑩
6　T: How many cousins do you have? ④
7　　　**How many cousins do you have?** ④
8　　　I have... I have... I have four cousins ②
9　　　はい、ちびちゃん、①
10　　How many cousins do you have? ④
11　　**How many cousins do you have?** ④
12　S: ＿＿＿＿＿＿＿＿　⑩
13　T: ***I have...*** ②
14　　　***I have two...*** ②

第5章　タイの英語授業の本格的観察（調査Ⅱ）

15　　Ah, listen to me. ①（指名した生徒が近くの生徒としゃべっている）
16　　I have... ②
17　　I have... ②
18　　Please answer me. ①
19　　I have two... cosins. ②
20　S : *I have two cousins.* ⑨
21　T : OK, again, please. ①
22　　I have two cousins. ②
23　S : *I have two cousins.* ⑨

　教師が質問を投げかけておき、教師自身が応答するときの質問のタイプをレトリカル・クエスチョンという。このタイプの質問の機能は、生徒から応答を期待しているのではなく、興味を引くためであると言われている(Long and Sato, 1983)。
　抜粋B-2では、レトリカル・クエスチョンを使って、興味づけというよりも応答の仕方を提示することによって、生徒から応答を引き出そうとしている。1、4と同じ英文で質問するが、5で応答がない。7で、もう1度同じ質問を繰り返し、8で応答の仕方を提示しておいてから、さらに同じ質問を10、11と反復する。それでも未だ応答がないので、もう1度レトリカル・クエスチョンを与え、13、14、16、17、19と応答の仕方を提示していくと、20で何とか教師の応答例を反復して応答しようとしている。確実な応答を求めて、もう1度応答を提示し反復させている。
　質問に対する応答を誘発させるまでに、かなりの量のインターラクションを行っている。応答例を明確に提示することによって正答に気づくが、すぐにまねをして反復できないので、何度も繰り返している。
　この抜粋では、レトリカル・クエスチョンによって生徒が教師の質問に対する応答の仕方が理解できたので、このあとに続く教師と生徒の発話のやりとりでは、同じタイプの質問には比較的スムーズに応答が誘発されている。

＜分析対象Ｃ＞

|抜粋Ｃ|　時折、母語を入れながらの理解促進と発話誘発

1　T: What are we doing? ④　（教室の皆を指して）
2　　　What are we doing? ④
3　S: _____ ⑩
4　T: Studying, studying. ⑤
5　T: これは私たちが話しているときに、行うことですね。③
6　T: What are we doing? ④　（教室の皆を指して）
7　　　What are we doing? ④
8　S: _____ ⑩
9　T: We are... ②
10　S: We are doing. ⑦
11　T: We are... ⑤
12　　　今私たちが何をしているでしょうか？ ④
13　S: XXX ⑩
14　T: We are... sitting. ⑤
15　　　Or? ②
16　　　We are... ②
17　　　ほら、何をしていますか？ ④
18　　　We are... ②
19　　　何を勉強していますか？ ④
20　　　We are... ②
21　　　We are... ②
22　　　We are (　　　) English. ②
23　　　English の前に何の ing? ④
24　　　何の ing? ④
25　　　We are... ②
26　　　We are... ②
27　S: *Going* ⑧

第5章　タイの英語授業の本格的観察（調査Ⅱ）

28　T: Oh, no. ⑤
29　S:　　　⑩
30　T: Ah? ②
31　　Learning, or studying. ②
32　　Learning or studying. ②

　抜粋Ｃは、指導目標が「現在進行形」の授業である。授業者にインタビューすると、現在進行形の指導を始めてすでに本時が5時間目の授業であるが、生徒になかなか進行形が定着しないことを嘆いていた。一体どのようにしたら理解してくれるのであろうかと悩んでいた。この学級は習熟度別学級編制でいうと一般学級である。学力の高い生徒はいない学級である。
　1、2において、What are we doing? と2度連続でたずねても、3で応答がない。4で studying, studying と応答のキーワードを反復して提示し、5ではタイ語で確認し、6、7とさらに What are we doing? と2回連続で質問してもやはり応答がない。9で We are...、10で We are doing ... 11で We are...... など、応答の最初の一部を提示して応答を引き出そうとしている。さらに12ではタイ語を用いて英語の意味を理解させながら質問している。それでも13で反応がないので、17でついに「ほら何をしていますか」とタイ語でたずねている。18で、再び We are... とヒントを提供し、さらに19でもタイ語で、「ほら何を勉強していますか」とたずね、20、21でもう1度 We are...... とたずねても反応がないので、22では We are (　　) English. という提示をするが、23では、ing 形を言えばよいことをタイ語でほのめかす。24で、どんな動詞の ing 形なのかをタイ語でたずねている。そして、25、26と We are を提示しながら、応答を求めようとすると、27で、ついに応答が出てきたが、誤りであったので、28で応答が誤りであることを知らせている。30で Ah? と言って応答を促したが、29で生徒からの応答はなかった。最終的に、31、32で、教師が正答を与えることによって、そのスナップショットを終えている。
　この抜粋では、発話の理解促進のために何度も反復を使用しているが、

生徒の応答がないので必要に応じて母語のタイ語に置き換えて理解をさせようとしている。母語による質問は理解できても、その応答が英語で言えないようである。そこで、応答文の出だしや一部を提示しながら応答を誘導しようとしているが、それでも正答がでないため、最終的に教師が正答を提示することによって生徒の理解を促している。正答の提示に終わっていて、生徒にリピートさせるなどの訓練がなされていない。

＜分析対象Ｄ＞
抜粋D　再構築（RF）による発話の誘発事例
1　T: What day is today? ④
2　S: Monday. ⑦　　Monday. ⑦
3　S: Monday. ⑦
4　T: Monday. ⑤
5　　　じゃ、クラスの前に来て書いてください。①
6　S:（come to the board and write the spelling of the day） ⑩
　　　（生徒が黒板に書く）　Monday, 1st, August, 2005
7　T:（point the spelling of Monday) Let's say. ①
8　S:（read the spelling of Monday) Monday. ⑨
9　T:（point the spelling of 1st） ⑩
10　S: *First,* ⑨
11　T: The first. ⑤
12　S: *The first* ⑨
13　T:（point the spelling of August and say 'August'）August. ②
14　S: August. ⑨
15　T:（point the number 2005） ⑩
16　S: *Two thousand...* ⑨
17　T: Two thousand and... ②
18　S: *Five.* ⑨

第5章 タイの英語授業の本格的観察（調査Ⅱ）

　抜粋Dは、教師発話の機能で言うと再構築（RF）を用いて発話の誘発を導いている事例である。Monday, 1st, August, 2005と板書されたものを発音練習する場面である。曜日、日付、月の名前、年号を順番に発音させて行く。1stの読み方について、10で生徒がFirstと言っている。11で教師は、The firstと言い直している。12で生徒は反復することによって、正しい応答を確認している。また2005年の言い方については、2000の Two thousand は言えているが、そのあとに続く2005の5の読み方がわからないようなので、17で、Two thousand and...と誘導すると、18でFiveが出てきた。10〜11にかけて、FirstからThe firstへと再構築（RF）をしている。また、16〜17にかけて、Two thousandからTwo thousand andへと再構築（RF）を行っている。これらの再構築（RF）によって、正しい応答へと導いている。

＜分析対象E＞

抜粋E　プロップやキュー（応答の出だし）を与えて、応答を誘発する

1　T: 次は誰ですか？ ④
2　　 My mother's name is ...? ②
3　S: *Janet.* ⑦
4　T: Janet. ⑤
5　　 Janet ? ⑤
6　　 Janet の次は？ ④
7　　 My father is ...? ②
8　S: *Ron.* ⑦
9　T: Ron. ⑤
10　S: Ron. ⑨
11　T: My, ah. My mother is ...? ②
12　S: *Helen.* ⑦
13　T: Helen. ⑤
14　　 Helen. ⑤

15　　My uncle is ... ②
16　S: *Simon*. ⑦
17　T: Simon. ⑤
18　　Simon. ⑤
19　T: And my aunt in law is...②
20　S: *Jessica*. ⑦
21　T: Jessica. ⑤
22　　Good. Very good. ⑤
23　　Jessica. ⑤

　抜粋Eは、家系図をもとに、家族に関する語彙の指導を行っている授業である。教師は家系図を提示し、家族に関する語彙を確認していく。そのとき、質問形式を取らず、2、7、11、15、19のように、応答となる英文の最初の一部（プロップ）を提示しながら、生徒に求める応答を引き出そうとする方略を用いている。例えば、2で My mother's name is...? といって、母親の名前を引き出そうとしている。3で、生徒は容易に応答が出ている。教師が家族に関する語彙（father, mother, brother, sister 等）を指導する際に、「母」に相当する英語の語彙が入った英文の一部（My mother is ...）を言いながら、生徒には「母」の名前を言わせている。この指導の手立ては、mother＝母と言うように1対1対応で語彙指導をするのではなく、語彙の使い方を含めた語彙指導を行っている。このティーチャー・トークの方略によると、生徒は教師の求める応答が容易にでき、語彙運用にまで発展する可能性をもっている。

＜分析対象F＞
抜粋F　キューなどを与えて応答を誘導する事例
1　T: OK. ⑤
2　　Start. ①
3　　Always, fast, am, I. ②

第5章　タイの英語授業の本格的観察（調査Ⅱ）

4　S：I. ⑦
5　T：One. ①　（one から ten までカウントしている）
6　S：(comes to front) ⑩
7　T：Always. ②
8　S：(comes to the front) ⑩
9　T：Fast, am, I. ②
10　　Two. ①
11　　Three. ①
12　　Four. ①
13　　Five. ①
14　　The correct sentence is?　②
15　　Is...?　②
16　S：_____ ⑩
17　T：Correct sentence is ?　②
18　S：*I am always...* ⑧
19　T：**The correct sentence is ?** ②（ある女子生徒にマイクを向ける）
20　S：*I am always fast.* ⑧
21　T：Correct. ⑤
22　　I am always fast. ⑤
23　　To make sentence is OK, fast（ファースト）or fast（フェースト）is OK.
24　　American English and British English is OK. ⑤
25　T：I am always fast. ②
26　　OK... ①
27　　Ah... OK... ①
28　　Yeah, yeah. ①
29　　OK. ①　これはあっていますね。①

199

抜粋Fでは、14で The correct sentence is ....? 、15で Is ....? と言うように、生徒の応答を誘発しようと意図した教師発話が提示されているが、16で 応答がない。17でもう一度 The correct sentence is ....? と誘導発話を提示すると、18で 応答（I am always...）が出始めるが完全な応答ではない。19でもう1度、誘導発話（The correct sentence is ?）を与えると、20で正しい応答（I am always fast.）が出てきた。23、24では、fast の発音についての指導がなされている。'fast' の発音についてイギリス発音とアメリカ発音の両者を提示し、どちらの発音でもよいことを指導している。

　生徒の応答がないとき、すぐに解答を与えず、何とか生徒の応答を引き出すために生徒とのインターラクションを多く取り入れようとする教師の意図が窺える。

＜分析対象G＞
|抜粋G|　発話誘発のための母語使用の事例
1　T: So never live or leave? ④
2　S: Leave. ⑦
3　T: 音が長い方ですか短い方ですか？ ④
4　　　長い方ですね。③
5　　　じゃ、the first or the second. ③
6　　　So never leave... me lonely. ③
7　　　What is the meaning of "lonely"? ④
8　S: ＿＿＿＿＿＿＿＿＿ ⑩
9　T: Lonely. ②
10　　 Stay, stay by oneself. ③
11　　 というのは1人で居ることですね。③
12　　 Never. ②
13　　 What is the meaning of "never"? ④
14　S: ＿＿＿＿＿＿＿＿＿ ⑩
15　T: So, never? ④

第5章 タイの英語授業の本格的観察（調査Ⅱ）

16　S：＿＿＿＿＿＿＿＿＿⑩
17　T：What is the meaning of "never"? ④
18　S：＿＿＿＿＿＿＿＿＿⑩
19　T：今までやったことないという意味でしょう？③
20　　　つまり、① don't ③
21　　　So don't ③
22　　　Don't ...live or leave? ④
23　S：*Leave.* ⑦〔小声〕
24　T：何をしないでと言っていますか？④
25　　　Live, the first one is... ⑤
26　S：＿＿＿＿＿＿＿＿＿⑩
27　T：The meaning of the first one is ...? ④
28　S：＿＿＿＿＿＿＿＿＿⑩
29　T：What is the meaning of the first one? ④
30　　　1個目はどういう意味ですか？④
31　S：＿＿＿＿＿＿＿＿＿⑩
32　T：住む。③
33　　　The second one? ④
34　S：＿＿＿＿＿＿＿＿＿⑩
35　T：The second one? ④
36　　　What is the meaning of the second one? ④
37　　　2個目は？④
38　S：＿＿＿＿＿＿＿＿＿⑩
39　T：去るや残すという意味ですね。③
40　　　なので、この文は私を1人に残さないでという意味でしょう。③

　抜粋Gは、イングリッシュ・ソングを教える授業である。最初に二者択一の問題が入っている歌詞のプリントが配布され、それを見ながら歌を聴き取り、正しい方の単語を選択する内容である。この抜粋の場面は、選択

した単語の答え合わせをしながら、その単語の意味を確認していくところである。

　大半の生徒が発音と内容から正しい単語を聞き取って選択しているが、単語の意味を英語でたずねられると、ほとんど応答がない状況である。それに対して教師は、易しい英語に置き換えて単語の意味を説明したり、最終的にはタイ語で意味を示している。

　7で lonely の意味をたずねている。8で応答がない。10で Stay, stay by oneself. と言い換えて説明している。11ですぐにタイ語で意味の確認をしている。次に、13で、never の意味をたずねても、14で応答がない。15でもう1度たずねるが、16で応答はない。17でもう1度 never の意味をたずねる。やはり18で応答がないので、19で教師はとうとうタイ語で意味の説明をする。そのあと21、22で別の英語で言い換えると don't の意味であることを説明している。つづいて、live と leave の意味をたずねるが3回たずねても応答がないので、タイ語で説明をしている。しかも40では、単語の意味をその単語が用いられている文の中の使われ方で説明している。

　単語の意味もすぐにタイ語を提示するのではなく、なるべく別の易しい英語に置き換えたり、考える時間を十分に与えて、文脈の中で意味を捉えさせようとしている。それでもわからないときに、最終的にタイ語で意味の提示をして理解を図っている。

＜分析対象H＞

|抜粋H|　類似の応答例を与えたり、応答の選択肢を提示して応答を誘発する事例

1　T: And what day is today? ④
2　S: (1 sec.) ⑩
3　T: What day is today? ④
4　S: (1 sec.) ⑩
5　T: Sunday? ②
6　S: ***Monday.*** ⑦

第5章　タイの英語授業の本格的観察（調査Ⅱ）

7   T: Monday. ⑤
8   T: What is the date today? ④　日にち ③
9   S: (1 sec.) ////// ⑩
10 T: Monday August? ②
11 S : ////// ⑩
12 T: What do you call the day in Thailand "August 12th"? ④
13   August 12th ? ④
14   Do you know? ④
15   Do you have to come to school? ④
16 S : ////////// ⑩
17 T: August 12th, on this Friday. ③
18   Will you come to school? ④
19 S: No. ⑦（ある1人の男子生徒が声を出さないで、口だけ動かせながら、"No"と言っている）
20 T: August 12th? ②
21   August 12th? ②
22   Do you come to school? ④
23 S : (2 sec.) ⑩
24 T: August 12th. ③（綴り字を板書しながら）
25   Do you come to school? ④
26 S : No. ⑦
27 T: Why don't you come to school on Friday? ④
28 S : ///// ⑩
29 T: Because... ②
30   What day is it? ④
31 S : *Mother's Day*. ⑦（小さな声で）
32 T: It's... ②
33   It's... ②
34 S : Mother's Day. ⑦（自信なさそうに小さな声で応答している。）

203

35　T: Mother's Day or Father's Day? ④
36　S: *Mother's Day*.
37　T: Very good. Mother's Day. ⑤

　抜粋Hでは、授業のねらいが母の日に送るお祝いのメッセージカードを英語で書くことである。この抜粋は、授業の最初のあいさつのところであるが、今日の曜日や日付を聞きながら、本時のねらいに触れ、本時のトピックである「母の日」について導入しようとしている。タイでは、8月12日が母の日であると同時にタイ国のクイーンの誕生日でもある。

　1、3で、What day is today? と曜日をたずねても、2、4において応答がないので、5でSunday? と応答例を提示すると、6でMonday. と応答が出た。次に、8でWhat is the date today? と日付をたずねるが、9で応答がない。10でMonday, August...? と誘導の発話を提示しても、11で応答がない。12で4日後の「母の日」の日付（August 12th）を提示して、読み方を理解させる。13、14、15と8月12日が何の日か、言い方を変えながらたずねるが、16で応答がない。18でWill you come to school? と質問して、学校に来る日なのか来ない日なのかを聞くことによって、8月12日が何の日であるかを予測させるようにしている。21、22で同じ質問をしても、23で応答がない。とうとう、24で黒板に、August 12thを書いて視覚に訴えて理解させようとしている。25でもう1度、Do you come to school? とたずねると、ようやく26で、No. という応答が出てきた。しかし、その応答は、教師が求めている応答ではないので、さらに、正答を引き出すための質問をすることになる。

　次に、27でWhy don't you come to school on Fryday? と学校に来ない理由をたずねると、28で、何か応答しようとはしているが、よくわからない応答である。29でBecause... と、その理由を述べる談話標識となる単語を提示し、29でWhat day is it? とたずねると、ようやく31で、Mother's Day と応答が出てきた。しかし、教師には生徒の応答が聞き取れていないため、32、33でIt's... と応答を促すための発話を提示している。34で応

第5章　タイの英語授業の本格的観察（調査Ⅱ）

答しているが、自信のなさそうなきわめて小さな声なので、教師は聞き取れていないのか、もしくは、もっと大きな声で自信をもって応答させようとしているのか、35で Mother's Day or Father's Day? と選択肢となる質問を提示している。36でようやく生徒から明確な応答が出てきた。

　質問をしても応答がないときに、すぐに解答を提示せず、いろいろな言い方で何度も聞き返している。極力、生徒自身からの自発的な応答が出るまで、教師は色々なティーチャー・トークを使って、発話の誘発をさせる努力をしている。具体的には、類似の応答例を提示して発話を誘発したり、選択肢を数個挙げそれらをヒントとして応答を選択できるようなティーチャー・トークの方略をとっている。これらのティーチャー・トークの機能が有効に働き、生徒の応答を誘発している。

＜分析対象Ⅰ＞
|抜粋Ⅰ|　CM や RF を与えながら、発話の応答を促す事例
1　T：**What?** ⑤
2　S1：*Where...* ⑦
3　T：**Are you sure?** ①
4　S1：*Where...* ⑦
5　T：**Are you sure?** ①
6　S1：*Where do you come from?* ⑧
7　T：**Ah, OK.** ⑤
8　S1：I come from Bangkok, Thailand. ⑦
9　S1：I come from... ⑦
10　T：**I come from California.** ⑤
11　S1：*I come from California.* ⑨
12　S2：＿＿＿＿＿＿＿ ⑩
13　S2：Nice to meet you. ⑥
14　T：何でしょうか？ ④
15　S2：Nice to meet you. ⑦

205

16　T：*Are you sure?* ①
17　S1：*Nice to meet you, too.* ⑧
18　T：*OK, good.* ⑤

　抜粋 I は、モデル会話を暗記したのちに、ペアでモデル会話のロールプレイを発表する場面である。
　2、4 で生徒から Where............ しかでてこないので、教師は、3、5 で Are you sure? と言って生徒の理解を確認している。いわゆる理解チェック（CM）を使って理解を確認し、発話の誘発を試みている。そうすることによって、6 で正しい発話 Where do you come from? が出てくる。この場合、生徒の発話が不完全なので、発話を明確にさせるための明確化要求（CR）の機能とも解釈できる。
　9 で I come from... という不完全な発話なので、教師は10で I come from California. と言って、再構成（RF）を用いることにより正しい発話モデルを提示している。11で生徒はそのモデル発話を反復することによって、応答している。
　13、15で 生徒は Nice to meet you, too. と応答するべきところを Nice to meet you. と不完全な発話で終わっているので、正しい発話を引き出すために、11で Are you sure? と言って理解チェック（CM）を用いている。17で Nice to meet you, too. と正しい応答が誘発されている。
　生徒から発話の一部しか出てこないとき、教師は理解チェック（CM）を用いて完全な発話を求めたり、再構成（RF）を用いて完全な発話を提示し、反復させることによって発話の定着を図っている。

＜分析対象 J＞
抜粋 J-1　MD, CR を使いながら発話を誘発する事例
1　T: OK, today ①
2　　　What can you see in your paper? ④
3　S: ＿＿＿＿＿＿＿＿＿＿ ⑩

第5章　タイの英語授業の本格的観察（調査Ⅱ）

4　T: What can you see in your paper? ④
5　S: (*Titanic.*) ⑦
6　T: Ah...? ⑤
7　　What is the name of the boat, can you guess? ④
8　S: *Titanic*. ⑦
9　T: Titanic, very good, very good. ⑤

　抜粋J-1は、2の質問に対して3で応答が出てこない。4で2の質問の反復をしている。つまり談話修正（MD）を使用し、5で発話を誘発している。5の応答の声量が小さいためによく聞こえないので、6で Ah..? と言う明確化要求（CR）を用いている。そして、さらに7で正しい応答を引き出すために、具体的で直接的な質問に言い替えている。これも談話修正（MD）の一種である。すると、8で明確な応答が誘発された。

抜粋J-2　MPを使いながら発話を誘発する事例
1　T: They...? ②
2　S: danced. ⑧
3　T: **They danced and...** ⑤
4　S: They smokeN. ⑧
5　T: **They, they, they XXX?** ⑤
6　S: *SmokeN.* ⑦
7　T: **SmokeN or smokED?** ④
8　S: *SmokED.* ⑦
9　T: Ah... ①

　抜粋J-2では、4で somked と応答するべきところを somken と誤った応答をしているので、5で誤りに気づかせるために They... They... They... と誘導しているが、やはり6で同じく smoken という応答であった。そこで、7で smoken or smoked? と言うように選択肢を提示し、発

207

音を強調する発音修正（MP）を用いて単語の誤りに対して発音で気づかせようとしている。8で正しい語彙を選択して応答している。

|抜粋 J-3|　RF を使いながら発話を誘発する事例

1　T: Um, No.8, No.8. ①
2　　　Um, 前の人、できますか？ ①
3　　　君はできますか？ ①
4　S: *The poorer people didn't have.* ⑦
5　T: **Didn't have.** ⑤
6　S: *These beautiful people.* ⑧
7　T: **Ah... didn't have poorer,** ② **you know "poor"?** ④
8　S: //////// ⑩
9　T: **Ah, they don't have a lot of money.** ③
10　　**The poorer people didn't have these beautiful things.** ③
11　　Um, Prawfun（生徒の名前），できますか？ ①
12　　No.9．They… ②
13　S: They stayed in smaller cabins and they walked aro... ⑧
14　T: **Around the lower deck.** ⑤
15　S: The lower. ⑦
16　T: **Deck.** ⑤
17　S: Deck. ⑨

　抜粋 J-3 は、教師の指示に対して4で応答するが、途中までの部分的な応答なので、残り部分をつけ加えて、正しい応答を引き出すために、5で didn't have と意識づけをしている。すると6で残りの部分の応答が出てきた。10で文全体をもう1度再構成（RF）して学級全員の生徒に確認をしている。13では、…walked aro…と不完全に終わっているので、途切れないように、14で around the lower deck. と残りの部分を付け加えている。これも展開中の談話を中断させずに生徒の発話を訂正し正しいモデ

ルの提示をする（RF）ことによって理解を深めている。

この抜粋では、再構成（RF）を効果的に利用して、談話を中断させずに正しい発話を誘発している。

4.2.3.2 Modified Input / Modified Interaction の考察のまとめ

定性的談話分析からわかることとして、授業のパターンとして高い頻度で出現するのは、教師が何回も同じ発話を繰り返し（MD）ても応答がないので、少しフレーズや語彙を変化（モディファイ）させて反復を試みるが、やはり応答がない。そこで最終的に教師がモデル解答を与え反復させるか、または学力の高い生徒に応答させ、それを反復させるというパターンが高い頻度で観察された。また、生徒発話を誘発するために、応答部分の1部、あるいは、かなりの部分をプロップやキューとして提示し、学習者の応答を促すためのティーチャー・トークの方略を多用している結果が多く観察された。

タイの留学生のインタビューによると、タイの生徒は一般的に恥ずかしがり屋であり、授業中にあまり発言しようとしないため、教師はなんとか生徒に応答させようとして、様々な発話の方略を取るようである。自発的に発話を誘発させるためにキューやプロップを多用するとの回答があった。タイ留学生からのインタビュー内容と授業談話の分析結果が一致していることが明らかになった。タイの生徒が一般的にシャイであり、授業であまり発言しようとしないのは、タイの子どもの文化的な側面であると考えられる。

4.2.4 SETT処理の定性的談話分析

4.2.4.1 SETT処理の分析の実際（結果と考察）

次に、SETT処理の定性的分析結果をとりあげる。数名の代表的な特徴のあるモードを取り上げ定性的分析と考察を試みる。ここでは、管理モードを2例、題材モードを2例、そして、技能・規則モードを3例取り上げ

る。
　まず初めに、管理モードについて２例の観察・分析を試みる。管理モードの特徴は、大半が授業の開始時に起こる。教師は長く発話し、生徒が話す機会はほとんどない。授業で行う作業内容が中心となり、教師の一方的な発話のあとで学習者に発話の順番が移る。

抜粋 Mn-1　管理モード＜分析対象 A ＞
（VTR: Task 2 Job skills and Responsibilities）
T: Job skills and responsibility. ③
　　Before, before we learn job skills and responsibilities, do you know? ④
　　What is the meaning of responsibilities? ④
　　Responsibilities はどういう意味か知っていますか？④
　　OK. ①
　　I don't know, OK. ①
　　In Thai, 職業そして、職業の責任の意味です。③
　　OK. ①
　　Before, before we do task 2, I'd like you to do Task 1 first, Task 1 first. OK? ①
　　ワークシートを配布する.（タスク１）⑩
　　OK. Instruction. ①
　　Look at the pictures. ①
　　Write the name of a job under the picture. ③
　　And ask one occupation you know. ③
　　分かりましたか？④
　　Do you understand? ④
S: OK. ⑦（do the work）⑩

　抜粋 Mn-1は、授業の開始時ではないが、タスク２の活動に入る時の開始時の場面である。教師がタスクの活動のねらい、タスクの内容、そして

第5章　タイの英語授業の本格的観察（調査Ⅱ）

タスクのやりかたについて具体的に説明をしている。生徒がタスクにスムーズに取り組めるように、使用しているビデオ教材の設問の意味をタイ語で確認している。教師の長い説明の発話が終わると、生徒の活動を開始している。

　管理モードの指導目標の特徴として挙げられている情報の伝達や学習指導の導入、また相互作用の特徴として挙げられている教師による長い発話、学習者の発話の貢献の欠如が観察される。

|抜粋 Mn-2|　管理モード＜分析対象 H＞

T: *Now* I'd like everybody in your group to read poems. ①
　　Try to read poems by this all of them. ①
　　For five minutes, *OK*? ①
　　Three minutes, three minutes, only three minutes. ①
　　After that I will say in Thai words and you have to match. ③
　　Which one is Thai poem? ④
　　OK? ①
　　Write No.1, 2 on the paper. ①
　　Try No.1 No.2. ①
　　One, two, three, four, five, six, seven, eight, nine, nine XXX. ①
　　I'd like you to choose. ①
　　I will say in Thai words. ③
　　Tell me which one. ③
　　Do you understand? ①
　　I'd like to read poems like this. ③
　　OK? ①
　　Try to understand what does it mean. ③
　　Talk with your friend. ①
　　And then I will say in Thai. ③
　　For example, ①

This is from the BOOK 2. ③
Let's get tried. ①
For example, when I say? ③
〔教師がタイ語で読む〕②
１年間私を愛してくれてありがとうございます。②
母の日おめでとうございます。②
So which one matches this Thai poem? ④
So which is this one? ④
〔２度目をタイ語で読み始めると〕１年間私を愛してくれてありがとうございます。②
S：(教師がタイ語で読んだ文の英文に相当するものを選んで英語で読み始める)
Thank you for giving me so much love on this year. ⑦
I love you, mom. ⑦

　抜粋 Mn-2 は、抜粋 Mn-1 と同様に、管理モードの特徴がよく現れている。これから取り組む学習活動の仕方について、教師が一方的な長い説明をしている。その間、教師と生徒のインターラクションがなく、教師の長い説明が終わると生徒は学習活動を開始している。
　また、生徒が教師の説明を理解するのに助けとなる必要欠くべからざる談話標識 now, okay, and then, so, for example が用いられている。学習指導の導入、情報の伝達、指導や説明のための教師による長い発話、話題転換のための談話標識など、管理モードの特徴が観察される。
　次に、題材モードを２例挙げて観察・分析を行う。ひとつは、タイの有名な芸能人の写真で作成した架空の家系図を題材に使って、家族に関する語彙の指導を行っている。

|抜粋 Mt-1|　題材モード＜分析対象Ｂ＞
T：(show a family tree)

第 5 章　タイの英語授業の本格的観察（調査Ⅱ）

　　Movie star family. ③
　　Movie star family. ③
S : Movie star. ⑨
T : The first, the first. ①
　　(peel a cover paper) ⑩
　　What is his name? ④
　　What is his name? ④
　　Sorayuth. ③
　　He is married. ③
　　(peel the next paper) ⑩
　　She is married, too. ③
S : Chintarah. ⑨
T : これは Chintarah ⑤
　　Who is Chintarah? ④
S : Who is Chintarah? ⑨
T : Chintarah is Sorayuth's wife. ③　(S: Wife.) ⑨
　　Chintarah is Sorayuth's wife. ③
　　Who is Sorayuth? ④
　　Sorayuth is Chintarah's ...? ②
S : Wife. ⑧
T : Wife? ⑤
　　Husband, husband. ⑤
　　Chintarah is Sorayuth's wife. ③
　　Sorayuth is Chintarah's ...? ②
S : Husband. ⑨

　抜粋 Mt-1 では、生徒は家系図を見ながら家族関係に関する語彙の質問に応答している。教師は生徒の発表による授業貢献を支持している。授業のトークは、ほとんど完全に題材によって決定づけられている。授業の談

213

話の構造は古典的な IRF 構造が頻繁に起こっている。IRF 構造はインターラクションを引き起こすための発話のやりとりがうまくいく方法である。教師の発話の順番は、生徒の発話の貢献度の評価になり、次の発話のやりとりの開始となる。談話自体も題材から引き出され、発話交替や話題を決定づけている。

次の事例は、英語の歌の指導である。歌詞の所々の括弧内に２つの単語を記入し、二者択一のクイズから正しいものを聞き取って選ぶ学習活動である。

|抜粋 Mt-2|　題材モード＜分析対象Ｇ＞

T: Now, ahm. ①
　　What is ...? ④
　　What is the word that you choose? ④
　　I bless the ...? ④
S: Day. ⑦
T: Way or day? ④
S: Day. ⑦
T: Way or day? ④
S: Day. ⑦
T: Day. ⑤
　　I bless the day I found you. ⑤
　　The first one is the second one. ③
　　The second one ③ ２個目です。③
　　I want to stay ...②
S: Around. ⑧
T: Around. ⑤
　　Around. ⑤
　　...the second. ⑤
　　And no or so? ④

第5章　タイの英語授業の本格的観察（調査Ⅱ）

S : So. ⑦
T : So. ⑤
　　And so I beg you. ⑤
　　The second one is again. ③
　　Let it be me. ③
　　Don't make or take? ④
S : Take ⑦
　　What is **NEVER?** ④
　　Never. ④
　　So don't, don't ③
　　What is the meaning of second one? ④
　　Don't make or take? ④
S : Take. ⑦
T : Take. ⑤
　　Very good. ⑤
　　The second one again. ①
　　If you must cling to someone. ③
　　Now or how? ④
S : Now. ⑦
T : Now or how? ④
S : Now. ⑦
T : Now ⑤
　　And forever. ③
　　Let it be me. ③
　　Each time we ... ②
S : Meet. ⑦
T : Need or meet? ④
T : Pardon? ①
S : Meet. ⑦

215

T : Meet. ⑤
　　Each time we meet love. ③
　　The second one. ③
　　I try or find? ④
S : Find. ⑦
T : Find. ⑤
　　The second one again. ③
　　I find complete love. ③
　　欲しいですか？③
　　会いたいですか？③
　　complete love という事なんて④
S : ＿＿＿＿＿＿　⑩
T : Without you sweet love. ③
　　What would life or I ? ④
S : Life, life. ⑦
T : Life be. ⑤

　抜粋 Mt-2では、生徒は歌の歌詞に関する語彙について、二者択一のリスニング問題の答え合わせを行っている。教師は２つの単語の内どちらが正しいか生徒に質問しながら解答している。

　Mt-1同様に、題材モードの特徴である「題材に関して応答を引き出す、題材について生徒と話す、IRF 構造が支配的である」ことが現れている。

　次に、技能と規則モードについて述べる。このモードは、指導目標が言語の学習や言語技能に関連している。IRF 構造が頻繁に起こり、話題の提供や発話交替の使用は教師の役目である。教育目標は、流暢さよりも正確さに焦点が当てられている。教師の指導のねらいは、生徒に目標言語を運用できるようにすることである。

　次の抜粋 SS-1は、現在進行形の学習をしている。現在進行形の作り方については既に学習が終わり、次に現在進行形を使って英文を作る練習を

するところである。

|抜粋 SS-1|　技能と規則モード＜分析対象Ｃ＞

T: The boy is? ②

　　The boy is? ②

S: ＿＿＿＿＿＿ ⑩

T: The boy, the boys in the pool は何ですか？ ④ is swimming. ②

　　The boy is... ②

S: ////// ⑦

　　Eating. ⑦

T: Is ? ②

T: //////// boys? ②

　　A boy or the boys? ④

　　A boy or the boys? ④

　　A boy, は１人 ////////// ③

　　A boy? ②

　　/////Two boys は the boys? ②

　　Which one? ④

　　A boy or the boys? ④

　　どれ？④

　　上か下？④

S: Are swimming. ⑦

T: OK. ⑤

　　The boys are... ②

S: Swimming. ⑨

　技能と規則モードの特徴である足場掛け、教師の反復、提示質問の使用、言語形式面のフィードバックなどが用いられている。

　次の抜粋 SS-2 は、頻度を表す副詞の学習を行っている。英文を作るた

めの単語をランダムに与えて、それらの単語を正しい語順の英文に組み立てる学習活動である。

抜粋SS-2　技能と規則モード＜分析対象F＞

T: Drink. ②
　　No s, no s. ③
　　このグループ、drink は S をつけないといけないね。③
　　This (the) verb drink must have "S" ③
　　Drinks. ②
　　あ、全部だめだ。じゃ、①
S: XXX（10 secs）⑩
T: OK. ⑤
　　Next one. ①
　　Are you ready? ④
S: Yes. ⑦
T: Next one. ①
S: OK. ⑦
T: He never teaches English. ②
S: XXX ⑩
T: He never teachers English. ②
S: え、なんて？⑥
T: One. ①
　　He never teaches English. ②
　　（2 secs）⑩
　　Two. ①
　　（2 secs）⑩
　　Three. ①
　　（2 secs）⑩
　　Four. ①

第 5 章　タイの英語授業の本格的観察（調査Ⅱ）

　　　（2 secs）⑩
　　　Five. ①
　　　That's all. ①
S：（come to the front）⑩
T：OK. ①　このグループ正解。⑤
S：（give paper to the teacher）⑩
T：He never teaches. ③
　　　動詞の teach は "s" ではなく、"es" をつけないといけませんね。③
　　　He never… ③
　　　He never teaches English. ③
　　　OK? ①
S：（give paper to the teacher）⑩
T：He never　これは何と書いたかな？④
　　　He never teacher. ③
　　　No. ⑤
　　　Oh, no teacher ⑤
　　　He never teaches ⑤
　　　Teacher, no, no, no, no, no. ⑤
　　　He never teach. ⑤
　　　He never teaches. ⑤
　　　You have to plus "es" after teach. ⑤
S：（give paper to the teacher）⑩
T：OK, now, oh, oh, oh. ①
　　　Correct. ⑤
　　　正解。⑤　正解。⑤　どのグループだろう？① Correct. ⑤
S：（give paper）⑩
T：He never teacher. ⑤
　　　He never teacher, ⑤ no, no, out. ⑤
　　　どういう意味？④

219

抜粋SS-2では、英文をつくるとき、三人称単数のs, esがついていないので、直接、修正を加えている。また、教師の反復、言語形式のフィードバックなどを用いている。

　抜粋SS-3は、動詞の現在形から過去形を作り、ストーリーの内容に合うように英文を完成させる学習活動に取り組んでいる。

|抜粋SS-3|　技能と規則モード＜分析対象J＞

T：知っている単語を先に書いてね。①
　　Ah, so ah. ①
　　Can you help me change the word before listening to the tape? ①
　　Who, who, who will help me? ①
　　The first one, the first one. ①
　　The Titanic. ②
S：Was. ⑦
T：Pekin（生徒の名前），stand up. ①
S：The Titanic was the biggest ship in the world. ⑧
T：Very good. ⑤
　　Sit down. ① And... They... ah... ②
　　Uhm, Paarita（生徒の名前），stand up. ①
T：Construct...②
S：Constructed ⑧
T：They... ②
S：They construct (ed) Titanic. ⑧
T：constructED. ⑤
S：They constructed Taitanic. ⑧
T：IN Britain. ③
　　You know Britain? ④
S：_____ ⑩
T：Britain. ③

220

第 5 章　タイの英語授業の本格的観察（調査Ⅱ）

　　　Where, where? ④
S：England. ⑦
T：What is the capital city? ④
S：London. ⑦
T：London? ⑤
　　　OK. ⑤
　　　Um... the third one, ①
　　　She... she... she she. ②
　　　Anaporn.（生徒の名前）She. ②
S：She sailed ...out of... ⑧
T：She sailed...out of... ⑤
S：Southampton... ⑦
T：**SOUTHAMPTON** ⑤
S：Southampton on her first trip to New York in ////// ⑧
T：IN 1912.
　　　（5 secs）⑩
　　　And NO4, um, Nucchanart（生徒の名前）①
S：Many people did not believe it was possible to sink her. ⑧
T：Many people did not. ②
　　　Do you know negative form of "not"? //////// ④
　　　Many people did not believe it was possible to sink her. OK? ②
　　　You know "her"? ④
　　　Who is "her"? ④
S：＿＿＿＿＿＿＿ ⑩
T：Her, who is her? ④
S：//////// ⑩
T：No! ⑤
　　　Ah, It is Titanic. ⑤
S：＿＿＿＿＿＿＿ ⑩

221

T: Ah ①
　この場合、ローズの事ではなく沈んだ船の事について言っています。③

　抜粋 SS-3 では、教師の指導目標は生徒に動詞の過去形を使わせることである。技能と規則モードにおける焦点は言語規則と言語技能を教えることである。学習活動は一般的に教師によって意思決定される話題の選択や制御された発話交替をとおして達成される。生徒は正確な発話を作り出すための活動の中で、教師の助言に応答しようとする。

4.2.4.2　SETT 処理の考察のまとめ

　前述の SETT 処理を用いた教室談話の分析から言えることは、授業で談話を構築していく過程で、教師は談話を指導し生徒は談話を学習している。SETT 処理は、4つの談話モードに分類し、それらの談話モードを話し方の局面の違いと捉え、指導目標によってどの談話モードに構築していくか、他の談話モードと区別するためにその談話の特徴をいかに明らかにしていくかが授業の内省となり、教師のティーチャー・トークの自己評価となる。

5　英語授業でのタイ語（母語）使用

5.1　タイ語使用分析のための観点づくり

　タイ語使用についての分析方法として、まず被験者である10人の中から分析対象Fの教師を1人抽出し、彼の授業においてタイ語の使用部分を抽出してその発話の機能を分析してみると、次の3種類のカテゴリーに分類することができた。

カテゴリー〔A〕
　　言語指導内容（言語そのものの指導に関する説明のために使用された母語発話）

NLTL: Native Language for Teaching Language

カテゴリー〔B〕
学習活動方法（学習活動・言語活動などの活動方法の説明をするための母語発話）

NLEW: Native Language for Explanation of Ways

カテゴリー〔C〕
教室管理・運営（学習内容に無関連の発話であり、主として授業を管理・運営するための母語発話）

NLCM: Native Language for Classroom Management

　次の項で、カテゴリー〔A〕、〔B〕、〔C〕の授業での特徴的なタイ語発話の抜粋を列挙する。日本語で示している発話は、タイ語発話を日本語訳したものである。

5.1.1 〔A〕言語指導に用いたタイ語の抜粋

抜粋A

T : "drink".
　No "s", no "s". このグループは、drink には "S" をつけないといけないね。
　This, the verb "drink" must have "S", "drinkS"
　あ、全部だめだ。じゃ、
S : XXX（10 secs）
T : OK.
　Next one.
　Are you ready?
S : Yes.
T : Next one.
S : OK.
T : He never teaches English.
S: XXX ⑩

T : He never teachers English.
S : え、なんて？
T : One
　He never teaches English.
　（2 secs）
　Two.
　（2 secs）
　Three.
　（2 secs）
　Four.
　（2 secs）
　Five.
　That's all.
S :（come to the front）
T : OK.　このグループ、正解！
S :（give paper to the teacher）
T : He never teaches.
　動詞の teach は "s" ではなく、"es" をつけないといけませんね。
　He never...
　He never teaches English.
　OK?

　抜粋Aでは、単語を与えて英文を完成するという学習活動に、班対抗で競い合うという形態で取り組んでいる。授業はとても活気にあふれていて楽しい雰囲気の中で授業が進行している。タイ語使用場面は、主語が3人称単数のときに、動詞の語尾にsをつけなければならないことを指摘している。動詞の drink には s を、動詞の teach には es をつけるなどの文法的なことを指導している事例である。

5.1.2 〔B〕学習活動や言語活動の説明に用いたタイ語の抜粋
抜粋B

T: I will read out.
　I will read out.
　I will read three times.
　準備できた？
　Are you ready?
　Do you understand?
　OK?
　私が今から adverb of frequency が入っている文章を読み上げます。
　みんな速く書いて、私のところまで持って来てください。
　答えが合っている人は点数が入ります。
　このように書いてね。
　書き終わったら、このように半分折りにしてたたみます。
　私に、先に見せてね。答えが正しければ、点数をあげます。
　Write your group (number) on the top of the page.
S: _____

　抜粋Bでは、教師が頻度を表す副詞の入った英文を読み上げ、生徒はその英文を書き取る活動である。この活動も班対抗で競い合うので、とても活気のある活動である。タイ語使用場面は、これから行う学習活動の説明をしているところである。英文を書き取って早く正しく書いている班には点数が与えられることを説明している。配布用紙への書き方や提出の仕方も説明している。

5.1.3 〔C〕教室管理・運営に用いたタイ語の抜粋
抜粋C

T: OK.

Understand ボー？（ボーはタイ語の疑問詞。意味は"＊＊ですか？"）
S：Yes.（move and make groups: noisy）
S：（生徒は移動してグループを作る，約1分かかる）
T：（1〜9までグループ番号を黒板に書く）
　　OK, now.
　　Each group.
　　Each group.
　　I have a piece of plain paper.
　　Plain paper. OK?
　　One group, one piece, one, one.
　　One group, one piece, OK?
　　テーブルは使わなくてよいから、椅子をもっと近くにくっつけて。
　　OK.
　　One group, one piece.
　　Come on.
　　Come on.
　　One group, one piece.
　　OK?
S：(come to the front to get paper)
T：One.
　　OK?
　　Two.
　　Two.
　　Three.
　　One group, one piece of paper.
　　One group, one piece.
　　(5 secs)
　　Have you got?
　　Have you got a piece of paper?

第5章　タイの英語授業の本格的観察（調査Ⅱ）

Yes.
OK.
Have you got one?
One?
Paper?
Paper?
Paper?
Paper?
OK?
That's OK.
That's OK.
OK.
Now, now.
OK. You are in group two.
彼も一緒に参加させてあげて。
One.
Two.
Now, competition.

　抜粋Cでは、教師が班の作り方を説明したのち、生徒は班を作るために移動する。班に用紙を1枚配布する指示があり、この段階まですべて英語で説明しているが、突然、タイ語での説明に切り替わる。通常の授業で教室管理・運営に使用している決まり文句の英語が続いている中で、決まり文句ではないと見なされる表現、「テーブルは使わなくていいから、椅子をもっとくっつけて」「彼も一緒に参加させてあげて」などが出てくると、タイ語に切り替わっていることが観察された。

5.2 定量的タイ語使用分析の実際と結果

この項では、授業の指導過程において、教師が母語であるタイ語をどのように使用しているにかを観察し、上記で述べたタイ語使用分析観点を用いて、定量的分析と定性的分析の両面から分析を試みる。

5.2.1 定量的タイ語使用分析結果

ここでは、5.1のタイの英語授業の分析から、事前に次の3つの分析観点を作成した。

〔A〕言語指導内容（言語そのものの指導に関する説明のために使用された母語発話）

〔B〕学習活動方法（学習活動・言語活動などの活動方法の説明をするための母語発話）

〔C〕教室管理・運営（学習内容に無関連の発話であり、主として授業を管理・運営するための母語発話）

これらをもとに分析をすると、次の表5-9のような結果が出た。

表5-9：教師の母語タイ語使用分析結果

	〔A〕NLTL	〔B〕NLEW	〔C〕NLCM	Tea-NL-tal (%)	Tea-Tal-Utter
教師A	54	7	7	68（19%）	364
教師B	32	14	17	63（14%）	443
教師C	45	27	21	93（36%）	256
教師D	39	2	28	69（46%）	150
教師E	86	30	34	150（40%）	373
教師F	49	19	16	84（12%）	698
教師G	55	11	18	84（26%）	325
教師H	16	6	6	28（08%）	369
教師I	2	8	6	16（08%）	198
教師J	47	12	50	109（30%）	364
平均値	42.5	13.6	20.3	76.4（23.9%）	
タイ語内比率	56%	18%	26%	100%	

第5章　タイの英語授業の本格的観察（調査Ⅱ）

　この表5-9は、教師のタイ語使用分析の結果である。本章（5.1）で述べた3つのカテゴリーで分析した。グラフ5-5は、表5-9の数値を棒グラフに示したものである。
　観点はそれぞれ①言語指導の際の母語使用、②言語活動やタスクを行う方法を説明する際の母語使用、③教室管理・運営での母語使用を示している。

グラフ5-5　タイ語使用分析結果グラフ
教師のタイ語使用分析結果（1）　　　**教師のタイ語使用分析結果（2）**
英語授業での母語（タイ語）使用（数値は％）　英語授業での母語（タイ語）使用（数値は％）

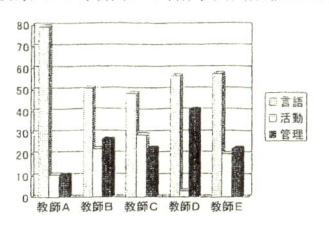

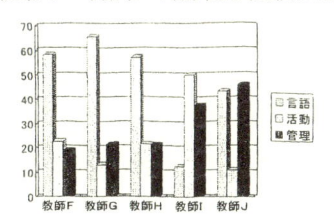

5.2.2　定量的タイ語使用分析結果の考察

　教師のタイ語（母語）使用の定量的分析結果からわかることとして、前述の3つのカテゴリー〔A〕〔B〕〔C〕のうち、文法や文型などの言語そのものの指導〔A〕のとき、タイ語を使用する回数が1番多く、比率は56％を示している。日本の英語教室でも、文型・文法の指導では母語を使う場合が多い。たとえ英語で文型・文法を導入したとしても、最終的に理解の確認のために日本語（母語）で説明をすることが一般的である。筆者が日本人英語教師に実施したアンケート調査（第6章を参照）からも、多くの教師が文型・文法事項の説明に母語〔日本語〕を用いていることがうかがえる。
　タイの英語授業では、タイ語（母語）発話のうち、学習活動の説明〔B〕に用いているのが18％を示し、教室管理・運営〔C〕に用いているのが26％を示している。〔B〕や〔C〕の発話タイプに使っている回数は〔A〕タイプと比べると使用比率は低い結果が表れている。学習活動の説明〔B〕

に使用した発話は18％を示し、日本の英語教室で大半を英語で授業する場合でも、学習活動などの説明には日本語（母語）を使う場合が多く観察される。授業研究会などで公開される英語授業は今日大半が英語で行われているが、そのような場合においても学習活動・言語活動、あるいはタスク活動の方法の説明には日本語（母語）が用いられているのが観察される。

　タイの英語授業における〔B〕タイプの発話例として、次のような例が挙げられる。「私が今から頻度の副詞が入った英文を読み上げますので、みんな早く書いて、私のところまでもってきてください。」「書き終わったら、このように用紙をたたみます。」などである。

　教室管理・運営に関する発話〔C〕に用いられているタイ語発話は26％を示し、比率では全体の約4分の1程度であるが、教室の管理・運営で用いる発話の大半を英語（クラスルーム・イングリッシュ）で行っている。例えば、被験者（教師A）の場合は教室の管理・運営で用いる発話の88％が英語で、12％がタイ語である。通常、使っている決まり文句は英語で話されており、教室管理・運営に普段あまり使用されないような単語や表現がでてきたときには、タイ語（教師Aの場合は12％）に切り替わっている。

　この点に関しても、日本の英語教室の談話にきわめて近い状況である。例えば、次のような発話例が挙げられる。「皆さんは1個目の課題をまだやらなくてよいです。」「皆さんはもう1つ質問を書かなければなりません。」「テーブルは使わなくていいから、椅子をもっと近くにくっつけて。」などが挙げられる。

　ここでは、被験者の英語授業の観察からカテゴリーを抽出し、抽出したカテゴリーによって、分析を行った。タイ語（母語）のカテゴリー別の使用比率は判明したが、なぜ、どのように母語使用をしているのか、質的に分析する必要がある。次の項でタイ語使用の定性的分析を試みる。

5.2.3　定性的タイ語使用分析

5.2.3.1　定性的タイ語使用分析の実際（結果と考察）

第5章　タイの英語授業の本格的観察（調査Ⅱ）

　ここでは、母語であるタイ語を教師がどのように英語授業で使っているかを、談話分析から探ってみる。つまり、英語授業における母語使用の役割とその有効性について分析する。また、ティーチャー・トークとしての母語使用の在り方も探ってみる。具体的には、
　① 母語をなぜ使用したのか、
　② 母語をいつどんなときに使用しているのか、
　③ 母語を使用することによって、学習者の理解の深まりがあったのか、
　④ また、学習者の発話を誘発しているのか。
　以上の観点からタイ語（母語）使用分析を試みることにする。

＜分析対象Ａ＞　職業に関す語彙の学習（M1の場合）
|抜粋1|　**語彙の意味を確認する時に母語を使用する事例**
　この授業は、教師ＡがDVD教材を用いて、絵を投影しながら、種々の職業に関する語彙の学習を行っている。抜粋1は、「建設工事人」の語彙を生徒から引き出す場面である。

1　T:（Audio-picture, 3枚の絵が映し出されている。いずれも工事現場である）
　　　⑩
2　T: What do they do? ④
3　　 Do you know? ④
4　　 What do they do? ④
5　S:＿＿＿＿＿＿＿＿＿　⑩
6　T: Are they teachers? ④
7　　 Are they teachers? ④
8　S: No. ⑦
9　T: What do they do? ④
10　　 What do they do? ④
11　S:＿＿＿＿＿＿＿＿＿　⑩
12　T: What do they do? ④
13　　 Can you guess? ①

231

14   Can you guess? ①
15   Can you guess? ①
16   推測できますか？① 〔C〕
17   What do they do? ④
18   What's, What's, What's their occupation? ④
19 S : _____ ⑩
20 T : 何の仕事ですか？④ 〔A〕
21   彼の職業は何ですか？④ 〔A〕
22   Can you guess? ①
23 S : *建築する。* ⑦
24 T : 建築する，in English. ④   〔A〕
25   Don't speak Thai, in English.
26   分かりましたか？① in English. 〔C〕
27 *S : Construction worker.* ⑦
28 T : Construction worker. ⑤
29   OK, OK. ⑤
30 T : Ah, OK, repeat, listen, repeat. ①
31 V : Construction workers. ②
32 T : Repeat. ①
33 S : Construction workers. ⑨
34 V : Construction workers. ②
35 S : Construction workers. ⑨
36 T : Again. ①
37 V : Construction workers. ②
38 S : Construction workers. ⑨
39 T : Good. ⑤

　抜粋1では、最初の質問 What do they do? を6回繰り返しても応答がない。6回繰り返す間に同じ意味で修正を加えた文を用いて質問したり、

第5章　タイの英語授業の本格的観察（調査Ⅱ）

Can you guess? を3回繰り返し、4回目には同じ意味の発話をタイ語で「推測できますか」と言っているが応答がない。さらに発話を修正してWhat's their occupation?「彼等の職業は何ですか」と直接的な質問をしているが、やはり応答がないので、ついに20、21で What's their occupation? に相当する意味のタイ語訳を使って「何の仕事ですか」「彼等の職業は何ですか」と質問すると、ようやくタイ語での応答が出てきた。そこで25、26で教師はタイ語を使わないように注意を促し、24、25で、英語で言うとどうなのかをたずねると、27で生徒からようやく英語での正しい応答が出てきた。

　この言語使用の方略は、教師が英語で数回の談話修正をしても生徒の応答がないとき、英語をタイ語（母語）に替える談話修正を行って、生徒にタイ語で応答させておき、次に英語にさせるという談話（指導の際の授業言語の使い方）の流れである。

T：英語→S：タイ語→T：タイ語（英語で言うように指示）→S：英語

抜粋2　英語の語彙を引き出すときに母語を使用する事例

1　T: What does she do? ④
2　S:＿＿＿＿＿＿＿＿ ⑩
3　T: What does she do? ④
4　　　What does she do? ④
5　　　Do you know? ④
6　S: /// 電気技師 /// ⑩
7　T: Can you guess? ①
8　　　電気技師、are you sure? ③　〔A〕
9　　　電気技師 in English? ④　　　〔A〕
10　　In English? ④
11　S:＿＿＿＿＿＿＿＿ ⑩
12　T: Do you know? ④
13　S:＿＿＿＿＿＿＿＿ ⑩

233

14　T: なんとか cian じゃない？ ②〔A〕
15　　A _____ ②
16　S : *A technician*. ⑧
17　V: (picture) A technician.
18　T: OK, very good. ⑤

　抜粋2では、1、3、4、5、と同じ質問を反復すると、6でようやく不明瞭な応答が出てくる。しかも母語のタイ語で出てくる。教師がそのタイ語の応答を捉えて、7，8で英語で何というのかをたずねても応答はない。そこで、14（なんとか cian じゃない？）、15（A＿＿）と応答発話の一部を英語で与えることによって、16で、ようやく生徒の正しい応答が出てきた。この場合も、結局、母語が理解促進と発話応答の助けになっている。

　　T：英語→S：タイ語→T：英語（ヒントとして英語の一部を提示）→S：英語

＜分析対象B＞　家族に関す語彙の学習（M1の場合）
抜粋1　語彙の意味確認とその語彙の使い方を説明するために母語を使用している事例
　この授業は、タイの有名な芸能人の写真を使って、架空の家系図を作成したものを提示しながら進めている。親子兄弟、親族の関係を英語で学ぶ授業である。抜粋1は、wife という単語の意味と間柄を確認している。
1　T: (peel the paper over the picture) ⑩
2　　And the last one. ②
3　S : Nun. ⑧
4　T: Why do you know? ④ (laughing)
5　　S : ///////// ⑩
6　T: Who is... ④　Nun is Khet's... ②
7　S : Wife. ⑧
8　T: Wife. ⑤
9　　Wife とはどういう意味でしょうか？ ④〔A〕

234

10　　Nun is Khet's wife. ③
11　　どのような関係ですか？④〔A〕
12　　**Khet** とはどういう関係ですか？④〔A〕
13　T+S：奥さん③+⑦
14　T: OK. ①

　抜粋1では、家系図から家族や親族の関係が判断できるようにしている。この場面では、6の英語の質問に対して、7で英語の応答がなされているにも関わらず、その後にあえて9でもう一度タイ語で意味を確認している。
　9で、wife の意味をタイ語でたずね、10で wife を使った英文を示し、さらに英文の中の2人の関係をタイ語でたずねると、13で、タイ語による応答が誘発されている。
　この場合は、wife の単語の意味を確認するためや、その単語が用いられている英文の中でその語彙の意味を確認するために母語のタイ語を利用している。

T：英語→T：タイ語→S：タイ語（語彙の意味確認のための母語使用）

抜粋2　生徒からの応答を引き出すために母語を使用している事例

　この抜粋では、ほとんど英語で授業のやりとりをしていたにもかかわらず、急に、タイ語に置き替わり、タイ語のみが連続で使われ始める場面である。

1　T: Who is Kket? ④（黒板）
2　　He is Nun's husband. ②（黒板）
3　S: Husband. ⑨
4　T: もう一つあります。①〔B〕
5　　He is Bua's father. ②（黒板）
6　S: Father. ⑨
7　T: He is Pepper's... ②（黒板）
8　S: Brother. ⑧

235

9　T: もしも先生は Sorayuth ということばが使いたかったら（どのように言いますか）③〔B〕

(use the same pattern with the sentence given before, but just changing the subject)

10　　He is Sorayuth's son. ③
11　S: Son. ⑨
12　T: He is Chintarah's son. ⑤　（黒板）
13　S: XXX ⑩
14　　Chintarah XXX ⑦
15　T: Chintarah は他にどんな立場を持っていますか？④〔A〕
16　　このように、1人の人間は父、兄、弟などの様々な立場を持っていますね。③〔A〕
17　　それは皆さんの答え次第です。③〔C〕
18　　それでは、次に同じ質問をしますが、同じ答えはだめです。①〔B〕
19　　答えられる人は早く答えましょう。①〔C〕

　抜粋2で使用しているタイ語は、4や9のように、生徒から新たな応答を引き出すために発した質問発話である。また15から19も同様に、生徒からある応答を引き出すための質問発話であるが、表現がかなり込み入っていて、M1レベルの生徒にとって英語で言うとかなり難しい発話になると考えられるので、母語のタイ語で説明している。既習の語彙がまだ少ない段階では、英語で言っても理解できなことが多くあるので、母語を使って理解を促進したり、授業内容を深めようとしている。

＜分析対象C＞　現在進行形の指導（M2の場合）
抜粋1　生徒の発話誘発のために、必要に応じて母語を使用している事例
　この抜粋は、現在進行形の文型練習を一通り終えたのちに、教室内において実際に進行している動作を英語で発表させようとしている場面である。
1　T: 今、私たちが何をしているでしょうか？④〔A〕

第5章 タイの英語授業の本格的観察（調査Ⅱ）

2　S：XXX ⑩
3　T：We are... sitting. ⑤
4　　　Or? ②
5　　　We are ...? ②
6　　　ほら、何をしていますか？④〔A〕
7　　　We are...? ②
8　　　何を勉強していますか？④〔A〕
9　　　We are... ②
10　　We are... ②
11　　We are (　　) English. ②
12　S：_____ ⑩
13　T：Studying, studying. ⑤
14　　English の前に何の ing? ④〔A〕
15　　何の ing? ④〔A〕
16　　We are... ②
17　　We are... ②
18　S：Going. ⑧
19　T：Oh, no. ⑤
20　S：___ ⑩
21　T：Ah? ②
22　　Learning, or studying. ②
23　　Learning or studying. ②

　抜粋1は、現在進行形の指導の第5時間目である。このクラスはM2-5であるので、学力的にはあまり高くはない。授業者へのインタビューの中で、次のような発言があった。「何回も同じ指導を繰り返しているのだが、いっこうに定着しない。どうしたらいいのかわからない。」と苦情や悩みを述べていた。
　このようなレベルの学級で、教師が授業のすべてを目標言語の英語で行

237

うと、生徒は授業内容をほとんど理解できないことが予測できる。授業トランスクリプトを見てもその予測が明らかである。つまり、1で、いきなりタイ語で質問するが、不明瞭な応答であった。3、4、5とプロップやキューを英語で言っても反応がないので、6でタイ語を使っている。そして、また英語で話すが、反応がないので再びタイ語を用いて理解させ、その直後にまた英語を2回反復している。

T：タイ語→英語→タイ語→英語→タイ語→英語→英語

抜粋2 学習活動の説明をするときに母語で行っている事例
1　T: 文章を書きます。①〔B〕
2　　あとで、みんなに写真を見せますね。①〔B〕
　　（ワークシートを配布）⑩
3　　次に、何をしましょうか？④〔C〕
4　　**Point the picture.** 絵に色を塗りましょう。①〔B〕
5　　はい、そしたら、①〔C〕Look at the picture. ①
6　　**絵を見てください。**①〔B〕
　　（動作の絵の入ったプリントを配布する）
7　　プリントをまだもらっていない人？④〔C〕
8　　今から、writing つまり、書く練習です。①〔B〕
　　（足りない生徒に配布する）
9　　まだもらっていない人？①〔C〕
10　　この絵はどうですか？④〔B〕
11　　この絵はあまりはっきりしていませんね。③〔B〕
12　　Please paint at the picture after this class. ①
13　　授業後、色を塗ってくださいね。①〔B〕

　抜粋2もM2-5であり、学力はあまり高くない学級である。進行形の口頭練習が一通り終わったのちに、プリントによる学習を行うため、その学習活動の仕方についてタイ語で説明をしている。この程度の内容であれ

第5章　タイの英語授業の本格的観察（調査Ⅱ）

ば、英語で説明をしても理解できそうではあるが、観察する限りにおいて、この程度の英語でも理解できないことが明らかである。

プリント学習の様子を観察してみると、現在進行形の文を作るとき、be動詞が抜け落ちたり、ing形の付け方に誤りが多く見受けられた。

つまり、英語では理解できないレベルの学級に対しては、特に学習活動の説明に母語のタイ語を使って理解させている。

T：タイ語→T：タイ語→T：タイ語→T：タイ語→T：タイ語→

抜粋3　英語を母語に置き換え、再び英語で言って理解を促進しようとする事例

1　T: How many people are there? ④
2　　 How many people are there? ④
3　　 How many people are there? ④
4　　 何人いるか数えてみて。④
5　　 How many people are there ? ④
6　S: XXX ⑩
7　T: XXX six. ⑤
8　S: Fourteen. ⑥
9　　 Fourteen. ⑥
10　T: ＿＿＿＿＿＿ ⑩
11　S: Fourteen. ⑥
12　T: Ah. ①
13　S: Fourteen? ⑥
14　　 (3 secs) ⑩
15　T: 17. ⑤
16　　 Seventeen.
17　　 How many people are there in the picture? ④
18　　 There are seventeen. ③

239

この抜粋では、1、2、3で How many people are there? と連続で同じ質問を3回しても応答が出てこないので、4では「何人いるか数えてみて」とタイ語で言っている。そして、再び5では英語で How many people are there? で言い替えている。6で、不明瞭ではあるがなにか応答しようとしている。

　また、8、9、11では数は間違っているが、Fourteen. と応答しているので、質問の意味は理解していることになる。応答はしても内容的に誤りがあるため、教師は15で、"17人"とタイ語で、続いて16で、Seventeen. と英語で正しい応答を提示している。そして、最後にもう1度確認のため17、18で、モデルとなる質問文と応答文を提示している。

T：英語→タイ語→英語

・・・・・・・・・・・・・・・・・・・・・・・・・・・・・・・

1　T: Where are they? ④
2　　Where are they? ④
3　　Where are they? ④
4　　皆さん、彼らがどこにいると思いますか？④
5　S: XXX?
6　T: Where are they? ④
7　S: ＿＿＿＿＿＿＿＿ ⑩
8　T: They are in the XX ②　何？④
9　　（5secs）⑩
10　　In the park ③
11　　最初、17人いますね。③
12　　Where are they? ④
13　　彼らはどこにいると思いますか？④
14　S: XXX ⑩
15　T: 何をしに来るだろうね。④
16　　Where are they? ④

第5章　タイの英語授業の本格的観察（調査Ⅱ）

17　They are ...②
18　どこに？④　はい、だれでも結構ですので、答えは？④
19　In the ②
20　全然聞こえないよ。①
21　In the ②
22　君、あっていますので、大きい声で答えて。①
23　In the park ②
24　公園にいる。③
25　In the... ②
26　S: *Park.* ⑨

　この抜粋では、1、2、3と Where are they? と連続で3回質問しても応答がないので、4で「皆さん、彼らがどこにいると思いますか？」とタイ語に置き換えてたずねている。すると、5で応答が出始めているが不明瞭である。6で再度、英語に置き換えてたずねているが、応答がない。16で Where are they? と質問を提示し、17で They are ...と応答を導き出す発話をしている。生徒は、応答は知っているが、恥ずかしいのか、あるいは自信がないのか、小声でしか応答が聞こえてこない。22で「君、当たっているので、大きい声で答えてください。」と激励のことばを与えるが応答しないので、23は英語で、24はタイ語でモデル解答を与えている。そして、25で In the ...と誘導し、26で Park と正しく正確な応答が出てきた。

　　　　　英語→タイ語→英語

・・・・・・・・・・・・・・・・・・・・・・・・・・・・・・・

1　T: はい、一緒に見ましょう。①
2　　What do you think they are eating? ④
3　　Eating? ②
4　　What do you think they are eating? ④
5　S: (5 secs) ⑩

241

6　T: 何を食べていますか？④
7　　*Eating.* ②
8　S:＿＿ ⑩
9　T: What do you think they are eating? ④
10　S: *XXX* ⑩
11　T: 大きい声で出して。①
12　S: *Eating.* ⑨
13　T: They are eating grapes. ⑤
14　　Grapes. ②（黒板に綴りを書きながら）
15　　ぶどう。③
16　　はい、Point the picture where are the grapes? ④
17　　Grapes. ②
18　S: XXX ⑩

　この抜粋では、2、4で What do you think they are eating? と質問を2度繰り返しても5で応答がない。6で「何を食べていますか？」とタイ語で言い換えると、7で "Eating" と言って正しい応答がでてこない。9でもう1度英語で質問すると、10で不明瞭な応答が出てきた。そこで、教師は11「大きい声を出して」とタイ語で激励のことばをかける。12でやはり eating しか出てこないので、13でとうとう They are eating grapes. とモデル応答を与えて14、15で念押しのため Grapes.「ぶどう。」と英語とタイ語の両方を提示して定着を図っている。

英語→タイ語→英語

　いずれの抜粋も質問を2回から3回英語で発話した後で、いったんタイ語に言い換えているが、再び英語に置き換えている。このように、英語による発話の間に一度タイ語発話を介在させて、意味の理解確認をしている。タイ語によって意味は確認されたが、生徒の応答は出てこないので、発話誘発のために発話誘導や正答を母語や英語で与えるような別の手法を用いている。

第5章　タイの英語授業の本格的観察（調査Ⅱ）

＜分析対象D＞頻度の副詞と語順（M3の場合）
抜粋1　ジョークやちょっとした雑談に母語を用いた事例
1　T: The day before yesterday. ②
2　　　はい、こっちに書きに来て。①
3　S:（yesterday）⑨
4　T: Thirtieth. ②　30
5　S:（th）⑨
6　T: Yes, OK. ⑤　30th July
7　T: 家に帰って、竹の子を食べてね。①
8　S: どうして？⑥
9　T: たくさん食べたら、体が大きくなるって。⑤
10　S: 先生は食べるの？⑥
11　T: ///// 牛乳を飲んだら、体も木ほど大きくなるよ。⑤
12　S: *XXX XXXX* ⑩
13　T:（write 'tomorrow'）⑩
14　　　What is the day tomorrow? ④.
15　S: Tuesday, Tuesday. ⑦
16　T:（call the name of a student）じゃ、クラスの一番美人。①

　　Tomorrow Tuesday, 2(nd) August 2005　（板書）
　　（Second の nd が抜けていたので、教師や生徒が指摘する。）
17　S:（nd, nd）⑥
18　S: Second. ⑥
19　T: Second 何と読みますか？④
20　S:（nd）⑦

　抜粋1では、授業中のちょっとした雑談やジョークに母語のタイ語を用いている（7、9、11、16）。直接授業に関係のない母語による会話なので生徒もごく自然な応答をしている（8、10）。雑談やジョークに英語を用

243

いて会話ができればコミュニカティブになるのだが、観察する限りにおいて、教室はそのような環境から程遠い状況である。

|抜粋2| 頻度の副詞に対して、文法的な説明を行うために母語を使用する事例

1　T:（point the sentence）⑩
2　S: Supapong…always…read（T: read）⑤…books.⑨
3　T: OK.⑤
4　T:（point the next sentence）⑩
5　S: Nattapong…always…watch…TV.⑨
6　T: Watch TV.⑤
7　T: はい、次は？ adverb of frequency.③（黒板で1番のところを指差す）
8　S: ＿＿＿＿＿ ⑩
9　T: Frequency.③
10　T: まず、①
　　（I always go to school. の説明）
11　　頻度の副詞は、一般動詞の前に置きます。③
12　　英語は一般動詞と助動詞があります。③
13　　助動詞がない文は助動詞を入れる必要があります。③
14　　例えば、I always go to school. は、私はいつも学校に行きます。③
　　（I am always late の説明）
15　　じゃぁ、次の2番のところ、I am always late. 私はいつも遅刻しています。③
16　　Be 動詞の後ろは late という単語があります。③
17　　late とは遅刻の意味です。③
18　　だから、いつも遅い、あるいはいつも遅刻しているという意味になっています。③
19　　「今日、君はレート（late）だね」だったら、「今日、君は遅いね」

第5章　タイの英語授業の本格的観察（調査Ⅱ）

　　　　という意味です。③
20　　　じゃあ、今から練習問題をしましょう。①

　抜粋2では、頻度を表す副詞の文中での位置を説明するのと頻度の副詞の入った英文の意味を説明するのに母語のタイ語を用いて行っている（11、12、13、14、15、16、17、18、19）。少々込み入った文法の説明に対しては、母語で説明する方が理解が短時間で容易にできる利点がある。

＜分析対象E＞家族に関する語彙（M1の場合）
|抜粋1|　単語の意味確認と使い方に母語を使用している事例
1　　T：Uncle. ②
2　　S：Uncle. ⑨
3　　T：Uncle ってどういう意味ですか？④
4　　　　分かりますか？④
5　　　　Uncle とはおじさんの意味です。③
6　　　　例えば、おじさんの名前は何にしましょうか。②
7　　　　じゃあ、プッドさんだったら、Uncle Phud, Uncle John とか。③
8　　　　君のおじさんの名前は何ですか？④
9　　　　オーさん？④
10　　　だったら、Uncle O. ③
11　　　OK. ①

　抜粋1では、uncle の単語の意味を確認する際に母語のタイ語で説明している。また、「プッドおじさん」を英語で表現するとき、Uncle Phud となることをを母語を使って説明している（3、4、5、6、7、8、9、10）。
　単語の意味確認をするには、母語で行うのが一般的であり、一番早く端的に行うことができると考えられる。

245

|抜粋2| 英語の質問に対して応答がないので、結局、母語で言い換えている事例

1　T: Ron はどこにいますか？④
2　　　Ron has three children. ⑤
3　　　True or False? ④
4　S: _____ ⑩
5　T: Three children? ②
6　　　Ah, Ron はどこにいますか？④
7　　　**Ron, Ron のところ見てみて。**①
8　S: _____ ⑩
9　T: Ron has only...three children. ⑤
10　　　子供は3人いるって正しいでしょうか？④
11　S: *true*
12　　　Wow. Oh!! OK. ①
13　　　No2. Steve doesn't have any brothers. ③
14　　　Steve doesn't have any brothers. ③
15　　　Doesn't have any brothers. ③
16　S: _____ ⑩
17　T: **Steve** は「兄も弟もいません」ってあっていますか？④
18　　　True or false? ④
19　S: *True*. ⑦
20　T: Oh!! ⑤

　抜粋2では、2の英語によるT/Fテストに対して、4で応答がないので、母語のタイ語（6、7）でヒントを与えているが、それでも応答がない（8）。9でもう1度T/Fの英文を言ったあとで、10でT/Fの質問自体を母語のタイ語で言うと、ようやく11で正しい応答を導いている。
　英語のみの発話では応答がないところをみると、T/Fの英文はまったく理解されていないと見受けられる。そのような場合、理解させる手段と

246

第5章　タイの英語授業の本格的観察（調査Ⅱ）

しては母語による発話しかないことになる（ティーチャー・トークとしての母語の使用）。

＜分析対象Ｆ＞頻度の副詞と語順（Ｍ３の場合）
|抜粋1|　学習活動の方法を説明するために母語を使用している事例
1　　I will read out. ③
2　　I will read out. ③
3　　I will read three times. ③
4　　準備できた？①
5　　Are you ready? ④
6　　Do you understand? ④
7　　OK. ①
8　　僕は今から adverb of frequency が入っている文章を読み上げます。③
9　　みんな早く書いて、僕のところまで来てください。①
10　　答えがあっている人は点数が入ります。①
11　　このように書いてね。①
12　　書いて終わったら、このようにたたみます。①
13　　僕に先に見せてね。①
14　　答えが正しければ、点数をあげます。①
15　　Write your group number on the top of the page. ①

　抜粋1は、頻度を表す副詞を学習している場面である。頻度を表す副詞の文法的説明を聞いた後、副詞を含む英文を教師が読み上げると、生徒はグループで協力して書き取り、できあがったら教師のところに提出して点検を受ける。正解であれば点数が入るというグループ対抗の学習活動に取り組む。その学習活動の仕方について詳細に説明する際に、母語のタイ語を用いている（8、9、10、11、12、13、14）。

247

＜分析対象Ｇ＞英語の歌を題材とした語彙の学習（Ｍ３の場合）

|抜粋１| 英語で言ったことをすぐに母語に置き換える事例

1　T: First, you must guess to choose the words in the parenthesis. ①
2　　　There are …12 points… ①
3　　　皆さん、括弧の中に挙げられた12個の単語から選んで、入れて下さい。①
4　　　Let's choose by guess and make a small tick. ①
5　　　Choose the one by guess. ①
6　　　答えがどれかあててみて、小さいしるしをつけてください。①
7　　　Please try. ①
8　　　Please try to choose. ①
9　　　**Don't worry that it's wrong or right.** ①
10　　間違ったことを心配しなくても良いです。①
11　　Please try your best. ①
12　　I'll give you five minutes. ①

　抜粋１では、最初に英語で言ったことをそのあとですぐに母語のタイ語でもう一度同じことを繰り返している。「英語の歌」を題材にした学習活動に取り組む場面である。英語の歌をＣＤで聴きながら、歌詞の一部の単語を括弧の中に書かれている２つの単語から正しい方を選択するという学習活動である。その学習活動の仕方を説明する際に、１、２で英語で説明したことを、３でもう一度母語のタイ語で説明している。同様に、４、５で英語で言ったことを、６でタイ語で言っている。さらに、９で英語で言ったことを、10でタイ語で言っている。
　ここでは、生徒の反応に応じて英語をタイ語に言い換えたというよりはむしろ、教師は英語の発話が生徒に理解しにくいと思ったのか、英語発話のあとすぐにタイ語で翻訳するように発話している。授業者自身が英語発話のあとのタイ語発話が必要と判断した発話であるならばそれでよしとされるが、無造作に英語発話のあとすぐに母語で言い換えているのであるな

第5章　タイの英語授業の本格的観察（調査Ⅱ）

らば、不必要な母語の置き換えとなる。日本人教師にもこれと同じケース（英語発話のあとすぐに日本語に言い換える）がしばしば観察される。ALTにもしばしば見受けられる発話である。

|抜粋2|　題材から学んだ教訓を話すときに母語を使用している事例
1　T: He died…③
2　　　誰が一番大切ですか？④
3　S:＿＿＿＿＿＿＿＿＿⑩
4　T: 我々にとって、お父さんお母さんは一番大切な人ですね。⑤
5　　　My mother and... ②
6　　　Father or mother... ②
7　　　ですから、もし短期間で知り合った人がいたら、その人が居なくなっても、ちゃんと生きていかないと。③
8　　　その人がいなかったら生きていけないというように、私たちの運命が決められることを避けなければならない。③
9　　　今日、皆さんはどんなことを学びましたか？④
10　　生きていくための教訓を発見しましたか？④
11　　皆さんは恋をしていますか？④
12　S: まだです。⑦
13　T: ある人はしているかもしれませんし、ある人はまだかもしれません。③
14　　とりあえず、今日習った事が将来なんとか役に立つと思います。しっかり覚えてくださいね。③
15　　古い歌ですが、大切な観点がたくさん入っています。③
16　　最近の曲はあまり大切な観点が含まれていなくて、君たちの年代にはあまりふさわしくないと思います。③

抜粋2は、「英語の歌」の学習を通して歌詞から教訓を学んでいる。本時の最後のまとめの段階で、歌詞の重要な意味を今後の生活の中で生かし

249

てほしいと伝えている。発話内容がかなり込み入っているので、英語を使用すると、生徒にとって理解が困難であるため、最初からすべてを母語のタイ語で説明している（込み入った内容でも中学生レベルの易しい英語を用いて説明できるためのティーチャー・トークの能力が教師に求められる）。

＜分析対象Ｈ＞「母の日」をトピックにして４技能統合の授業（Ｍ２の場合）
抜粋１　英文理解の確認の手段として母語を使用する事例
1　T: And then I will say in Thai. ③
2　　For example, ①
3　　This is from the BOOK 2. ③
4　　Let's get tried. ①
5　　For example, when I say? ③
6　　〔教師がタイ語で読む〕②
7　　１年間私を愛してくれてありがとうございます。②
8　　母の日、おめでとうございます。②
9　　So which one match this Thai poem? ④
10　　So which is this one? ④
11　　〔二度目をタイ語で読み始めると〕１年間私を愛してくれてありがとう。②
12　S:（教師がタイ語で読んだ文の英文に相当するものを選んで英語で読み始める）
13　　Thank you for giving me so much love on this year. ⑦
14　　I love you, mom. ⑦
15　　I love you, mom. ⑦

抜粋１は、英語の文章を理解しているか否かを確認する手段として、母語のタイ語で翻訳したものを与え、そのタイ語の文章に相当する英語の文章を選択して音読させる場面である。11で教師がタイ語で文章を読み始めると、13で生徒がそれに相当する英語の文章を読み始める。英語授業でのとてもユニークなタイ語（母語）使用をしている。

第5章　タイの英語授業の本格的観察（調査Ⅱ）

　この授業者の英語力はかなり高く、指導技術も優れている。小学校・中等学校の英語教師の教師研修の講師も務めている。彼女は4技能のすべてをバランスよく取り入れて授業構成を行っている。授業はほとんど英語で行っている。授業者とのインタビューの中で、「海外に一度も行ったことがなく、タイ国内だけで英語の勉強をした。普段から常に英語で思考している」と語っていた。授業の中でタイ語が使われた唯一の場面である。

＜分析対象Ⅰ＞あいさつの会話（Ｍ１の場合）
|抜粋1| タイ語を言った直後に、もう一度英語に直して発話する事例
1　T: OK, now. ①
2　　 Let's watch the video for the second time ① and now this time. ①
3　　 ビデオの映像と同じように発音してくださいね。① Try to imitate the accent. ①

　3で、同じ内容をタイ語で言ってから、直ちに英語に置き換えている。

・・・・・・・・・・・・・・・・・・・・・・・・・・・・・・

1　T: So please watch. ①
2　　 Watch and listen last time. ①
3　　 One more, one more. ①
4　　 最後です。① Last time. ①

　4で、同じ内容をタイ語で言ってから、直ちに英語に置き換えている。

・・・・・・・・・・・・・・・・・・・・・・・・・・・・・・

1　T: OK. Thank you. ⑤
　　　 (explaining pair practice)
2　　 I'd like you to work in pair, work with your partner. ①
3　　 ２人で作業します。① Work in two, OK? ①

4 　If you are three, are there any people three? ④
5 　Please tell me. ①

　3で、同じ内容をタイ語で言ってから、直ちに英語に置き換えている。この抜粋でのタイ語（母語）の用い方は、理解促進のためではなく、英語の表現力を養うために効果的であると考えられる。「タイ語で言ったことを英語で言うとこうなります」と生徒に知らせることができるからである。

＜分析対象Ｊ＞「タイタニック」のストーリーを用いた過去形の指導（M 5の場合）

|抜粋1| ストーリーのタイ語訳を通して意味確認をするときに母語を用いる事例

1 　T: So now, ①
2 　You have read all of this page ① and you know all Titanic. ③
3 　Now I want you to tell the story in Thai. ③
4 　I want seventeen students. ①
5 　Were out and tell all the story in Thai. ①
6 　No.1.Who can? ①
7 　King the meaning of the story in Thai. ③
8 　No.1. The Titanic was the biggest. ③　ですよね。①
9 　最も大きな船です。③
10 　No.2. イギリスで作られました。③
11 　「作る」とは construct とか build とかですね。③
12 　イングランドは全体的に呼びますね。③
13 　他にどんな地方が含まれますか？④
14 　**Wales, Scotland, England** をあわせて、**Britain** と呼ばれますね。③
15 　No.3. はい、次に答えられる人？①
16 　She sailed on the first trip to New York in 1912. ③

第5章　タイの英語授業の本格的観察（調査Ⅱ）

17　S：最初の旅はニューヨークへ ⑨
18　T：When? ④
19　S：In 1912. ⑦
20　T：No.4. 次に、できますか？①
21　　　Believe とはどういう意味ですか？④
22　S：信じる。⑨
23　T：答えられる人は訳してみてね。①
24　S：多くの人々はこの船が沈むのは信じられなかった。⑨
25　T：No.5. Rich people? ④
26　S：お金持ちの人しか乗れないので…⑨（船は沈まないでしょう）
27　T：彼らは船のどこにいますか？④
28　　　Rich people が豪華な部屋に泊まると書いてありますね。③
29　　　他に豪華な物はどんな物ですか？④
30　　　答えられる人？①
31　　　じゃあ、彼らはどこで踊りましたか？④
32　S：Lounge. ⑦
33　T：Lounge とは踊るための部屋ですね。⑤
34　　　飲み物のサービスもあります。③
35　　　And they use plate and glass decorated with gold. ③

　抜粋1は、高校2年の授業である。英語の文章量も多くなり、表現や語彙などの文法的な側面も複雑になってくるので、タイ語に翻訳して意味確認を行っている。文章を構成している個々の語彙（9、11、14、21、33）や英文（17、24、28）の意味をタイ語で確認しながら理解を促進している。日本の高等学校でもよく観察される授業である。いわゆる「文法・訳読」の指導法による授業である。

|抜粋2|　学習活動のやり方を説明するときに母語使用をする事例
1　T：I'd like you to create the questions and find the answers for ten. ①

253

2　S : Four ? ⑥
3　T : Um. Ten. ⑤ You can help each other. ①
4　　　Write down on the black board. ①
5　　　皆さん、黒板に書いてね。①
6　　　Ten questions and ten answers. ①
7　　　お互いに協力してください。①
8　　　今日はどんな事をするかというと、チームに分かれます。①
9　　　Team A and Team B　5つの質問を作って、①
10　　そして、もう1つのチームの5つの質問に答えます。①
11　　友達が答えられないような質問を作られるチームに点数をあげます。①
12　　ウソです。①
13　　全部にあげます。①
14　　じゃあ、思い出せる人が前の方に来てください。①
15　　はい、始まりますよ。①
16　　友達と相談してね。①
17　　You can help each other to think about the question and the answer. ①
18　　お互いに助け合ってね。①
19　　早く早く。①
20　　問題を思い出したら、早く書きに来てね。①
21　　相手が答えられそうにないような質問でなくても結構です。①
　　　（学生は前の方に来て、黒板に問題を書く）
22　　The blue marker is for team A and the green marker is for team B. ①
23　　答えられなくても、大丈夫です。①
24　　私は見ていますよ。①
25　　何もせずに、じっと座る事はやめてくださいね。①
26　　問題を先に書いてね。①
27　　答えはあとで書いても良いです。①

第5章　タイの英語授業の本格的観察（調査Ⅱ）

　抜粋2は、内容を理解した英文について、質問文と答えの文を作る学習活動に取り組む場面である。学習活動の仕方について説明するときに母語のタイ語を用いている（5、7～16、18～21、23～27）。説明の表現は難しいものではない。この程度の内容であるならば、中等5年生にはすべて英語で行っても十分に理解できると考えられる。

5.2.3.2　定性的タイ語使用分析と考察のまとめ

　タイの英語教師の被験者10人についての談話分析を通して、英語授業におけるタイ語（母語）使用の分析結果から考察を述べる。被験者は10人であるが、分析結果から教師発話に共通の傾向が現れた。次に、本章（5.2.3.1）の①なぜ、②どのような場合にタイ語（母語）を用いているかについて述べる。結果は、以下の通りである。

・単語の意味を確認するとき
・英文の意味を確認するとき
・生徒から応答が出ないとき、発話を誘発するため
・教師の発話に対して生徒の反応がないので、発話の理解を促進するため
・学習活動の仕方や言語活動の仕方について説明するとき
・文型・文法の説明をするとき
・題材の中の内容や内容から導く教訓などについて話すとき
・ジョークや雑談を話すとき

　次に、タイ語（母語）と英語（目標言語）の使い方の関わりについて示すと以下の通りである。

・英語を言ってからタイ語に言い換える場合（英語→タイ語）
・タイ語を言ってから英語に言い換える場合（タイ語→英語）
・英語を言ってからタイ語に言い換え、さらにもう一度英語に言い換える場合（英語→タイ語→英語）
・タイ語で言うだけの場合（タイ語）

　そして、さらに被験者別に英語とタイ語の使用関係を一覧で示すと以下の通りである。

<被験者A> 単語の意味を確認する手段 単語を引き出す手段	・英語→タイ語→英語 ・タイ語→英語
<被験者B> 単語の意味を確認する手段 発話誘発の手段	・英語→タイ語 ・タイ語→英語
<被験者C> 発話誘発の手段 学習活動の仕方の説明の手段 理解を確認し深める手段	・タイ語→英語 ・タイ語 ・英語→タイ語→英語
<被験者D> ジョークや雑談の手段 文法説明の手段	・タイ語 ・タイ語
<被験者E> 単語の意味の確認と使い方の説明の手段 発話理解促進のための手段	・英語→タイ語 ・英語→タイ語
<被験者F> 学習活動の仕方の説明の手段	・タイ語
<被験者G> 発話理解促進のための手段 題材内容の説明の手段	・英語→タイ語 ・英語→タイ語
<被験者H> 英文の意味確認の手段（タイ語を英語で言わせる）	・タイ語→英語
<被験者I> タイ語を英語にして理解促進の手段	・タイ語→英語
<被験者J> タイ語訳による意味確認の手段 学習活動の仕方の説明の手段	・英語→タイ語 ・タイ語

第5章 タイの英語授業の本格的観察（調査Ⅱ）

　上記の母語使用の分類をまとめると、外国語教授における母語使用は、EFL環境の視点から考えるならば、以下の通りである。
　①母語を使用することでしかできないこと、
　②母語使用の方が効率的であると見なせること、
の2点が挙げられる。①については、単語や英文の意味を理解しているか確認するときに、EFL環境では母語を使用するのが効果的であり、指導時間の短縮により効率的である。英英辞典を使うなどして、英語を英語で説明することも可能であるかもしれないが、前期中等学校レベルの生徒には理解困難であり、時間的にも効率がよくない。②については、文型・文法の説明や学習活動・言語活動などの仕方の説明などは母語で行う方が理解しやすく、指導時間の短縮になり効率的であると考える。
　授業の目標やねらい、指導内容、また学年や英語力のレベルによって、授業を英語で行った方がよい場合もあれば、母語を使用した方が効果的かつ効率的な場合もある。授業の活動の中で何を目標言語で行い、何を母語で行うかを見極める必要がある。定量的タイ語使用分析の結果にも表れているように、文型・文法、語彙の説明や学習活動・言語活動の仕方の説明などは、内容的に複雑で英語では指導が困難であり、生徒も理解が困難である可能性が高い。生徒が理解できなければ英語を使用しても意味がなくなる。そこで、母語を使用して理解を促進し、指導時間の短縮をして本来の授業で行うべき学習活動や言語活動をより多く取り組んだ方が効果的であると考える。
　特に、EFL環境における学校教育の中学校レベルという範囲内で考えるならば、授業時数やクラスサイズを考慮に入れると、母語使用の必要性と重要性が見えてくる。
　タイの英語授業のもう1つの特徴として挙げられるのが、教師の指導スタイルである。被験者全員に共通する傾向として、生徒自らの応答が誘発されるまで教師は反復を何度も繰り返している。それでも応答が出てこないときは、発話の修正や発話誘発のためのヒントとなるキューを与えるなどのティーチャー・トークを使用して、極力生徒から応答が出てくるまで

我慢強く英語を用いて指導しようとする傾向にある。しかし、それでも生徒からはなかなか応答が出てこない場合が多く、ついに母語を使用することによって、本章（5.2.3.1）の③理解の促進、④発話の誘発、などを試みている。

　タイの英語授業のように生徒が英語を理解するまで、英語を使用する試みは、生徒が英語を理解しないときはすぐに母語で言い換えるよりは、時間的には効率はよくないが、言語習得の見地から見ると、極めて重要な要素を含んでいると考える。

第 6 章　考察のまとめと EFL 環境の共通項

はじめに

　本章では、本研究において多角的な観点からタイの英語授業を観察・分析した各観点ごとの考察を統合的にまとめると共に、総合的な見地から考察を行い、タイの授業の特性について論ずる。また、日本の英語教育に関するアンケート調査を日本人英語教師に実施した結果から、タイの英語授業を日本の英語教育観の視点と対比的に考察し、タイと日本に共通するEFL 環境における英語授業の特性について論じる。

1　タイの英語授業に関する諸分析の考察のまとめ

　授業分析・談話分析の考察を行う際に、Lightbown and Spada (1999) が英語授業のトランスクリプトの具体例を提示し、教師の用いる授業言語、および生徒とのインターラクションの状況によって、英語授業が形式中心のアプローチであるか、コミュニケーション中心のアプローチであるかを示している。筆者はこれらの二つのアプローチを以下の表1にまとめた。

表6-1：ストラクチャー・ベイスト・アプローチとコミュニカティブ・アプローチ

	Classroom A Structure-based approach	Classroom B Communicative approach
Errors	Very few	Yes
Feedback Error correction	Yes Recasts	Yes 基本的に意味を表出させるための correction
Genuine question	Yes, a few (classroom management) No (students)	Yes

Display question	Yes	No
Negotiation of meaning	Very little	Yes
Meta-linguistic comments	Yes	No

つまり、授業言語の使われ方がコミュニカティブであるか否か、あるいは、教師と生徒の間に意味交渉のインターアクションがなされているか否かなどによって、ESL的授業であるか、またはEFL的授業であるかを判明できるものとして考察する際の基準とする。

1.1 授業分析について

　授業分析の考察をまとめると、教師発話率については、10人の被験者教師の平均値が65.9％で、生徒の発話率の平均値が19.1％を示した。教師の発話量の観点からは、いわゆる「教師の喋りすぎ」が観察され、概してEFL環境の授業でしばしば観察される教師主導型の授業であると見なすことができる。教師の発話量が生徒の発話量よりも圧倒的に多いことは、教師・生徒間のインターアクションの量が極めて少ないことを示している。インターアクションの少ない授業も一般的にEFL環境の授業でしばしば観察される特性である。

　目標言語と母語使用の比率については、英語使用率の平均値が76％、タイ語使用率の平均値が24％を示し、目標言語使用率の高いことを示している。ここで示された比率は、本研究の被験者の多くは、教師研修講座の講師に抜擢されている教師であり、英語力と指導力の高さを示している。しかし、授業者とのパーソナル・コミュニケーションでは、普段の英語使用率は多くて30％程度であることを述べている。この状況も日本の英語教師と類似している。研究授業などの公開授業ではかなりの量の英語を用いて授業を行うが、通常の授業では母語を多く使用している状況である。

　発話の持続率については、教師の平均値が43.9％で、生徒の平均値が1.6％であった。これは、「教師の喋りすぎ」という状態を示しているが、一方、生徒の発話持続率はほとんど無きに等しい。これは、生徒がほとんどコミュ

第6章　考察のまとめと EFL 環境の共通項

ニケーションとしての発話がなされていないことになり、発話したとしても形式面の言語練習に終わっていることがわかる。日本の EFL 環境における英語授業の特性と類似している。

　教師支配率は66.9％を示し、教師の発話後に、生徒の反応の出方が必ず教師のコントロールの中に収まっていることを示している。このことは、生徒の発話の自由度が少なくコミュニケーションの度合いが低いことを示している。形式面中心のアプローチによる授業であると見なせる。

　発話の多様性については、教師が20.6％、生徒が4.6％を示した。発話の多様性については、連続で発話をしているとき、どの程度多様性のある発話をしているかを示している。教師も生徒も発話の多様性がかなり低く単調であることを示している。やはり形式面の指導が中心であり、教室がコミュニケーションの場から程遠い言語状況であることの表れである。

　教師英語コミュニケーション率は、教師と生徒の相互作用のパラダイムにシフトしていることを示している。平均値が70.2％を示し、教師は生徒に内容のあるメッセージを届けていることを示している。しかし、生徒からの応答がないため、一方通行の発話になっていることがわかる。教師の英語によるコミュニケーションが生徒の発話の誘発に作用していないことのあらわれである。

　教師から生徒へ、生徒から教師への相互発話率は、平均値が15.8％（T-S）、14.2％（S-T）を示している。この比率はとても低く、教師と生徒の相互作用が非常に単調であることを示している。これも日本の EFL 授業の特性と共通している特性である。

　生徒発話に関しては、発話率19.1％、発話持続率1.6％、発話多様性4.6％を示し、いずれもかなり低い数値である。このことは、生徒が非常に受け身的に授業を受け、消極的な学習態度が見受けられる。これも一般的に日本の EFL 授業と共通している観点である。

　どの観点から見ても形式中心のアプローチによる授業であるため、教師・生徒間のインターラクションの量が少なく、特に、意味交渉のインターラクションは極めて少ない。このことは授業が意味よりも形式に焦点が当

てられており、コミュニカティブの度合いが低いことを示している。

1.2 談話分析について

次に談話分析の考察のまとめを行うが、以下の3項目について考察を整理する。

1.2.1 Modified input / Modified interaction の場合

定量的な分析の考察によると、インプット修正のうち、語彙修正(MV)、文法修正(MG)、談話修正(MD)、発音修正(MP)の中では、談話修正を多用しているが、他の3つのモディフィケーション（修正）はほとんど用いられていない。一方、インターラクション修正のうち、理解チェック(CM)、確認チェック(CF)、明確化要求(CR)、再構成(RF)、反復(RT/RS)、提示質問(DQ)、指示質問(RQ)の中では、教師自身の発話の反復(RT)、生徒の発話の反復(RS)、ディスプレイ・クエスチョン（提示質問：DQ)を多用しているが、その他の修正(CM)(CF)(CR)(RF)(RQ)はほとんど用いられていなかった。

談話修正が多用されているのは、教師発話の反復を多用していることと連動している。つまり、談話修正というのは主として教師自身の発話を反復する場合を示すものである。大半のインプット修正やインターラクション修正がほとんど出現していないのは、もうこれ以上修正する必要性が無い発話を提示しているか、もしくは教師が修正する能力を十分に持ち合わせていないことが考えられる。

反復(RT)や提示質問(DQ)を多用しているのはEFL環境で必要とされる文型・文法の指導や定着のための指導から出現する特性であり、Lightbown and Spada(1999)のタイプ別の授業談話分析の特性のまとめ(表1)から、形式中心のアプローチによる授業でよく観察される提示質問が多用されていることはEFL授業の特性を示すものとみなせる。

定性的な分析の考察によると、高い頻度で出現する授業のパターンとして、たとえ生徒の応答が出なくても教師は出来る限り英語で発話を根気よ

第6章　考察のまとめとEFL環境の共通項

く続ける傾向にある。例えば、教師の質問に対して生徒の応答が無いので、もう一度その質問を反復する。同じ質問を繰り返し反復しても依然として生徒からの応答は出てこない。それでも、さらに同じ質問を反復し、インプット修正やインターアクション修正を用いて、文や語彙を少し変化させながら反復を試みる。やはり応答が無い。そこで、教師は最終的に教師のモデル発話を提示して、それを反復させるか、あるいは学力の高い生徒に個人指名をして応答させ、それを生徒全員で反復させるという談話パターンが高い頻度で観察された。また、生徒発話を誘発する方法として、応答の最初の部分や一部をキューやヒントとして提示し、学習者の応答誘発のためのティーチャー・トークの方略が多用されているのが観察された。

神戸大学経済学部のタイ人留学生のポンタナラート氏にインタビューしたところ、タイの生徒は恥ずかしがり屋で、授業中にあまり積極的に発言しようとしないということであった。教師は、何とか応答させようとして、様々な手段をとるようである。なるべく自発的に発話を誘発させるために、応答の一部をキューとして与えることを多用するという回答があった。タイの生徒が授業中にあまり発言しようとしないのは、音声面の意義を見出さず、大学入試に向けて文字面の学習に力を入れる傾向にあることが報告されている。

ストラクチャー中心のアプローチによる授業は、EFLの授業で多く観察される特性が数量的にたくさん見受けられた。タイの授業において顕著な談話パターンとして、タイの生徒は恥ずかしがり屋で消極的な態度のためあまり発言しようとしないので、それを解決する手段として教師が自分の発話を何度も反復し、修正しながら忍耐強く、根気強く、そして我慢強く教師発話を繰り返していることが推察できる。

1.2.2　SETT処理の場合

定量的SETT処理の結果から、管理モード（Mn-m）、題材モード（Mt-m）、技能と規則モード（SS-m）、教室文脈モード（CC-m）の4つのモードで観察・分析を試みた結果から、被験者教師10人のうち、技能と規則モード

が50％を占めていた。このことは文型・文法、語彙などの言語形式を産出させる指導がねらいとなっていることがわかる。また教室文脈モードが0％であり、10人の被験者の授業において皆無であった。このことは、教室内にコミュニケーションのための言語環境が全く設定されていないことを示している。

よって、規則・技能モードと教室文脈モードの占める比率のバランスがその授業の特性を表すことになる。規則・技能モードの比率が高ければ、形式中心の指導になり、教室文脈モードの比率が高くなれば、コミュニカティブな授業になると考えられる。

SETT処理からタイの英語授業を分析すると、コミュニカティブな授業が皆無であり、指導の大半を言語形式の指導に終始している。これはEFL授業の特性とみなせる。

SETTの定性的談話分析の考察から、授業で談話を構築していく過程において、教師は談話を指導し、生徒は談話を学習する。SETT処理は、4つの談話モードに分類し、指導目標に応じた談話モードを構築することや、また他の談話モードと区別するために、その談話モードの特徴を明らかにすることが求められる。

1.2.3　母語(L1)使用の場合

まず、定量的なタイ語使用分析の考察として、タイの授業の観察から形成的に構築した3つの分析カテゴリー〔A〕言語（文型・文法、語彙）指導そのものに用いる、〔B〕学習活動・言語活動の方法の説明に用いる、〔C〕教室の管理・運営に用いる、以上の3つのうち〔A〕に使用したタイ語発話が最も多く、10人の被験者のタイ語使用比率の平均値は56％を示した。〔B〕に使用したタイ語が18％、〔C〕に使用したタイ語が26％であった。

タイ語使用比率は3つの分析カテゴリーで、〔A〕が最も多く、文型・文法の規則や語彙に関する指導や説明の大半にタイ語を使用している。日本の英語授業を観察しているときも同様に、文型・文法の説明には母語を多く用いている。仮に英語で説明する授業であったとしても最終的に日本語

第6章　考察のまとめとEFL環境の共通項

で説明し、理解しているかどうかを確認しているケースが多く観察される。やはり、文法ルールや単語の意味を理解させるには、母語による説明の方が理解しやすく指導時間の短縮につながり効率的に授業が進められると考えられる。

しかし、文法について母語による説明だけで終わってしまうと、単なる知識としての認知的学習に終わってしまうことになる。文法指導のとき、母語で正確に説明することは重要であるが、問題点はその母語の使用量である。母語による説明はできる限り簡潔にして、その文法事項を含む例文を多くすることで、単なる知識としての文法ではなく生きた文法の理解につながるという視点からみると、改善の余地がある。

次に、〔B〕の学習活動や言語活動の方法を説明するとき、大半をタイ語で行っている。活動の方法を英語で説明をするとき、理解しにくい語彙や表現が多くあり、活動の仕方がわかりにくくなることがあるので、母語で確実に活動の仕方を理解させる必要がある。しかも時間短縮につながる効果もある。但し、活動例を提示しながらなるべく平易な英語を用いて説明することは可能であり、英語教室では英語習得上とても意味あることである。

次は〔C〕の教室管理・運営に関するタイ語使用について述べる。タイ語使用の3つのカテゴリーの中で、比率〔C〕は18％を示し、かなり低い比率を示している。英語であれタイ語であれ、その授業において教室管理・運営のカテゴリーに用いる発話自体の比率が少ないことにもよる。むしろ、教室管理・運営に用いられた発話内での、タイ語使用率の方が研究上、意味ある数値となる。

そこで、被験者教師Aの例を取り上げて見る。教師Aは、教室管理・運営の発話において、英語が88％、タイ語が12％の使用率であった。それぞれの分析カテゴリー別の英語とタイ語の使用比率を比較すると、〔C〕の教室管理・運営の場合において、英語使用率が最も高く表れている。このことに関しても、日本の英語教室と極めて類似している点である。但し、日本の英語教室では、筆者の観察する限りにおいて、また、筆者が実施し

たアンケート調査（本章2.1参照）によると、授業全体における英語使用のほとんどが〔C〕の教室管理・運営のための定型表現、いわゆるクラスルーム・イングリッシュである。この点は、日本とタイで少々異なる事項である。

次に、どんなとき、どのようにタイ語を使用しているかについて、定性的な分析結果の考察についてまとめる。10人の被験者に現れた顕著な事例は以下の通りであった。

a. 単語の意味を確認するとき。
b. 英文の意味を確認するとき。
c. 生徒から応答が出ないとき、発話を誘発するため。
d. 教師の発話に対して生徒の反応がないので、発話の理解を促進するため。
e. 学習活動の仕方や言語活動の仕方について説明するとき。
f. 文型・文法の説明をするとき。
g. 題材の中の内容や内容から導く教訓などについて話すとき。
h. ジョークや雑談をするとき。

先行研究 Carver(1983)、Atkinson(1987)で述べられているように上記のa～hの項目の中で、a、bの英語の語彙や文の意味を確認するとき、またc、dの理解の促進や発話の誘発を促すとき、あるいは、e、fの活動の方法や文型・文法の規則の説明をするときについては、日本の英語教師に実施したアンケート調査（6章2.1参照）の結果と合致している。以上のことから、EFL環境においては、授業のすべてを目標言語の英語で行うことが必ずしも最適な指導法であるとは限らないと見なせる。EFL環境の英語授業では、自ずから、母語を必要とする場面が出現し、母語の援助によって生徒は理解を深め発話の誘発がなされている。

第6章 考察のまとめと EFL 環境の共通項

次に、タイ語と英語の使い方の関わりについて分析した結果は、以下の通りであった。

---
a. 英語を言ってからタイ語に言い換える場合（英語→タイ語）。
b. タイ語を言ってから英語に言い換える場合（タイ語→英語）。
c. 英語を言ってからタイ語に言い換え、さらにもう一度英語に言い換える場合（英語→タイ語→英語）。
d. タイ語で言うだけの場合（タイ語）。

母語使用の分類をまとめると、外国語教授における母語使用の観点について、EFL 環境の視点から考えるならば、以下の2点が挙げられる。
① 母語を使用することでしかできないこと、
② 母語使用の方が効率的であると見なせること、

①については、単語や英文の意味を理解しているか否かを確認するときに、EFL 環境では母語を使用するのが効果的であり、指導時間の短縮により効率的である。英英辞典を使うなどして、英語を英語で説明することも可能であるかもしれないが、前期中等学校レベルの生徒には理解困難であり、時間的にも効率がよくない。

②については、文型・文法の説明や学習活動・言語活動などの仕方の説明などは母語で行う方が理解しやすく、指導時間の短縮になり効率的であると考える。

英語の授業は英語で行うことを原則とするべきではあるが、生徒が理解できなければ英語を使用しても授業が進行せず意味がなくなる。そこで、母語を使用して理解を促進し、指導時間の短縮を図り、本来の授業で行うべき学習活動や言語活動をより多く取り組んだ方が効果的であると考える。また、EFL 環境における公教育の中学校段階では、授業時間数やクラスサイズなどの教育条件を考慮すると母語活用の必要性と重要性が見えてくる。

タイの英語授業に関する母語使用の在り方について、もう一つの顕著な

特徴が判明した。タイの英語授業のもう一つの特徴として挙げられるのが、教師の指導スタイルである。被験者全員に共通する傾向として、生徒自身からの応答が誘発されるまで教師は反復を何度も繰り返している。それでも応答が出てこないときは、発話の修正や発話誘発のためのヒントとなるキューを与えるなどのティーチャー・トークを使用して、極力生徒から応答が出てくるまで忍耐強く根気強く英語を用いて指導しようとする傾向がある。しかし、それでも生徒からはなかなか応答が出てこない場合が多く、ついに母語を使用することによって、理解の促進や発話の誘発を試みている。

　タイの英語授業のように生徒が英語を理解するまで、なるべく英語を使用する教師の指導信条や指導姿勢は、生徒が英語を理解しないときはすぐに母語で言い換えるよりは、時間的には効率がよくないが、言語習得の見地から考慮すると、極めて重要な要素を含んでいると考えられる。

1.3　考察の総合的見解

　授業分析・談話分析の方法論を用いて、タイの英語授業を分析した結果の考察から総合的見解を述べるならば、授業分析による数量的な結果から浮かび上がる特性や、また談話分析によるインプット修正やインターラクション修正、SETT 処理などの結果から浮かび上がる特性を考察することで、これがタイの授業の特性であると見なせるものが表れた。これらの特性は、同時に EFL 環境にある英語授業の特性でもあると見なすことができる。

2　日本の英語教育の視点から見たタイの英語授業

2.1　日本の英語教師の授業観

　たびたび行われてきた英語教育改革は、一般社会や企業等の要請の影響を受けて、「使える英語」の育成を求め過ぎている観がある。言語教育として、言語使用を目的とする教育は極めて当然のことではあるが、あまり

第6章　考察のまとめとEFL環境の共通項

にも「使える英語」すなわちオーラル面の運用能力に意識が移りすぎて、日本がEFL（英語教室外に日常生活の中で英語を生活言語として使う機会がない）環境であることが意識されず、ESL（英語教室外にも日常生活の中で英語を生活言語として使う機会がある）環境における英語教育の方法論へと改革が進んでいるように思われる。特に、平成15年3月に公表された「『英語が使える日本人』の育成のための行動計画」、あるいは平成14年度（中学校）、平成15年度（高等学校）に実施を開始した学習指導要領における「実践的コミュニケーション能力の育成」という目標などにおいて、ことばの「使用場面と働き」がキーワードとされており、特に「聞く・話す」の会話的なオーラル重視の指導を行ってさえいれば英語運用能力が育成されるという短絡的な思考に陥っているように思われる。「聞く・話す」のオーラル面の指導を行っているといっても、実質は文法シラバスによるカリキュラムによって文法事項や言語材料を中心に指導が行われているのが大半である。現状の英語教育では、オーラル英語に接する時間や量があまりにも少ないし、英語を「聞く・話す」の必要性があまりないために、運用能力育成の効果が薄くなっていると考えられる。よってEFL環境では「読む・書く」の技能とも関連づけながら4技能を統合的に指導することが重要になってくると考える。しかも、指導法として、CLTを取り入れようとしているのはよいが、指導者である教師自身がCLTの理念を理解し、CLTの具体的な指導法の訓練を受けているかどうか疑問である。ただ単に、英語を使って（クラスルーム・イングリッシュレベルの英語が大半である）、「聞く・話す」活動を取り入れて授業を行おうとしているに過ぎないのではなかろうか。

　そこで、日本の英語教育に関して上記の現状をより明らかにするため、以下の項目において、立花（2005）は、兵庫県の都市部や地方都市で開催された現職英語教員研修や英語教育研究会に参加した中学校の英語担当教師40名にアンケート調査を行った。その結果は以下のとおりである。英語使用率の全体平均値は36.6%であった。

表6-2

(1) ほぼ年間通して、1コマの授業で何%、英語（目標言語）を使って授業をしていますか。
90%（1名）　　80%（3名）　　70%（2名）　　60%（3名）
50%（4名）　　40%（3名）　　30%（6名）　　20%（14名）
10%（3名）　　5%（1名）　　※全体平均値36.6%

　上記の結果を次の3段階の尺度で分割して、割合を検出してみた。以下のとおりである。
・80%以上（4名）　・70%～60%（5名）　・50%以下（31名）
中学校英語教師40名中31人の78%が、英語指導において目標言語（英語）の使用率が50%以下であった。英語の使用率80%以上、つまり授業のほぼ全体にわたって英語を使用している教師は、わずか40名中4名で全体の10%であった。また、40人中24人の60%が英語使用率が30%以下であった。

表6-3

(2) 使用している英語の内容は次のどれですか。
①主に教室運営に関わる指示を中心としたクラスルーム・イングリッシュである。(32名) ② ALTとほぼ同等レベルの実践的なコミュニケーションとしての英語である。(4名) 未記入　（4名）
①を選択した回答者32名中の英語使用率 80%（3名）　50%（3名）　　40%（3名）　　30%（5名） 20%（10名）　10%（3名）　　5%（1名）　　? %（4名）
②を選択した回答者4名中の英語使用率 90%（1名）　70%（1名）　　60%（2名）
①、②の選択をしていない未記入者4人中の英語使用率 70%（1名）　60%（1名）　　50%（1名）　　30%（1名）

第6章　考察のまとめとEFL環境の共通項

　授業で英語を使用しているとしても、主にクラスルーム・イングリッシュを使用している教師が32名（80％）であり、32人中29人（91％）が英語指導において目標言語（英語）の英語使用率が50％以下であった。クラスルーム・イングリッシュの英語使用率80％と回答した教師が3名いるが、クラスルーム・イングリッシュのみによって教師発話が授業全体の80％を英語で占めている授業は、どんな授業であるのか想像しがたい。いつも教室運営のための決まりきった英語のみで授業が進んでいることになる。

　一方、ALTとほぼ同様に実践的コミュニケーションレベルの英語を使用している教師はわずか4人（10％）であり、そのうち2人は英語使用率が60％であると回答している。実践的コミュニケーションレベルの英語を使用している割に、英語使用率は低いと思われる。

表6-4

(3) 英語を使用するのは、主にどの指導過程ですか。（複数回答可）
① 全指導過程（4名）　　② 授業の導入時（36名）
③ 基本文の導入時（20名）　④ 本文の読解（5名）
⑤ 文型練習のとき（12名）　⑥ コミュニケーション活動（23名）

　1コマの授業において、どの指導段階で英語を使用するのかという設問に対する回答は、①全指導過程（15％）、②授業の導入時（93％）、③基本文の導入時（50％）、④本文の読解（13％）、⑤文型練習（30％）、⑥コミュニケーション活動（58％）。

　授業のほぼ全指導過程で英語を使用している教師は全体のわずか10％しかいない。大半（93％）は授業の導入時に英語を使用しているという結果である。授業で教師が英語を使用しているといっても、授業の最初の挨拶に始まり、授業の導入段階での使用が中心となっている。つづいて多いのがコミュニケーション活動（58％）と回答しているが、コミュニケーション活動は学習者同士の活動なので、教師は活動の仕方を最初に説明しておけば、発話することはあまりないはずであるのに58％の教師が英語使用を

していると回答している。生徒同士の活動中に教師の指導・支援が介入することがあり、その際に英語使用するということになるが、果たしてそうであろうか。これまでに授業観察をしたときに、生徒同士のコミュニケーション活動中の教師の指導・支援はほとんど日本語(母語)で行われていた。また、コミュニケーション活動の仕方の説明も日本語で行っているケースの方が多く見受けられる。コミュニケーション活動の際に、学習者は英語を使用しているが、教師は本当に英語を使用しているのだろうかと疑問が残る。

表6-5

(4) 指導過程において、英語使用から日本語使用に切り替えるときはどんなときですか。
(複数回答可) ① 生徒が教師の英語を理解できていないと判断したとき。(18名) ② 活動のルールなどの英語による説明が複雑なとき。(6名) ③ 新しい文法を導入するとき。(3名) ④ 本文の意味を説明するとき。(3名) ⑤ 複雑な文型・文法事項の説明をするとき。(9名) ⑥ 生徒指導上の注意をするとき。(4名) ⑦ 日本語で教える方が手っ取り早いとき。(2名)

　教師が授業で日本語(母語)を使用する理由をたずねた結果、学習者が教師の発する英語が理解できていないと判断したときという回答が18人(45％)で一番多かった。つづいて、複雑な文型・文法を説明するとき、すなわち英語で説明することが困難であると判断したときという回答が9人(23％)いた。

　学習者の視点から考えた回答が大半を占めているが、一方で英語教師の資質・能力の側面から考えるべき内容でもある。つまり、教師が学習者に対して適切なティーチャー・トークが使用できるか否かという視点が重要になってくる。

第6章　考察のまとめとEFL環境の共通項

表6-6

(5) あなたの主な指導法は何ですか。
① 文法訳読方式（13名）② オーラル・メソッド（2名） ③ オーラル・アプローチ（16名）④ GDM（0名） ⑤ コンテント・ベースト（3名）　⑥ タスク・ベースト（6名） ⑦ CLT(CA)（4名）⑧ TPR（0名）⑨ 未記入（7名）⑩ その他（1名）

　指導法については、回答者自身がどの指導法を用いているかは明確なものがない様子であった。あえて言うなら、「これこれ」であるというように、選択肢の中から消極的な選択をしていた。選択肢に挙げた指導法自体どんなものかわからないという回答者もかなりいた。オーラル・メソッドとオーラル・アプローチの区別も曖昧であった。いずれにしてもほとんどの回答者が複数回答であった。つまり、ある1つの指導法に固執することなく、いくつかの複数の指導法を組み合わせて指導しているという結果であった。比率的に多いのは文法訳読方式13人（33％）であり、現行の学習指導要領のねらいが「実践的コミュニケーション能力の育成」にも関わらず、依然として文法訳読方式で授業を行っている。

　コミュニケーション志向の英語教育の時代に、CLTを用いている教師が4人（10％）しかいないというのが現状である。

表6-7

(6) CLT(CA)の理論や理念を英語教科教育法の授業や講習会、研修会などで正式に学んだことがありますか。
① ある（1名）　　　② ない（39名）

　CLT理論を正式に学んだ教師は1人（3％）であった。コミュニケーション重視の英語授業を行おうとしている時代に、CLT理論を学んでいない教師が英語を指導している実情がある。CLTがコミュニケーション教育のすべてではないが、CLTの知識は必要であると考える。

表6-8

(7) CLT(CA)の指導者としての訓練を正式に受けたことがありますか。
①ある（0名）　　②ない（40名）

　CLT の指導者としての訓練を正式に受けた教師は0人(0％)であった。これが、多かれ少なかれ日本の英語教育の実態であると見なせるであろう。

表6-9

(8) 日本の英語教育において EFL と ESL との違いを普段意識して指導していますか。
意識している（3名）　　②意識していない（35名）　　③その他（2名）

　大半の88％の教師が、EFL と ESL の違いを意識していない。意識しているのはわずかに8％であった。

表6-10

(9) ESL 教師としての訓練を受けたことがありますか。
①ある（1名）　　②ない（39名）

　ESL としての英語指導法を習ったことのある教師は1人（3％）のみであった。日本の公立学校に採用される教師には英語教員資格として求められていないのが現状である。

表6-11

(10) EFL 環境の日本で CLT は適していると思いますか。お考えをお書きください。
・方向性としてコミュニケーション活動を大切にすること。 ・文型・文法や語彙などの知識の定着と平行して行うならば、適している。

第6章 考察のまとめと EFL 環境の共通項

- 適しているかどうかはわからないが、生徒が意欲的に取り組める方法だと思う。
- CLT は必要である。中学1年レベルで必要である。
- CLT で英語を用いて指導するにしても、日本語による解説・説明は必要であると思う。
- 日本の言語環境には CLT は適しにくいと思われるが、言語活動において必要と思われる。
- 難しいが、CLT で授業を進めていくべきである。
- 適しているかどうかはよく分からないが、必要な指導法だと思う。
- 伝える内容を持たせることが重要であり、挨拶程度の英語力を目指すのは意味がない。
- クラス・サイズ40人では CLT は限界を感じる。
- 身の回りに英語環境がないので、CLT は困難である。
- 生徒の英語学習の目的が高校入試であることを考えると、CLT は適していない。

　CLT が EFL 環境に適した指導法であるかどうかはわからないが、必要であると思っている教師が多くいる。ただし、日本語による解説や説明は必要であると思っている。CLT 用の学習環境を作りにくいようである。英語をコミュニケーションの手段として用いる環境がないため、CLT に限界を感じているようである。

表6-12

(11) EFL 環境の日本で、最も適している指導法（授業のあり方）は何だと思いますか。
・自然な英語を聞かせる時間を多く取り、生徒の発話を多くする。 ・知識の定着と CA のバランスのとれた授業にする。 ・生徒の心を英語に向かわせる。 ・英語を使いたくなるような状況を設定する。 ・文法を日本語で解説して、「話す」「書く」の練習をさせる。 ・少人数で徹底したオーラル・プラクティスをさせる。 ・ALT をもっと多く導入し、少人数学習を進める。 ・言語と文化の関連を常に押さえながら、外国語として指導する。

学習指導要領に示された「実践的コミュニケーション能力の育成」や「『英語が使える日本人』の育成のための行動計画」には、「使える英語」を育成するためにはどのような学習過程で、どのような学習手段で、そしてどのようなカリキュラムで指導するべきかなどについて、理念的なことは示されていても具体的指導の指針や方法が示されていない。少なくとも、学校教育における英語教育は、授業構築において EFL 環境を明確に意識した上で、EFL 環境に適した指導法を考えるべきである。現在の英語教育の現状、特に中学校英語教育は、表層的な会話重視の英語教育に陥る危険性をはらんでいる。

　「使える英語」のための有力な指導法として登場した CLT や英語で行う英語の授業、ALT の活用などによって、日本人の英語力は伸びたのであろうかという疑問に対して、TOEFL の成績結果を見る限り、ALT 導入後の方がむしろ後退している。「コミュニケーションの道具としての英語」を教えるために、学習者をコミュニケーションに積極的に参加させるための指導法や教材・タスクやカリキュラムが作られ、ALT の配置や時間配当を増やし、英語を使う場面を確保する試みがなされてきた。その条件下で学んだ結果、最近の若い人は英語ができるようになったと漠然と思っている人がずいぶんいるようである。しかし、事実はまったく逆で、英語力は落ちている。その証拠となるのが、TOEFL という国際的な英語力のテストにおいて日本のスコアがアジアで最下位になったことである。教室の外に出たとき実際にはなかなか実を結ばないと感じている学習者がいるのも事実である。会話重視の英語教育法は、惨憺たる結果をもたらしている。

2.2　日本との対比的見地から見たタイの英語授業
① 英語授業における使用言語の比率に関する観点

　本研究の分析対象となったタイの被験者10人の英語教師において、英語授業における目標言語と母語の使用比率は、76％対24％の割合であった。本研究の分析からは、タイの英語教師の方が圧倒的に英語使用率が高いこ

第6章　考察のまとめと EFL 環境の共通項

とを示している。これらの被験者はかなり十分な英語力と指導力を備えた教師なので英語使用比率が高い。個々の教師にインタビューをして判明した普段の英語使用比率は30％対70％とのことである。タイの現地教師へのアンケート調査から40％対60％を示した実際の英語使用率は、アンケート調査で実施した印象的な比率よりも10％は低めで見積もった方がよい。筆者が以前に実施したアンケート調査と実際に授業分析をした結果において、目標言語の使用比率は10％低い結果がでた。そのような見積もりをすると、30％対70％にカウントできる。タイの一般英語教師の英語使用比率は以上の点から30％対70％程度であると推察できる。

　日本の英語教師にアンケート調査を実施した結果、目標言語と母語の使用比率は37％対63％を示した。EFL 環境における英語授業での目標言語（英語）使用率は一般的には低く、母語使用が圧倒的に多いことがわかる。
② **英語教室の談話構造に関する観点**
　タイの英語教室の談話構造は基本的に IRF 構造である。IRF を何度も連続で繰り返すが、Ｉの発話のあとのＲがなかなか出てこない場合が多くある。Ｒを誘発するためにＩを何度も反復するが、それでもＲが出てこない。極力、目標言語で授業を進めようとしているが、生徒が教師発話を理解できないときは、最終的に母語を使って理解させ、その後Ｒを誘発する。Ｒが母語の場合もあり、母語で応答させておき、その後、目標言語に置き換えるという指導方略を用いることが顕著に観察された。

　これまでに、英語授業研究等において観察する中で、日本の英語授業も基本的に、IRF 構造である。やはりＩの頻度が高く、Ｒの頻度は低い。
③ **英語授業における母語(L1)使用の観点**
　EFL 環境に固有の特質と見なせる母語使用の在り方は、タイの英語教室においては、英文や英語の語彙の意味を確認するとき、文型・文法のルールを説明するとき、活動の説明や指示を出すとき、生徒の応答がないので理解を深めたり、応答を誘発するときなどに母語使用をすることが挙げられる。日本の英語授業においても、アンケート調査（6章の2.1）からタイとほぼ同じ結果が現れた。

3　EFL環境におけるタイと日本の英語授業に共通する特性

　タイの中等学校の英語授業を授業分析・談話分析の手法で分析した結果から判明した特性と英語教室の談話構造は基本的にIRFが連続で出現する。

　授業分析による発話量の観点からは、教師発話量が生徒発話量に比べて圧倒的に多く、教師の発話持続率がかなり高い。教師の支配率も高く生徒のコミュニケーションの自由度が低いことが挙げられる。発話の多様性はあまりなく単調である。このことは、教師と生徒のインターラクションの機会が少ないことを意味している。

　談話分析の観点からも同様の特性が表れた。特に、教師・生徒間のインターラクションが少なく、意味交渉のある発話のやりとりはほとんどない。教師の質問もディスプレイ・クエスチョン（提示質問）が多い。SETT処理による談話分析からも、文型・文法、語彙などの言語規則に関する「技能と規則モード」が大半を占め、コミュニカティブな談話モードである「教室文脈モード」は10人の被験者教師のすべての授業において皆無であった。これらのことは、言語練習や言語知識を中心に学習する形式中心のアプローチによる認知的学習が主流であることを意味している。よって、授業のコミュニカティブな度合いが低く、英語教室がコミュニケーション能力育成の場になりにくい特性であることが挙げられる。

第7章　ＥＦＬ授業での母語(L1)使用の意義

はじめに

　本章では、第5章で行ったタイの中等学校における英語授業での母語使用の観察・分析の結果から、EFL 環境における英語授業での母語 (L1) 使用の意義と有効性について論じる。

1　英語授業における母語(L1)使用の理論的背景

　EFL 環境における英語教育において、母語使用の有効性について考えることは、かつての「文法・訳読式教授法」への回帰であると捉えられる可能性があるとすれば、それは本研究が意図していることではないので、まず、最初にそうではないことを強調しておきたい。外国語教育は、一般的に目標言語を用いて行うのが原則であるという考えに根ざしている。
　外国語を教える教室の言語環境はできる限り目標言語を授業言語として用いるのが望ましい。なぜなら、生徒に可能な限り目標言語でインプットを与えることが言語習得に有効であると考えられ、教師が目標言語だけを使って授業を行うことが求められている。そして、外国語の言語能力育成のために、教師から与えられるインプットが、英語教室での唯一肉声のインプットであるからである。しかし一方で、EFL 環境において、教師が目標言語（英語）のみを用いて授業を行うことには限界があることを英語教師が認識することが重要である。やはり、母語(L1)を使わざるを得ない状況が存在している。
　第1章で、ESL と EFL の概念規定を行ったが、その概念規定に基づいて考えるならば、ESL とは「モノリンガルとしての外国語の言語能力」

を育成するため、目標言語のみで授業を行うことになるので、生徒は母語を使う余地がなくなる。シンガポール、マレーシア、フィリピンなどのESL環境の国の英語授業は、教室内の生徒の母語(L1)が1種類とは限らず、それぞれ異なった複数の母語が混在しているので、教師も個々の生徒の母語に対応しきれない状況が存在している。一方、EFLとは「母語とともにバイリンガルとしての英語の言語能力」を育成するものと規定している。つまり、タイや日本のようなEFL環境では、英語のみを運用できるようにすることが目的ではなく、英語と同時に母語であるタイ語や日本語も運用できなければならない。すなわち、目標言語と母語が即座にコード・スイッチングできるようにすることが理想であると考える（中野、2006）。

このようにEFLの言語環境をESLの言語環境と区別して考えるならば、EFL環境では、必ずしも授業のすべてを英語で行うことが最善であるとは限らない（バトラー後藤、2005）。外国語教授において、母語使用が言語習得にとって明らかに有効に働いているならば、母語使用を否定する必要はなく、むしろ積極的に活用することが望ましいと考える。例えば、Polio and Duff(1994)は、母語を使用することの効用として、「教師・学習者間の心理的関係の維持、発話不理解による心的圧迫の解消、授業運営の効率化」などのさまざまな効用を報告している。このように目的と使用法が明確な場合に、母語使用は有効であると考える。

EFL環境における英語授業での母語使用の有効性に関する研究はまだまだ未開拓の分野であるが、次に本研究において、EFLの特質を明らかにするときの観点として取り上げる外国語教授における教師の母語(L1)使用についての先行研究として、Carver(1983)、Atkinson(1987)、Cook(2001)、Turnbull (2001)、Turnbull and Arnett (2002) 等が挙げられる。

次に、それらの中からいくつかの先行研究を外観し、その知見を用いて、EFL環境における英語授業での母語使用の有効性について論じる。

まず、最初にCarver(1983)を取り上げる。彼の論文の中でEFL環境における英語教師たちは、母語使用の禁止という考え方にはもはや束縛されないと感じているが、母語使用の自由が「文法・訳読式教授法」への回帰

になるとは解釈していない。しかし、それがどれだけ有効であるのかについては、半信半疑であるとして、英語指導における母語使用の可能性を次のように集約している。母語使用の項目は以下の通りである。

(a) Translation equivalent of unknown word
(b) Explaining rules
(c) For making explicit comparison
(d) Preparing for written composition
(e) Conveying the meaning of language before practice
(f) Presenting a text for reading
(g) Gradual approximation to reading
(h) Prompts in dialogues
(i) Intercambio
(j) Language switching
(k) For testing

次に上記の先行研究の中から主な研究をいくつか取り上げる。最初に取り上げたCarver(1983)は、次のように述べている。

① 母語使用を禁止している専門家はいないことを根拠に、一般に受けいれられる考え方として未知の語や規則を英語で説明したり、文脈や身振りで示すよりも母語を使う方が時間の節約になるし、また一層効果的である、としている。

② また、誤りの中には母語の干渉によるものもあると仮定できるが、そうであるからと言って母語を無視して避けようとするのは得策ではなく、むしろ、母語を頼りにして表した英語表現がなぜ正しくないのかを母語で説明しながら、正しい発話を導く方が役立つのではないかと言うことを述べている。

③ さらに、大人の学習者の感じる挫折感は、母語では容易に複雑な思考が表現できるのに、外国語では子供じみた簡単なことしか言ったり書いたりできない。そのことから引き起こされた欲求不満を少なくするには、学習者に言いたいことを母語で言わせ、それを教師が手助けをして適切

な英語を与え、英語で表現させることを述べている。
④ 新出事項は、実物や絵の助けを借りてスキットを演じることにより示すのが通例であるが、それよりも、その内容とか意味、練習方法をあらかじめ母語で伝えておけば、繰り返しや応答、展開などがスムーズにできるようになると、Dodson(1967)が自信をもって論じていることを引用している。
⑤ 読解力養成には、テキストとして昔からある「対訳本」が役に立つのではないかと示唆している。この読み取る力をつける方法として、Widdowson(1978)の言う 'gradual approximation' を引用している。これは、かつて、Burlings(1968)が 'outlandish proposal' として示したものである。読むことだけを目標においた場合、文法的な部分は外国語で、内容語は母語にして読めるようにしたテキストである。
⑥ 対話の指導の場合いろいろあるが、例えば、A・Bの対話において、Aは英語で、Bは母語でそれぞれ示し、Bの部分を英語で言わせるようにする方法を提案している。
⑦ 初期の段階においてコミュニケーションを重視し、適切な表現が見つからなくても続行させることをねらいとして、英語の中に母語を交えながら話してもよいとする 'language switching'、あるいは、英語が話せる者は英語を使って、英語が話せない者は母語を使って相互に対話することを通じて、次第に英語が話せるようにしようとする (Cromshaw, cited in Krashen, 1981) の用いる用語である 'Intercambio' を紹介し、これらの技術はそれだけが目標ではなく、例えば、これらの対話の録音を再生しながら、使われた母語の部分を英語で言えばどうなるかを教師が示すことが必要であると述べている。
⑧ 外国語の知識をテストする上で、母語の使用は有効であるとする Matthews-Brevsky (1972)の論に言及している。

以上のように Carver(1983)は外国語指導における母語使用の効用を示唆したかったのであるが、本来、外国語の教師は授業で目標言語を授業言語として用いるのが適切であるという仮説に立っていることから、母語使

第7章　ＥＦＬ授業での母語(L1)使用の意義

用は最小限にとどめておくべきであり、このような考え方が決して古典的な「文法・訳読式教授法」を支持するものではないことを強く主張している。

　次に、Atkinson(1987)を取り上げる。彼は、外国語のモノリンガルの教室における母語の役割というのは、一般的に指導法の議論や教師研修では取り扱われない議題であると述べ、論文の中で、母語使用のトピックが無視される理由のいくつかを提唱し、外国語教室での学習者の母語(L1)の様々な適用を記述している。そして、Swan（1985）が言及しているコミュニカティブ・アプローチ(CA)への批判に対して、コミュニカティブ・アプローチの再査定の必要性を述べ、再査定を行うときの指導法の主たる側面が、教室での学習者の母語(L1)使用の役割であることを強く主張している。外国語教室での学習者の母語使用は、教室での資源として母語の潜在能力がとてもすばらしく、その役割が特に成人学習者に対してはEFL指導にとって、コミュニカティブ・アプローチの次にくるアプローチ〔ポスト・コミュニカティブ・アプローチと唱えている（Atkinson、1987、バトラー後藤、2005)〕として発展させるための考慮すべき留意点に値すると主張している。

　具体的な英語授業における母語使用の効用性として、以下のような項目を挙げている。
　　① 言語の誘発（Eliciting language）
　　② 理解の確認（Checking comprehension）
　　③ 言語指導（Giving instruction）
　　④ 学習者間の協同（Co-operation among learners）
　　⑤ 教室での指導法の解説（Discussion of classroom methodology）
　　⑥ 言語の提示と強化（Presentation and reinforcement of language）
　　⑦ 意味の確認（Checking for sense）
　　⑧ 外国語の知識のテスト（Testing）
　　⑨ 効果的な学習方略の伸張（Development of useful learning strategies）
　一方で、どんな状況であれ母語への過度の依存は危険性を含んでおり、

避けるべきであると指摘しているが、結論としては、母語使用は指導法の適切な基盤にはならないとして、現在のところ過小評価されてはいるが、母語のなすべき役割は多種多様である。よって、外国語の教室で母語(L1)使用を無視することは、外国語教育における最大限の効率のよさをなくした状態で教えることになることを自覚しておくべきであると述べている。

　次に挙げるのは、Cook(2001)の母語使用に関する論文である。彼の論文の主旨は、外国語教室では教師も生徒も母語は使うべきではないという昔から伝統的な歴史観に立って尊重されてきた価値観を再吟味することであると述べている。すでに母語(L1)はこれまでに代わるがわる登場する教授法やニュー・コンカレント・メソッド、コミュニティー・ランゲージ・ラーニング、ドッドソンズ・バイリンガル・メソッドなどのL1とL2の関連を作り出す教授法においては積極的に用いられてきた。母語(L1)を教室の言語財源として扱うことで、母語使用の様々な用途を開発してきた。例えば、教師にとっては、意味の伝達、文法の説明、教室の管理・運営など、また生徒にとっては、協同学習の際の一部や個別学習のときの母語使用について言及している。彼は、母語(L1)は絶対に避けるべきものと言うよりもむしろオーセンティックな外国語使用者を育成するのに有益な要素になりうると述べている。授業で積極的に母語(L1)を使用する方法として次のような項目を挙げている。

・Teacher use of L1 to convey and check meaning of words or sentences
・Teacher use of L1 for explaining grammar
・Teacher use of L1 for organizing tasks
・Teacher maintenance of discipline through L1
・Teacher gaining contact with individual students through the L1
・Teacher use of L1 for testing

　Cookは、この論文の結論として、母語(L1)を使うことへの罪悪感をもつのではなく、むしろ教室で故意に、そして系統的に用いられうるものであるとしている。そして、さらに母語使用のための示唆を以下のように提

第7章　ＥＦＬ授業での母語(L1)使用の意義

示している。
- L2指導にあまりにも時間がかかり過ぎる場合は、指導や説明をするときの手っ取り早い方法として。
- 連結された L1と L2の知識を生徒の頭の中で高める方法として。
- 仲間の生徒と協同の対話を通して、タスク学習の実践を行う方法として。
- 後の実社会での第2言語使用に対して、コード・スイッチングのような第2言語活動を発展させる方法として。

上記のどの場合においても、教室が常時2つの言語が存在している状況として扱われている。その意味は、教師が一旦、母語使用の禁止の考えから解放されるように展開するための唯一のヒントとして提案している。

いずれの研究者も、EFL 環境での母語使用を否定しておらず、過度の使用もいけないが、必要に応じて効果的に母語を使用することを推奨している。

1.1　タイの英語授業での母語使用の実態
① 本研究の授業分析の結果から

2回目のタイ訪問で、どの教師もかなりうち解けて話すようになってきた。本音も語るようになってきた。本研究でのタイの英語授業の観察結果から、筆者が観察、録画、及び分析した10名の英語授業における英語使用率の平均値は76％とかなり高い比率を示した。よって、タイ語(L1)使用率は最小値の教師で8％、最大値の教師は46％であり、タイ語使用率の平均値は24％を示した。このことは、教師の目標言語(英語)使用率がかなり高

＜分析結果から判明した比率＞

英語使用率　　　76％
タイ語使用率　　24％

く、母語使用が非常に少ないことを示している。日本から授業観察に来ると言うことで、授業を努めて英語で行うように意識が働いたことが、授業者との話し合いから推察できる。さらに言えることは、授業観察を行った

セナ・プラジット中等学校は、セナ地区の初等教育教員研修のための拠点校となっており、英語力や指導力もかなり高い教師が勤務している。また、初等教員研修講座の講師も務めている。以上の点から、教師の英語使用率が高く、タイ語使用率が低い結果になったことがうかがえる。
　しかし、通常の授業ではその逆であり、タイ語使用率が高いことが日常のパーソナル・コミュニケーションから予測できる。なぜならば、数名の授業者へのインタビューの中から、普段の授業は精々30％程度を目標言語（英語）で行っていると述べている。やはり、日本から授業観察に来るということで、英語で授業をするところを見て欲しいという気持ちが意識的に働いたことが予測できる。世話役のラダワンとのパーソナル・コミュニケーションから、普段の授業では彼女自身は70％程度を英語で行っていると述べているが、ほとんどの教師は精々多くても30％程度を英語で行っていると述べている。
＜パーソナル・コミュニケーションから判明した比率＞
　　英語使用率　　　30％
　　タイ語使用率　　70％
　タイの英語教師と休憩時間に話していると、ことばの端々に「観察者が授業を観ているから、なるべく英語を使っているところを見せようとしているのだ」ということばがしばしば返ってきた。一般的には、通常の英語授業は70％程度を母語のタイ語で行っていることがうかがえる。タイの英語教師の授業での使用言語についての考え方は、特に授業観察者がいるときは、なるべく目標言語（英語）を使わなければならないという意識が働くようである。しかし通常は母語使用が多くなっているのが現状である。
② **本研究の談話分析の結果から**
　第5章の定量的な談話分析における母語使用の分析の3つのカテゴリーで分析した結果、文型・文法、語彙、語彙変化などの言語そのもの指導のときに、タイ語を55％という比率で最も多く使用していた。学習活動・言語活動等の仕方の説明はほとんどタイ語で行われていた。教室運営のための使用言語は大半が英語であっても、日頃使い慣れていない表現になると

第7章　ＥＦＬ授業での母語(L1)使用の意義

即座にタイ語を用いていた。
　また、定性的な談話分析の結果から、タイ語使用の多かった事例として、「英文や単語の意味確認をするとき、生徒から応答がでないので発話を誘発するとき、学習活動・言語活動の仕方を説明するとき、文型・文法の説明をするとき」が挙げられる。
③　タイの現地アンケート調査の結果から
　タイのセナ・プラジット中等学校はタイのアユタヤ地区の現職教員研修の拠点校である。この中等学校の英語教師はこの現職教員研修講座の講師を勤めており、優秀な英語教員が集められている中等学校である。毎週土曜日にアユタヤ地区の現職教員研修に参加している教師にアンケート調査を行ったところ、13名の教師が回答してくれた。その結果は以下の通りである。
　アンケート質問１ は、「通常、あなたは英語の授業で何％英語を使っていますか」に対して、回答は次のとおりであった。最高比率が60％で1名、50％が4名、40％が4名、30％が3名、25％が1名という結果であった。英語使用率の平均値は約40％であり、よって母語(タイ語)の使用率の平均値は約60％である。
＜タイ教師へのアンケート調査から判明した比率＞
　　　英語使用率　　　40％
　　　タイ語使用率　　60％
　アンケート質問２ は、「あなたはどんな時、タイ語を使用しますか」に対して、10名が「文法指導や新出単語や難しい単語を指導する」ときタイ語で説明するという回答であった。その他の回答として、「生徒が理解していないと判断したとき、タイ語に切り替えて説明する」と回答していた。
　アンケート質問３ は、「あなたは英語の授業でできる限り英語を使いたいですか、それとも使いたくないですか」に対して、ほぼ全員に相当する12名が「できる限り英語を使いたい」という回答であった。
　アンケート質問４ は、「あなたの英語教師としての夢は何ですか」に

対して、ほとんどの教師が、「生徒が英語をコミュニケーションの手段として使えるようになって欲しい。将来、実社会で英語を使って外国人とコミュニケーションができるようになって欲しい」という回答であった。

　□アンケート質問5は、「あなたが英語を教えているとき、楽しく思うことは何ですか」に対して、ほとんどの教師が「教師の指導に集中して取り組もうとしているとき。教師が教えたことをちゃんと理解してくれたとき。生徒が理解した英語を実際に運用できたとき。」などを挙げている。

　以上のアンケート調査の結果から、タイでは英語授業においてできる限り目標言語の英語を用いて授業を行いたいと思っている。そして、生徒に英語のコミュニケーション能力を育成したという思いが伝わってくるが、教師の実際の英語使用率は25％から60％の間であり、平均値で約40％であった。実際に授業分析をして英語使用比率を出した場合は、もう少し低くなる傾向にある。アンケートでは、平均で40％と答えているが、実際には

＜アンケートから推測される実質の比率＞
　　英語使用率　　　30％
　　タイ語使用率　　70％

30％程度の可能性がある。なぜなら、日本の英語教師に同じアンケートを実施したところ、アンケートに回答した英語使用比率よりも、授業分析の結果から判明した実質の英語使用率の方が10％程度低い数値を示す結果が表れた。

④　タイの英語教師ソムヨの論文から
　ソムヨはタイのアユタヤ地区の都市部からかなり離れた小学校と中学校が同じ敷地内にある極めて特殊なシステムの学校に勤務している教師である。タイは通常、小学校は単独に運営され、中高は一貫の中等学校として運営されているが、彼の勤務校は極めて特殊なシステムである。中学生は全員で13名しかいない。彼は日本の大学で英語教育学の修士号を取得している。英語力はかなり高く、授業のほぼすべてを英語で行っている。筆者が観察した授業は、環境問題をテーマとした総合学習に取り組んでいた。

第7章　ＥＦＬ授業での母語(L1)使用の意義

コンピュータの学習も兼ねていた。13名の生徒に対して教師は英語教師１名、コンピュータ教師１名、学級担任教師１名の計３名の教師がティーム・ティーチングで授業を進めていた。

　授業はすべて英語で行われているが、担任教師が２文から３文ごとに逐一タイ語に翻訳している。生徒はコンピュータのワープロ・ソフトを用いて英文を書いていくが、コンピュータの操作がわからないときは、コンピュータ専門の教師が指導にあたる。生徒の応答も大半がタイ語での応答であった。教師は生徒が応答したタイ語を直ちに英語に翻訳していく指導方法がとられていた。結局、タイ語を媒介として英語を理解している授業であった。

　ソムヨの論文によると、タイでは、英語授業はタイ語(母語)と英語(目標言語)の両方を用いて指導している。彼の観察する限りにおいて、母語と目標言語の使用比率は母語30％に対して、目標言語70％であろうと述べている。ソムヨ自身にＥメールで確認したところ、彼の授業観察の限りにおいてその比率は間違いないと証言した。彼自身の場合やセナ・プラジット

＜ソムヨの修士論文の報告の中での比率＞

　　英語使用率　　　　70％
　　タイ語使用率　　　30％

中等学校の授業観察を許可してくれた教師については確かにそうであるが、一般の教師の場合、筆者の観察においては、ソムヨの述べている比率に必ずしも賛成できるものではない。後日、セナ・プラジット中等学校の世話役の教師に、ソムヨが授業のほとんどを英語で行っていることを告げると、日本からわざわざ授業観察に来るので、英語で授業をしているところを見せようとしているのであるという返答が返ってきた。以上のことを考え合わせると、ソムヨの論文で報告されているほどに英語使用率は高くないことが予想できる。ソムヨの授業の場合は100％近く英語を使用しているが、それらの英語を100％、逐一タイ語に翻訳をしているので、100％タイ語で授業を行っているのと何ら変わらないというように捉えることも十分可能である。

⑤ タイの母語使用の実態報告のまとめ

　以上の結果から、英語とタイ語の使用比率を総合的に勘案すると、タイの英語授業では英語使用率が30％程度、タイ語使用率が70％程度になると見なせるであろう。まだまだ授業言語として、英語の使用率はさほど高くない状況がうかがえる。

　タイの旧学習指導要領では、教科書を用いて母語による徹底した文法・訳読式教授法による授業であった。授業は当然のごとくタイ語で行われ、徹底した教師主導型の指導法であった。しかし、1999年5月、国家教育法の施行に合わせて、教授法とカリキュラムが全面的に改訂され、従来の暗記型や伝統的な教授法から学習者参加型(child centered)の授業へとシフトしている。筆者の授業観察からも学習者参加型の授業づくりを展開しようとする努力がうかがわれた。それはなるべく目標言語の英語を用いて授業を行うことや、教科書を使用しないで、教師が独自に教材作成をして、コミュニカティヴな授業にしようと努めている点、さらに生徒同士のインターラクションの場をつくるために、生徒のペア活動やグループ活動を授業に取り入れようと努力している点に表れていた。

1.2　日本の英語授業での母語使用に関する考え方

　筆者が日本の都市部と地方都市の中学校の英語教師40人に実施したアンケート調査の結果から、英語授業における日本語(母語)使用についての考え方を報告すると、次の通りであった。

　英語授業において目標言語(英語)の使用率は78％の教師が50％以下であった。つまり、78％の教師は日本語使用率が50％以上であり、その内77％の教師は日本語使用率が70％以上であった。

　日本語使用率を比率区分ごとに示すと、70％以上(60％)、60％〜50％(16％)、40％〜30％(8％)、20％以下(10％)であった。

＜日本の英語教師の授業言語使用率：アンケート調査から＞

　　　英語　　　37％
　　　日本語　　63％

第 7 章　EFL授業での母語(L1)使用の意義

　授業言語の約63％が日本語で行われていることが判明した。学習指導要領で「実践的コミュニケーション能力の育成」を目標に掲げて以来、英語を用いて行う授業にシフトした印象が強くあったが、アンケート調査からは依然として、日本語が多く使用されていることがわかる。使用している英語の種類としては、32人(80％)の教師が教室運営に用いるクラスルーム・イングリッシュを使用しているという回答であった。実践的なコミュニケーションとしての英語使用ではなく、ほとんど決まり切った定型表現の英語を用いていることが判明した。
　また、日本語を授業のどのようなときに用いるのかという質問に対して、回答数の多かったものとして、「生徒が教師の発する英語が理解できていないと判断したとき」「活動のルールなど、英語による説明が複雑なとき」「複雑な文型・文法事項の説明のとき」などを挙げている。中野(2006)は、日本の中学生に授業のどんな場面で英語を使用し、どんな場面で日本語を使用して欲しいかの調査を行った。その結果、「活動の指示をするとき」「込み入った内容の説明のとき」には英語よりも日本語を使用して欲しいというデータが圧倒的に多数を示したことを報告している。この調査の結果をみると、教師が日本語を用いた方がよいと判断した項目と生徒が日本語を使って欲しいという場面とほぼ一致していることがわかる。
　中野(2006)はこの調査を通して、日本のようなEFL環境では目標言語のみを使用するのではなく、母語(L1)使用を生かす方が効果的であることをイギリスのロンドン大学やエッセックス大学の大学院で言語習得理論を学んだ経験から、気がついたと述べている。
　タイの英語教師の英語授業での母語使用に対する考え方について筆者がタイ滞在中に個人的に日常の会話の中でたずねたり、母語使用の意識調査を実施した。その内容を私的観察記録としてまとめた。

2　EFL環境における英語授業での母語(L1)使用の意義

　本研究の目的の1つであるEFLの特質を明らかにするための方法論と

して、英語授業における母語(L1)使用の在り方を取り上げている。EFL 環境は ESL 環境とは相当に異なっている言語環境であると捉えている。その観点に立って、EFL 環境での母語使用の意義について論じる。

　日本でも、英語教育の目標が「実践的コミュニケーション能力の育成」になって以来、指導法としてコミュニカティブ・ランゲージ・ティーチング(CLT)が推奨されるようになってきた。しかし、CLT は本来、実際に英語を必要とする成人学習者のために誕生した指導法である。CLT の基本概念はいわゆるニード・ベーストであり、必ずしも英語だけで授業を行う指導法であると説明されているわけではないが、一般的には目標言語の英語を用いて授業を行う指導法であると捉えられがちである。EFL 環境で、しかもコミュニケーション能力の育成を目標にしている生徒がいるとは限らない学校教育において、CLT の指導法は困難をきたし定着しがたい側面をもっている。EFL 環境での英語教育に関して、先行研究の知見や本研究の結果から、英語による英語指導が必ずしも最適であるとは限らないことが明らかである(バトラー後藤　2005)。

　また、EFL 環境における英語コミュニケーション能力とはいったい何であるのかもしっかりと見据える必要がある。英語のネイティブ・スピーカー(NS)や ESL 環境での目標とする英語コミュニケーション能力とは異なる要素が多く存在していると思われる。グローバル化する社会で、特にアジアの人々の間で、英語のノン・ネイティブ・スピーカー(NNS)同士のコミュニケーションの手段として用いられることが増えてくる。

　そこで、EFL 環境における学校教育での英語教育は、母語(L1)使用のメリットを生かし、一定の条件の下に使い過ぎないように、適切に使用することによって、英語力を高めるのに効果的である。EFL 環境の特殊性を意識し、EFL 指導に効果的であるならば母語(L1)を積極的に使用することを推奨する。

第8章　ＥＦＬコンテクストに適した授業モデルの可能性
母語の有効な活用の視点から

はじめに

　本章では、本研究の結果から得られた知見を踏まえて、タイや日本のようなEFL環境に適した英語授業の構築を目指し、「コミュニケーション能力の育成」のためのEFL型授業の理念を構築するとともに、EFL型授業に適合した新たな授業モデルの可能性を提案する。

1　EFL型授業観の構築

　この項では、これまでに論じてきた外国語（EFL）としての言語環境の中で考えるべきことを踏まえた上で、EFL環境のコンテクストに適した英語授業観の構築について論じる。

　本研究は、ESL環境とEFL環境の間にはかなり大きな違いがあるという前提に立っていることは、序章で述べた。平成10年（中学校）、11年（高等学校）告示の「学習指導要領」で、「実践的コミュニケーション能力の育成」を目標に掲げ、実際に「聞く」「話す」の音声面によるコミュニケーション能力に比重が置かれ過ぎていることや、平成15年に発表された「『英語が使える日本人』の育成のための行動計画」によって、「使える英語」の視点が強調され過ぎたため、オーラル・コミュニケーションによる英語運用能力を育成することに重点が置かれ過ぎている。そのため、指導法においてはCLT(CA)がコミュニケーションでの言語使用に焦点を当てた教授法であり、コミュニケーション能力を習得するための教授法であるため、英語教育の中心的な指導法として推奨され、教育実践の場で大いに受け入れられている。しかし、CLTは元来、英語を実際に必要としている青年・

成人学習者のために、単に言語知識の学習のみならず、実際に運用できるコミュニケーション能力の育成を目指して、1970年代に「欧州評議会」で提唱されたものであり、ニーズ・ベーストの英語教授法として開発された指導理念である。よって、日本のような EFL 環境で、しかも公教育という学校教育の条件下での英語授業は、CLT の指導理念に適しておらず、CLT による指導法はかなり困難を生じ、指導内容が定着しにくいところがある。バトラー後藤（2005）は、EFL 環境で CLT が定着しない理由として、先行研究の知見をもとに、概念上の問題点、人的・物的資源上の問題点、構造上の問題点の3つの点において以下のように指摘している。

① **概念上の問題点**

CLT は具体的かつ技術的な指導法というより、基本的指導理念というべき性格を持っているので、CLT は教師の CLT に関する理解にばらつきがあり、CLT の捉え方に色々な解釈があるため定着が困難である。また、各国の教育文化や教育哲学の違いによって、CLT を相容れない部分もある。

② **人的・物的資源上の問題点**

NNS の英語教師には、CLT の効果的な活用の訓練を受けていない教師が多くいる。そして、CLT の理念とするオーセンティックな教材の入手が困難であり、EFL 環境の学習者向けにオーセンティック教材やアセスメントをつくる時間や余裕を持っていない。

③ **構造上の問題点**

EFL 環境で CLT がうまく軌道に乗らない理由として、EFL 環境にある学校教育環境の問題点を3つ挙げている。

　　（1）クラスサイズ（クラスの人数が多い）
　　（2）文法、読解中心の大学入試の存在
　　（3）教室外で英語を使う機会が極めて限られていること

構造上の理由として、以上の3点を挙げているが、（3）の理由が ESL と EFL の言語教育環境の最大の違いであり、EFL 環境で、CLT を導入する際に一番困難な点であると指摘している。この点は、本研究において筆者が第1章（2.1.2.2）で主張している点と全く重なる見識である。よっ

て、ESL教育とEFL教育は学習者を取り巻く言語環境が全く異なることを認識した上で、特に、アジア諸国のEFL環境では、それぞれの歴史的、文化的、社会的なニーズや環境など、各国の状況に応じた独自の英語教授法を構築することが重要であると考える。Bax（2003）は、それぞれの文化固有のコンテクストに焦点を当てたコンテクスト・ベースト・アプローチの教授法を提案している。

　Atkinson（1987）は、EFL学習者に対するEFL環境に適した指導法として「ポスト・CLT」の指導法を開発する必要性を強く主張している。その重要な点として、EFL環境における英語授業では、学習者の母語（L1）が英語教室での言語資源としての可能性を秘めているので、母語使用の役割に注目し大いに議論するべきであると主張している。バトラー後藤（2005）は、外国語学習と母語学習の違いを踏まえた上で、「ポスト・CLTモデル」ともいうべき、各国の学習環境に応じた独自の教授法を構築していく上での留意点を今後検討していく必要があると述べ、現時点では予想としての留意点と考えられる共通項として、以下の5つの観点を述べている。

（1）NSの英語の習得を最終目標に置かない。
（2）母語を無条件に排除するのではなく、状況に応じて上手に利用する。
（3）インプットの充実を図り、アウトプットを急がせない。
（4）母語教育や他の教科の履修内容・教授法とも関連性を持たせる。
（5）モデルの構築は、現場の教師と学習者が中心となって行う。

Atkinson（1987）とバトラー後藤（2005）に共通する「ポスト・CLT」の観点として、EFL環境における英語授業での母語（L1）使用の効用が挙げられる。次の項では、今後の日本のようなEFL環境に適した英語授業を構築していく上で重要となる「母語の効果的な使用」について、本研究でのタイの英語授業の観察・分析から得た知見をもとに論じる。

2　EFL環境における英語授業での母語使用の条件

　英語教育は目標言語で指導することを前提とするが、EFL環境においては、授業のすべてを目標言語で行うことが必ずしも最適な指導法とは限らない。すべて英語で指導することで、逆に母語の必要性や効果的な母語使用とは何であるかが見えてくる側面もある。

① ティーチャー・トークとしての母語使用

　英語の授業をすべて目標言語で行うことが前提ならば、教師は目標言語によるティーチャー・トークを使いこなす能力が求められる。ティーチャー・トークを使いこなす能力、すなわちモディフィケーション能力はネイティブ・スピーカーとほぼ同等の英語力が必要であり、本来、成人ネイティブ・スピーカーしか持ち合わせていないと、Corder (1981) は述べている。このように、教師がすべて英語で教えるのは、教師の英語力が問われることになる。本論文（序章）で先述したCummins (1984a) の提唱するBICSとCALPのうち、BICSレベルならば、すべて英語で授業を行うことが可能であると思われる。しかし、CALPレベルになると、生徒の理解に応じて、発話のレベルを調整しなければならない。その調整能力がなければ、そのときどきに適切な方法で母語を用いることが必要になる（吉田、2003b）。

　すべて英語で授業をした場合、生徒が英語ですべてを理解できるような良質のインプットを可能な限り量的にも多く与えることが言語習得の面からいうと重要になってくる。しかし、生徒が教師の英語が理解できなければ英語で行う意味がなくなる。そこで、生徒が教師の発する英語を理解できないと判断したとき、理解させる手段として母語を使う必要がでてくる。生徒に教師発話を理解可能にする手段として母語を用いるならば、母語がティーチャー・トークとしての機能をもっていなければならないと考える。このように学習者の母語 (L1) を使用することによって、教師発話の理解を促進し学習者から発話を誘発する手段として有効であるならば、英語授業で積極的に母語を用いることが推奨できる。

第8章　EFLコンテクストに適した授業モデルの可能性

② 英語と母語のコード・スイッチングのための母語使用
　本論文の第1章（2.2.1）で論じたESLとEFLの概念規定をもとにして考えると、EFL環境における英語教育は、英語（目標言語）と母語（L1）のバイリンガル教育である。筆者の規定した概念上、日本の英語教育では英語と日本語のバイリンガルを育成することである。日常生活では日本語が使用されており、学校教育の場で英語教室においてのみ英語が用いられている。
　日本の英語教育は英語のみを運用できるようにすることが目的ではない。母語である日本語が使えることが大前提として、英語が運用できるように教育することである。日本というEFL環境で言語的有用性を求めるならば、英語が日本語に、また日本語が英語に即座にコード・スイッチング（言語切換え）できることが必要であると考える。コード・スイッチング（言語切換え）とは、2つ以上の言語を使用することができる人が、ある言語を使用中に別の言語に切換えることをいう。
　斎藤（2003）は、EFL環境において、コード・スイッチングの説明に相当することについて、次のように述べている。

　　　日本語を母語として生活してきた人間がいきなり英語で何かを考えようとしたって、正しい英語がスラスラと出てくるものではない。肝心なのは普段から日本語でしっかりものを考える習慣を身につけることである。その上で、日本語で考えたことをできるだけ早く英語に変換する訓練をすればよい。母語を大事にしない人間は、外国語の習得など望むべくもない。

　上記の説明にあるように、日常的に英語を使用する環境がないEFLコンテクストでは、母語(L1)をしっかり身につけ、母語で考えたことを即座に英語にする訓練が英語学習に重要なポイントになることが示されている。
③ 母語のメタ言語能力の利用
　EFL環境で英語を学習する際に、日本の場合であれば日本語を母語と

297

する学習者が外国語である英語を学習することになる。その際、日本語と英語のバイリンガルの状態になる。但し、第1章 (2.2.2) で論じたように、本論文では英語と日本語の能力サイズが同等になる状態だけをバイリンガル状態であるとは考えていない。

　Cummins (1981) は、バイリンガルの言語能力モデルを水に浮かぶ氷山の表層部と水面下の深層部の2つに分け、表層部の言語能力は日常使用する4技能の言語能力を示し、深層部の言語能力を基底能力として示した。第1言語と第2言語の両方にまたがる能力は深層部分において通底しており、両者が影響し合いながら発達するという「二言語相互依存説」を提唱した。

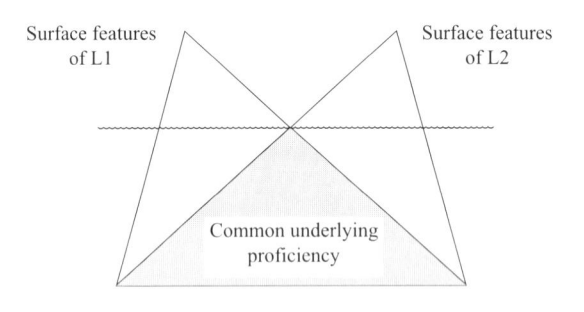

The 'dual-iceberg' representation of bilingual proficiency

図1：カミンズのバイリンガル説（氷山説）

この仮説は図1に示すように、2つの言語は表層部分では、音声構造や文法構造は異なるが、2つの言語の基底には「中央基底言語能力」(Cummins, 1984a; 1984b) を共有しており、このシステムで論理的に分析し、類推・比較し、まとめると言った抽象的思考力を機動させると想定している。さらに、文章構造の分析や意識化などの「メタ言語能力」が深層部で共通していると仮定している。

　Cummins and Swain (1986) において特徴的なのは、「共通基底能力」を提案したことである。バイリンガルの言語能力を互いに独立した2つの

言語能力として捉えるのではなく、バイリンガルの脳の中では1つに収斂していくと仮定した。2つの言語能力はその根源でつながっていると考えられ、現在、この仮説が有力視されている。

以上の仮説から、山田（2006）は日本人の英語力は日本語と英語の共通基底能力を想定しなければうまく説明できないと考えており、言語能力の基底部分に組み込まれた知識や能力はバイリンガルのどちらの言語に対しても有効に働くという仮説から、日本人英語学習者は母語である日本語の基底能力の活用は重要なポイントになると述べている。

さらに、山田（2006）は、バイリンガル能力を堅固なものに育てるためには、2つの言語を共にCALPレベルまで育てる必要があるとし、言語能力を高めるためには、物事を説明する力、抽象化や一般化の能力、論理的な文章を書く力、説得力などをコントロールするなどのメタ言語意識を開発する必要があると述べ、大津（1995）は、文法が内省などによって、意識の対象になった場合、その意識をメタ言語意識と言い、メタ言語意識を呼び起こすための能力をメタ言語能力と呼んでいる。そして、山田（2006）は、バイリンガルの基底能力とは、言語を客体化する能力、すなわち言語によって言語を観察しコントロールする能力と言い換えられると述べ、深層部の基底能力は共通で1つであるので、日本語のメタ言語能力を利用して、英語力を高めることを提案している。

斎藤（2003）も同様に、日本のようなEFL環境では、常日頃、日本語でものを考えながら生活をしているのが通常であり、言語が我々の頭の中にある漠然とした想念を論理的思考として実体化する道具である以上、日本語を用いているときに最も深く繊細な思考や情感的思念において、母語と同程度に英語を操るなどそう簡単にできるものではないと述べ、母語を大切にしない人間は、外国語の習得など望むべくもないと主張している。

以上の説明から、EFL環境での英語学習はむしろ母語（L1）を大切にし、母語能力を活かすことを考えた方が英語授業に有効であることがうかがえる。

3 EFL型授業モデルの可能性(母語の有効な活用の視点から)

　タイの英語授業における母語(タイ語)使用の談話分析の結果を受けて、EFL環境での英語授業における母語の有効な活用の視点から、EFLコンテクストに適した英語授業モデルの可能性を探ってみる。

　タイの英語授業における母語(タイ語)使用の分析結果は次の通りであった。定量的タイ語使用分析は、〔A〕言語(文型・文法、語彙)指導そのものに用いる、〔B〕学習活動・言語活動の方法の説明に用いる、〔C〕教室の管理・運営に用いる、以上の3つの分析観点で分析を行った。3つの観点のうち〔A〕観点で使用したタイ語発話が最も多く、10人の被験者のタイ語使用比率の平均値は56%を示した。〔B〕観点で使用したタイ語発話が18%、〔C〕観点で使用したタイ語発話が26%であった。この結果を受けて、母語の有効活用の視点からEFL型授業の可能性を探ってみる。

【効果的な母語使用の可能性(その1)】

　定量的タイ語使用分析から浮かび上がってきたことは、タイ語使用比率は3つの分析カテゴリーのうち、〔A〕が最も多く、「文型・文法の指導や説明、語彙・英文の意味の指導や説明」のカテゴリーが半分以上を占めている結果であった。その結果を受けて、EFL型授業モデルを提案する。

① 文型・文法の規則の説明や指導

　文型・文法の規則の説明や指導は、EFL環境では母語による説明の方が理解しやすく有効であり、指導時間の短縮にもなり授業の効率化を図ることができる。但し、文法規則については、説明だけで終わると、単なる知識としての認知的学習に終わってしまうので、母語による説明は正確に行うことは重要であるが、できる限り母語の使用を少なくし、簡潔に説明してその文法事項を含む例文を多く提示すること、さらにその文法事項を含む言語活動のためのタスクに取り組ませることで、運用につながる文型・文法指導ができる。いわゆる、フォーカス・オン・フォームズ(Focus on Forms)に終わらせないで、フォーカス・オン・フォーム(Focus on

Form) の指導法を取り入れながら、その文型・文法を取り入れたタスク活動を通して運用能力に発展する指導過程の授業が提案できる。

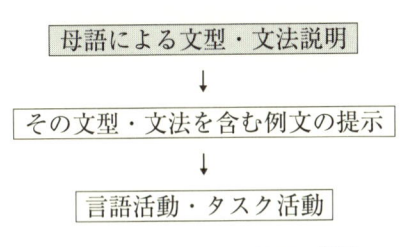

```
┌─────────────────────┐
│ 母語による文型・文法説明 │
└─────────────────────┘
           ↓
┌─────────────────────────┐
│ その文型・文法を含む例文の提示 │
└─────────────────────────┘
           ↓
┌───────────────────┐
│ 言語活動・タスク活動 │
└───────────────────┘
```

図２：文型・文法の説明・指導

　図２のように、指導過程のある一部で単独に母語を用いる指導法をとるのではなく、母語使用によって理解を確認し、理解の促進を図ることで、最終的には英語を使って運用能力にまで発展させることが重要である。このように一連の指導過程の中で母語使用を考えるアプローチが提案できる。

② **語彙や英文の意味の説明と指導**

　語彙や英文の意味の説明と指導については、EFL 環境では母語を使って意味確認をするのが一般的な指導法となっている。フラッシュカードの表部分には英語を書き、裏面に日本語を書いて、英語の意味確認と理解を図る指導法がしばしば観察される。この方法だけでは、単に英単語の意味を日本語に置き換えて理解するだけで、語彙の知識としての認知的学習に終わってしまう可能性がある。語彙知識を運用語彙に高める学習を通して、はじめて使える語彙となる。英語を日本語で意味確認することができたら、日本語を見て英語を発音したり、単語の綴り字を書いたりできるように指導する。次の段階では、その語彙を用いた例文を提示し、文の中での単語の使われ方を理解させる。次に単語の意味を英語で解説した英英辞典による単語の定義を聞いたり読んだりして、その定義に相当する単語を選び発音したり、綴り字を書くことができるように指導する。

```
┌─────────────────────────┐
│ 母語による英単語の意味確認 │
└─────────────────────────┘
             ↓
┌─────────────────────────┐
│ 母語から英語への置き換え  │
└─────────────────────────┘
             ↓
┌─────────────────────────┐
│ 語彙を用いた例文の理解    │
└─────────────────────────┘
             ↓
┌─────────────────────────┐
│ 英語による語彙の定義の理解 │
└─────────────────────────┘
```

図3：語彙の説明・指導

　図3のように、英単語の意味を日本語で確認する。これだけで語彙学習を終えるのではなく、英語から日本語、日本語から英語、英語から英語というように、最終的には英語を英語で理解し表出できるようにする。そしてさらに、その語彙を用いて英文が表出できるようにする指導過程が提案できる。このように、単独に英語を日本語に置き換えて意味を理解するだけでなく、最終的に運用語彙に発展するまで、図3のように、一連の指導過程の中で効果的な母語使用を考える授業過程が提案できる。

【効果的な母語使用の可能性（その2）】
　タイの英語授業における定性的タイ語使用分析から浮かび上がったことは、定量的分析からわかったことと重複していることを除いて、母語使用の顕著な事例は、(a) 教師の開始の発話に対して、生徒の応答がないので、発話の理解を促進するとき、(b)生徒から応答が出ないので、発話を誘発するとき、が挙げられる。EFL環境での英語授業では、目標言語だけで授業を進めていると、生徒が理解できないことが生じ、応答ができないときが出現する。そこで、母語の援助が必要となる場面が出現するのは必至である。母語の援助によって、生徒の理解が深まり、発話が誘発されている。タイ語と英語の使用の関わりについて分析した結果、以下の通りであった。
　(a)英語を言ってからタイ語に言い換える場合（英語→タイ語）
　(b)タイ語を言ってから英語に言い換える場合（タイ語→英語）

(c) 英語を言ってからタイ語に言い換え、さらにもう一度英語に言い換える場合（英語→タイ語→英語）

(d) タイ語で言うだけの場合（タイ語）

この結果を受けて、有効な母語活用の視点から EFL コンテクストに適した授業モデルを提案する。

① 英語と母語の使用パターン

　目標言語を使用することを前提とする視点から考えると、指導事項や指導内容によるが、英語の意味を理解させるとき、上記の(a)、(b)のパターンが必要になってくる。しかし、このパターンで終わらせると、単なる認知的な学習レベルに終わってしまうことになり、認知レベルから運用レベルに発展させる手立てとして、(c)のパターンが有効であると考える。つまり、英語を提示して、次に日本語を提示し、さらに英語を提示するパターンの指導過程が提案できる。

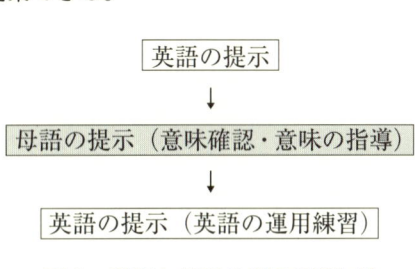

```
英語の提示
   ↓
母語の提示（意味確認・意味の指導）
   ↓
英語の提示（英語の運用練習）
```

図4：英語と母語の使用の関わり

　図4において、最初の英語の提示の段階で、その英語の置かれているコンテクストや状況の中で意味を理解させる手立てが必要であるのは当然である。それでも理解できないときや、理解したかどうかを確認する手段として母語を使用することが考えられる。さらに運用言語まで高めるために次の段階で英語に切換えて、最終的には英語で理解・運用ができるようにすることが重要である。

② ティーチャー・トークとしての母語使用

　タイの英語授業において、定性的談話分析の中で顕著に表れた談話構造

がある。それはIRFの談話の流れの中で、教師がI（発話の開始）を開始して、何回も修正するが、生徒のR（応答）がないので、ついに教師が母語で発話すると、生徒は意味を理解して応答しようとする。または、意味を理解しても英語で応答することができないこともある。そのとき、生徒に母語で応答をさせておき、教師がその母語を英語に置き換えて反復させながら応答を導くという談話構造の特徴が顕著に表れた。次に談話構造の流れを示す。

〔タイの英語授業の顕著な談話構造パターン〕
T:　英語発話の開始
S:　（応答なし）
T:　英語発話の反復
S:　（応答なし）
T:　英語発話の反復
S:　（応答なし）
T:　英語発話の調整・反復
S:　（①応答あり／②応答なし）
T:　英語応答例の一部または全部を提示
S:　（①応答あり／②応答なし）
T:　タイ語応答例を提示
S:　（①応答あり／②応答なし）
T:　タイ語応答例を英語に置き換えて提示
S:　英語の提示例を反復応答
T:　生徒の反復応答を反復して確認（終了）

　このように教師発話を何回も繰り返すが、生徒の応答がでてこないので、少し発話を修正するがやはり応答がないので、英語で応答例を与えて反復させるか、応答をタイ語で与えておき、英語で考えさせる。それでも英語の応答が出てこなければ、最終的に英語の応答を提示し反復させて終了す

るという談話構造パターンがどの教師にもしばしば観察された。上記の授業の談話構造において、英語によるティーチャー・トークが続くが、生徒の応答がないので、ついにタイ語を用いて発話している。この場合のタイ語使用は、ティーチャー・トークとしての母語使用になっていることが挙げられる。

　日本の英語授業においても、英語で授業を進めて行く過程において、良質のインプットを多量に与える授業構成を構築することが言語習得にとって重要であり、そのためには、英語によるティーチャー・トークを用いて授業を進めることが前提となる。しかし、それでも生徒からの応答がなかなか出てこないときは、日本語を英語の理解の援助として用いることができる。すなわち、指導過程において、ティーチャー・トークとしての母語を使用する授業が提案できる。

【効果的な母語使用の可能性（その3）】
　英語授業での効果的な母語使用の可能性を含んでいる指導法で、斎藤(2004)が提案する「キャプション・メソッド」を紹介する。この指導法においても、原則的に教師は英語授業で英語を用いることが前提となっている。なぜならば、英語授業での教師の英語による発話は生徒にとって貴重な英語のインプット源になるからである。生徒のリスニングやスピーキングの力を伸ばすには英語による教師発話がとても重要な要素となる。しかし、すべて英語だけで授業をすすめるのは困難を生じる。この指導法の特徴は、教師は英語で授業をすすめるが、生徒が自分の表現したい語彙、フレーズ、文を英語で言えないときは「日本語で言ってよい」という約束をしておくものである。次に授業での具体例を示す。

〔語彙の場合〕
T: What do you want to be in the future, A-kun?
S: I want to be …

A君は「天文学者」と言いたいのであるが、天文学者の単語がわからない。こういうとき、日本語で言ってよいことにしているので、

S: I want to be 天文学者.
T: Oh! you want to be an astronomer.

そして黒板に次のように書く。
　天文学者 → an astronomer
これを見て、学級全体で3、4回リピートし、A君ともう1度、次のように会話を試みる。

T: What do you want to be?
S: I want to be an astronomer.

このように授業をすすめると、たとえ生徒にわからない単語、フレーズ、文があったとしても、英語で授業が進行できるようになる。

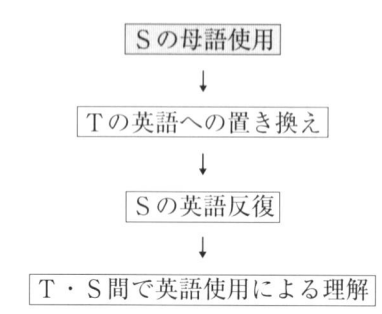

```
        Sの母語使用
           ↓
      Tの英語への置き換え
           ↓
        Sの英語反復
           ↓
    T・S間で英語使用による理解
```

図5：キャプション・メソッドの母語使用

　図5のように、生徒が表現したいことが英語で言えないとき、母語（日本語）で言ってよいルールを決めておき、教師は生徒が言った日本語に対する英語を提示して練習させ、最終的には、教師と生徒のインターラク

第8章　EFLコンテクストに適した授業モデルの可能性

ションが英語でできるようにする方法である。この指導法は、母語使用が英語使用に転換していくためのとてもよい方法である。但し、生徒の要求する英語にどんな場合でも応じることのできる英語力が教師に当然必要となってくる。

　これまでEFL環境に適した授業の在り方として、教師や学習者の母語 (L1) の効果的な使用について考えてきたが、どんな環境や状況においても、この母語の使い方が一番適していると言えるような一般化はそう簡単にできるものではない。上記で述べた母語使用の提案は、タイの英語授業の母語使用分析と先行研究の知見から考えられるパターンを提案したものである。

　効果的な母語使用の在り方は、生徒の英語力や発達年齢、英語学習の目的や英語を使う環境、教師サイドの英語力や指導力などさまざまな要素を統合して決められるべきものである。何をもって「効果的な母語使用」と言えるのかは、英語学習の目的と学習者・教師の特性によって異なってくるので、今後、教育実践に携わっている教師とその授業を受けている学習者が協同で、日本の英語授業で効果的であった日本語使用の事例を収集して、データバンクをつくり、英語教師がそれらのデータを共有しつつ実践を繰り返しながらアクション・リサーチ的手法で改善していくことが、今後、本研究をさらに発展させることにつながり、EFLコンテクストにおける授業構築の重要な視点になると考える。

終章　研究成果と今後の課題

1　本研究でなしえたこと

　本研究は、EFL環境がESL環境とは異なった言語環境であることを前提にして、日本のようなEFL環境に適した英語教育の在り方を構築するための研究であった。具体的な研究方法として、日本と類似のEFL環境にあるタイの中等学校における英語授業に着目し、授業分析や談話分析を通して、定量的分析と定性的分析の両面から多角的にタイの英語授業を観察・分析し、タイの英語授業の特性を明らかにするためのケース・スタディーに取り組んだ。

　本研究でなしえたことは、まず、EFL環境にあるタイの英語授業の特性をある程度明らかにすることができたのではないかと思う。それは、筆者がタイの英語授業を観察した限りにおいては、なるべく目標言語の英語を用いて授業を行おうとしている。つまり教師の指導や質問に対して、学習者の自発的な応答が出るまで教師は忍耐強く目標言語による反復(RT)や談話修正(MD)のティーチャー・トークを多用して授業を続けようと試みる談話構造が多く出現していることが明らかになった。

　しかし、タイの文化的な側面が影響しているのか、教師発話に対する生徒の応答発話がなかなか出てこない。このように教師が目標言語を使って授業を進めているとき、学習者が教師発話を理解できていない場合に、教師はどのような指導方略を用いているかというと、1つには、教師もしくは学力の高い生徒がモデル応答を提示して、他の生徒はそれを反復して定着させるパターンが多く観察された。もう1つは、生徒に教師発話の理解の促進や彼等自身の発話を誘発するために、母語(L1)であるタイ語を用いていることが明らかになった。学習者が英語発話を理解できないとき、

一旦、タイ語で理解をさせておき、再び英語を用いて訓練をすることで発話の誘発と定着を試みている。これは母語(L1)をティーチャー・トークとして使用する指導方略の一種であると見なすことができる。

また、日本の英語教育の現状を調査した結果によると、タイと日本の対比的見地から両国の英語授業の共通項がある程度明らかになってきた。それは、定性的談話分析結果からも SETT 処理による分析結果からも明らかになったことであり、目標言語を用いて授業を進めようとしているが、教師と生徒のインターラクションが少なく意味交渉のある発話のやりとりがほとんど観察されなかった。よって、英語授業におけるコミュニケーション度が低く、ほとんどが英語の構造（ストラクチャー）に焦点化した形式中心のアプローチによる認知的学習の英語授業であることが明らかになった。

本研究の調査・分析から、タイと日本の両国の共通項として、EFL 環境における英語授業では、授業のコミュニカティブな度合いが低く、英語教室が実践的コミュニケーション能力育成の場になりにくい特性であることが明らかになった。

以上のようにタイの英語授業の分析を通して、日本の英語授業との対比的見地から観察することで、EFL 環境の特性がある程度浮かび上がってきたが、まだまだ十分ではない。浮かび上がってきた特性から、EFL コンテクストに適した英語授業の構築をしていく必要があると考えている。その手がかりとして、英語授業で必要に応じて学習者の母語(L1)を効果的に使用することで、英語習得の促進を促すことが挙げられる。

次に、本論文の各章ごとに、総括を行う。

第1章では、本研究の理論的背景について論じた。まず、日本の英語教育政策（条件）と学習指導要領に謳われている英語教育の目標とその矛盾点を指摘し、続いて本研究の研究フィールドとなるタイの英語教育の歴史的変遷と現状について、文献や現地調査から明らかにすることができた。そして、本研究で解明を試みている EFL 環境における英語授業の特性を探るために、ESL と EFL の定義について諸説を整理し、さらに本研究を

理論的に追究するために、ESL と EFL の概念規定について論じた。つまり ESL とは、「モノリンガル (monolingual) としての英語の言語能力を育成するものである」とし、EFL とは「母語 (L1) と共にバイリンガル (bilingual) としての外国語（英語）の言語能力を育成するものである」という概念規定を行った。

また、コミュニカティブ・ランゲージ・ティーチング (CLT) の教授法について、CLT の発生起源などの歴史的背景や基本理念とその批判について論じた。CLT の基本理念や指導理念が基本的にニーズ・ベースであるため、日本のような EFL 環境におけるしかも学校教育での英語教育にはあまり適合しないことや EFL 環境では授業のすべてを英語で行うことは困難であることを示し、その困難の打開策として学習者の母語 (L1) の有効活用の必要性について論じた。

そして、本研究を実施する上での方法論として用いる英語教室の談話構造について先行研究からの知見を述べた。Sinclair and Coulthard (1975) の研究の知見からは、彼等が突き止めた教室談話構造としての IRF の連続性に着目し、分析手段の1つとして用いることを述べた。特に、IRF 構造に現れる教師と生徒のインターアクションを通して、教師が生徒の理解をいかに深め、生徒の応答をいかに誘発しているかを観察・分析する研究であることを示した。

第2章では、本研究の方法論として授業分析・談話分析を研究のツールとして用い、その分析のための重要な指針となるティーチャー・トークに関する先行研究を概観し、その意義と展望を論じた。

ティーチャー・トークの概念は、フォリーナー・トークやベビー・トークにみられる簡略化の概念を教師発話に導入した考え方であることを示した。

外国語教育は教師の用いる目標言語が学習者に対する貴重な入力源となるため、目標言語を用いて授業を行うことは、言語習得の促進にきわめて重要なことである。そういう理由により、目標言語を用いて授業を行うことを前提とするならば、どのような言語環境であれティーチャー・トーク

を指導上の方略として用いることが有効であり、教師もティーチャー・トークの能力を意識的に身につける必要があることを示した。

しかし、EFL 環境においては、授業をすべて目標言語で行うのが最適であるとは限らず、必ず母語(L1)使用の必要性が出現することがある。そのとき、母語をティーチャー・トーク（英語を理解するための補助の機能）として用いることの有効性を予測し、タイの英語授業分析を通して明らかにすることを提案した。

第3章では、本研究のリサーチ・デザインを提示した。まず、研究目的と研究仮説を述べ、本研究をより科学的で論理的に行うために、しかも研究結果に信頼性と妥当性を見いだすことができるように、分析ツールとなる研究方法の特徴について述べた。本研究の方法論の特徴は、授業分析・談話分析の両面から、しかも談話分析においてはSETT処理分析と母語使用分析を付け加えて多角的に分析を行うこと、さらにすべての分析項目において定量的分析と定性的分析を相互補完的に行い、研究の信頼性と妥当性を高めることについて述べた。

第4章では、タイの1回目の訪問で実施した予備調査（調査Ⅰ）について、2人の被験者教師の英語授業を調査・分析し、第5章の本格的調査（調査Ⅱ）の研究を信頼性と妥当性のあるものにするために、事前に下調べを実施して研究の枠組みを作成するための予備的研究であることを示した。先行研究の知見を用いて研究方法や分析観点を設定し、観察・分析を行った結果、全く出現しなかったカテゴリーや、出現したとしても微量であったカテゴリーについては、タイの授業分析では必要ないと見なし省略することにした。また、少量しか出現しなかったカテゴリーでも、授業分析においてそのカテゴリーが出現しないこと自体がその授業の特性であることを表している場合は、残存させるように分析観点の調整を行い、第5章での本調査の研究の枠組みの展望を示すことができた。

第5章では、2回目のタイ訪問で実施した10人の被験者教師について、第4章で調整したタイの授業分析・談話分析に適した新たな分析観点を設定して本調査を行い、授業分析・談話分析を多角的な観点から実施したこ

とについて述べることができた。分析結果から明らかになったことは以下の通りである。

授業分析においては、教師発話率について、10人の被験者教師の平均値が65.9％で、生徒の発話率の平均値が19.1％を示した。教師の発話量の観点からは、いわゆる「教師の喋りすぎ」が観察され、概してEFL環境の授業でしばしば観察される教師主導型の授業であると見なすことができる。教師の発話量が生徒の発話量よりも圧倒的に多いことは、教師・生徒間のインターラクションが極めて少ないことを示している。

発話の持続率については、教師の平均値が43.9％で、生徒の平均値が1.6％であった。これは、「教師の喋りすぎ」という状態を示しているが、一方、生徒の発話持続率はほとんど無きに等しい。これは、生徒がコミュニケーションとしての発話をほとんどしていないことを示しており、発話したとしても形式面の言語練習に終わっていることがわかる。

発話の多様性については、教師が20.6％、生徒が4.6％を示した。発話の多様性については、連続で発話をしているとき、どの程度多様性のある発話をしているかを示している。教師も生徒も発話の多様性がかなり低く単調であることを示している。やはり形式面の指導が中心であり、教室がコミュニケーションの場から程遠い言語環境であることの表れである。

教師の英語コミュニケーション率は、教師と生徒の相互作用のパラダイムにシフトしていることを示している。平均値が70.2％を示し、教師は生徒に内容のあるメッセージを届けていることを示している。しかし、生徒からの応答がないため、一方通行の発話になっていることがわかる。教師の英語によるコミュニケーションが生徒の発話の誘発に作用していないことがわかる。

教師から生徒へ、生徒から教師への相互発話率は、平均値が16.1％(T-S)、14.6％(S-T)を示している。この比率は極めて低く、教師と生徒の相互作用が非常に単調であることを示している。

生徒発話に関しては、発話率19.1％、発話持続率1.6％、発話多様性4.6％を示し、いずれもかなり低い数値である。このことは、生徒が非常に受け

身的に授業を受け、消極的な学習態度が見受けられる。
　どの観点から見ても形式中心のアプローチによる授業であるため、教師・生徒間のインターラクションの量が少なく、特に、意味交渉のインターラクションは極めて少ない。このことは授業が意味よりも形式に焦点が当てられており、コミュニカティブの度合いが低いことを示している。
　次に談話分析においては、input／interaction 修正の場合に、定量的な分析の考察によると、インプット修正のうち、語彙修正(MV)、文法修正(MG)、談話修正(MD)、発音修正(MP)の中では、談話修正を多用しているが、他の3つのモディフィケーション修正はほとんど用いられていない。一方、インターラクション修正のうち、理解チェック(CM)、確認チェック(CF)、明確化要求(CR)、再構成(RF)、反復(RT/RS)、提示質問(DQ)、指示質問(RQ)の中では、教師自身の発話の反復(RT)、生徒の発話の反復(RS)、ディスプレイ・クエスチョン(提示質問:DQ)を多用しているが、その他の修正(CM)(CF)(CR)(RF)(RQ)はほとんど用いられていなかった。
　定性的な分析の考察によると、高い頻度で出現する授業のパターンとして、たとえ生徒の応答が出なくても教師は出来る限り英語で発話を根気よく続ける傾向にある。例えば、教師の質問に対して生徒の応答が無いので、もう一度その質問を反復する。同じ質問を繰り返し反復しても依然として生徒からの応答は出てこない。それでも、さらに同じ質問を反復し、インプット修正やインターラクション修正を用いて、文や語彙を少し変化させながら反復を試みる。やはり応答が無い。そこで、教師は最終的に教師のモデル発話を提示して、それを反復させるか、あるいは学力の高い生徒に個人指名をして応答させ、それを生徒全員に反復させるという談話パターンが高い頻度で観察された。
　SETT 処理の場合、定量的 SETT 処理の結果から、管理モード(Mn-m)、題材モード(Mt-m)、技能と規則モード(SS-m)、教室文脈モード(CC-m)の4つのモードで観察・分析を試みた。被験者教師10人のうち、技能と規則モードが50%を占めていた。このことは文型・文法、語彙などの言語形式を産出させる指導が主なねらいとなっていることがわかる。また教室文

脈モードが０％であり、10人の被験者の授業において皆無であった。このことは、教室内がコミュニケーションのための言語環境に全く設定されていないことを示している。

　母語(L1)使用の場合、まず、定量的なタイ語使用分析の考察として、タイの授業の観察から形成的に構築した３つの分析カテゴリー〔A〕言語（文型・文法、語彙）指導そのものに用いる、〔B〕学習活動・言語活動の方法の説明に用いる、〔C〕教室の管理・運営に用いる、以上の３つのうち〔A〕に使用したタイ語発話が最も多く、10人の被験者のタイ語使用比率の平均値は56％を示した。〔B〕に使用したタイ語発話が18％、〔C〕に使用した発話が26％であった。タイ語使用比率は３つの分析カテゴリーで、〔A〕が最も多く、文型・文法の規則や語彙に関する指導や説明の大半にタイ語を使用している。

　次に、どんなとき、どのようにタイ語を使用しているのかについて、定性的な分析結果の考察についてまとめる。10人の被験者に現れた顕著な事例は以下の通りであった。

　a. 単語の意味を確認するとき。
　b. 英文の意味を確認するとき。
　c. 生徒から応答が出ないとき、発話を誘発するため。
　d. 教師の発話に対して生徒の反応がないので、発話の理解を促進するため。
　e. 学習活動の仕方や言語活動の仕方について説明するとき。
　f. 文型・文法の説明をするとき。
　g. 題材の中の内容や内容から導く教訓などについて話すとき。
　h. ジョークや雑談をするとき。

　以上の結果から、EFL環境においては、授業のすべてを目標言語の英語で行うことが必ずしも最適な指導法であるとは限らないと見なせる。EFL環境の英語授業では、自ずから、母語を必要とする場面が出現し、母語の援助によって生徒は理解を深め発話の誘発がなされている。次に、タイ語と英語の使い方の関わりについて分析した結果は、以下の通りで

あった。
  a. 英語を言ってからタイ語に言い換える場合（英語→タイ語）。
  b. タイ語を言ってから英語に言い換える場合（タイ語→英語）。
  c. 英語を言ってからタイ語に言い換え、さらにもう一度英語に言い換える場合（英語→タイ語→英語）。
  d. タイ語で言うだけの場合（タイ語）。

母語使用の分類をまとめると、外国語教授における母語使用の観点について、EFL 環境の視点から考えるならば、以下の２点が挙げられる。
① 母語を使用することでしかできないこと。
② 母語使用の方が効率的であると見なせること。

　タイの英語授業のもう１つの特徴として挙げられるのが、教師の指導スタイルである。被験者全員に共通する傾向として、生徒自身からの応答が誘発されるまで教師は反復を何度も繰り返している。それでも応答が出てこないときは、発話の修正や発話誘発のためのヒントとなるキューを与えるなどのティーチャー・トークを使用して、極力生徒から応答が出てくるまで忍耐強く根気強く英語を用いて指導しようとする傾向がある。しかし、それでも生徒からはなかなか応答が出てこない場合が多く、最終的に母語を使用することによって、理解の促進や発話の誘発を試みている。

　以上のように、多角的な観点から、定量的分析と定性的分析の相互補完的な分析によってタイの英語授業の特性を示すことができた。

　第６章では、第５章で行ったタイの英語教師10人の被験者の英語授業を多角的な観点から分析した結果、それぞれの考察を総合的にまとめることができた。その考察の総合的な見地からタイの授業の特質をある程度明らかにすることができた。

　授業分析からは、どの分析観点においても形式中心のアプローチによる授業であるため、教師・生徒間のインターラクション（発話のやりとり）の量が非常に少なく、その中でも特に、意味交渉のインターラクションが極めて少ない結果が現れた。このことはタイの英語授業が意味よりも形式に焦点を当てた授業の形態であることを示しており、授業ではかなりの量

の目標言語を使用しているが、コミュニカティブの度合いは低いことが明らかになった。

談話分析からは、分析観点でいうと反復、反復に伴う談話修正、提示質問などが多用されている結果が現れた。これらは、Lightbown and Spada (1999) の授業形態の分類によると、形式中心のアプローチによる授業であることが明らかになった。また10人の被験者の授業パターンとして、何度も反復や談話修正を行うが、生徒の応答が出てこないので、最終的に教師や指名された優秀な生徒が応答し、それを学級全体で反復することで理解と定着、および発話の誘発を図っていることが明らかになった。また、Walsh (2001) の SETT 処理によると、コミュニカティブなモードである教室文脈モードの出現頻度は皆無であった。

以上のことから、タイの授業は形式中心のアプローチによる授業が大半を占め、EFL 環境の授業で観察される特性が多く現れた。教師は目標言語を使って、生徒から自発的に応答がでるまで何度も修正を加えながら授業を進めていることが明らかになった。形式中心のアプローチによる授業は、言語練習や言語知識を中心に学習する認知的学習が主流であることを示しており、授業のコミュニカティブな度合いが低く教室がコミュニケーション教育の場になりにくいことが分析結果から示すことができた。

第7章では、英語授業における母語(L1)使用の在り方について先行研究を概観し、その知見を示すことができた。先行研究の知見によると、いずれの研究者も英語授業での母語使用を否定しておらず、過度の使用はよくないが、必要に応じて効果的に母語を活用することをむしろ推奨していることを示すことができた。

また、第5章で行ったタイの中等学校の英語授業でのタイ語（母語）使用の観察・分析の結果から、EFL 環境における英語授業での母語使用の意義と有効性について明らかにすることができた。タイの英語授業では、できる限り目標言語の英語を用いて授業を行っているが、生徒の応答があまりないので、最終的にタイ語（母語）を使って理解の促進を図り発話の誘発を導こうと試みていることが明らかになった。この方法はティー

チャー・トークとしての母語の使い方であることを示すことができた。

　本研究の主な目的は、EFL の特質を明らかにすることであった。その方法論として、英語授業における母語(L1)使用の在り方を取り上げた。EFL 環境における英語授業では、必ずしもすべてを英語で行うことが最適であるとは限らないことを示すことができた。EFL 環境の特殊性を意識して、母語を使い過ぎてもよくないが母語のメリットを生かし適切に使用することによって英語力を高めることができるならば、積極的に母語を活用することが推奨できることを主張した。

　第 8 章では、本研究結果から得られた知見をもとに、日本のような EFL 環境に適した英語授業の理念を構築することができた。また、その授業理念をもとに、母語の有効活用の視点から EFL 環境に適した新たな授業モデルの可能性について、具体的な事例を挙げて提案することができた。

　EFL 型授業観として、教室外で英語を使用する機会が極めて限られているという EFL 環境の特性や、本研究のタイの授業分析結果も含めて考えると英語授業のすべてを目標言語で行うことが、必ずしも最適な教授法であるとは限らないことをある程度確信を持って示すことができたのではないかと思われる。Bax(2003) も提案しているように、各国の英語の置かれている言語環境やその国固有の文化的背景に焦点を当てたコンテクスト・ベースト・アプローチの教授法を用いるのが適切であることを示すことができた。

　特に、EFL 環境に適した授業観として、Atkinson(1987) の「ポスト・CLT」やバトラー後藤（2005）の「ポスト・CLT モデル」または「ポスト・ネイティブ・モデル」で提案している EFL 環境に適した教授法の手立てとして、学習者の母語の有効活用が重要なポイントとなることを示すことができた。そして、有効な母語使用の可能性を示す具体的な事例としては、母語を理解促進と発話誘発の援助として、つまりティーチャー・トークとしての母語使用を提案できたことが大きな成果であったのではないかと思われる。英語の授業においては英語を使用することが大前提ではある

が、母語使用が生徒の英語学習に有効に働くことに確信が持てるなら、躊躇せず積極的に母語を活用することを推奨する。

さらに言うならば、英語教師は、EFL 環境では「英語授業では目標言語を使わなければならない」という強迫観念のようなものから解き放たれてよいと考えている。

2　今後の課題

本研究では、日本と類似の EFL 環境にあるタイの英語授業の実態を明らかにし、日本の英語授業との対比的見知から観察・分析をすることによって、EFL 環境の英語授業の共通項を探り、EFL 的特性の分析を試みた。そして、ある一定の成果を得ることができたと思う。しかし、一方で次のような課題も残された。

(1) EFL 的特性分析のため、タイの英語教育に着目し、タイのアユタヤ地区の2つの中等学校から10人の被験者教師を抽出し、彼等の英語授業の観察・分析からでてきた結果でタイの授業の特性と見なしたが、さらにタイのもっと広範囲の地域でもっと多くの被験者のデータをもとに英語授業の観察・分析を行う必要がある。

(2) EFL 環境の特性を明らかにするために、日本と類似の環境にあるタイの英語教育に着目し、タイの英語授業の観察・分析を通して、EFL 的特性を示したが、アジアのタイ以外の EFL 環境の国々の英語教育を観察・分析し、さらに多くのデータを収集して研究を発展させる必要がある。

(3) 本研究では、EFL 環境に適した授業の在り方として、英語授業において学習者の母語(L1)の効果的な使用について考えてきたが、どんな環境や状況においても、このような母語の使い方が最適であると言えるような「一般化」は簡単にできるものではない。本論文で述べた母語使用の提案は、タイの英語授業の母語使用分析と先行研究の知見から考えられるパターンを提案したものに過ぎない。よって、効果的な母

語使用の在り方は、生徒の英語力や発達年齢、英語学習の目的や英語を使う環境、教師の英語力や指導力などさまざまな要因が絡まって決められるべきものであり、何をもって「効果的な母語使用」と言えるのかは、英語学習の目的と学習者・教師の特性によって異なってくるので、今後、教育実践に携わっている教師とその授業を受けている学習者が協同で、日本の英語授業で効果的であった日本語使用の事例を収集してデータバンクをつくり、英語教師がそれらのデータを共有しながら実践を繰り返すようなアクション・リサーチ的手法で改善していくことが、今後、本研究をさらに発展させるための課題となる。

(4) 本研究は EFL 的特性分析の研究であったが、これまでの日本の英語教育は、EFL 環境の特性をほとんど考慮することなく行われて来たように思う。EFL 環境の特性を明らかにする視点の研究に取り組むことで、効果的な英語教育の新たな視点が見えてくるように思われる。本研究を通して、英語教育発展のための新たな研究課題が発見できる可能性を秘めている。

(5) 英語教育の目標として、「実践的コミュニケーション能力の育成」という目標を掲げる以上、日常的に英語を使用することのない言語環境である EFL 環境での英語教育の在り方を「効果的な母語使用」の視点以外の別の視点においても、今後さらに研究を深める必要がある。例えば、その国の固有の文化が英語教育に及ぼしている影響、学習者の英語学習の目的や動機、授業時間数やクラスサイズなどの教育条件等に適合させた Bax(2003) のコンテクスト・アプローチの研究開発が必要であると思われる。

(6) 本研究においては、幸運にもタイの英語授業の観察・分析を行うことを承諾してくれたアユタヤ地区のセナ・プラジット中等学校とバンサイ・ウイッタヤ中等学校の2つの中等学校に巡り会えることができたが、ここに至るまでに、タイ観光局やタイ領事館を通じて授業観察を依頼したが、ことごとく断られた。海外での授業観察やビデオ録画の許可を得ることが相当困難であることを実感した。今後、外国の学校

終章　研究成果と今後の課題

をフィールドとする教育研究を行うとき、観察やビデオ録画を承諾してくれる学校を探すことが大きな課題であると思われる。

　以上のような課題に関して、今後さらなる追究を試みるための調査・研究を継続する必要がある。これまでの英語教育の歴史をふり返ると、いつの時代にも「何年も英語を学習しているのに、使えるようにならない」という批判が聞こえてきた。そのたびに英語教育の改革が行われてきたが、日本の英語が置かれている言語環境(EFL)などの教育条件が深く考慮されることなく教育改革が行われてきた。英語教育は企業をはじめとして一般社会の「使える英語」の要請に左右され、英語教師も教育改革のたびにとまどいを感じながら英語教育を実践してきた。「英語教育改革は行われるが、英語教育実践は変わらず」といった感じがぬぐい去れない。しかし、この悪循環をこのあたりで止めなければならない。

　本研究が明らかにしようと試みたEFL的特性を考慮して英語授業を構築することは、日本の英語教育の発展の重要な鍵となることを強く確信している。日本の言語環境に適する「地に足のついた」英語教育を構築していくために本研究が少しでも役に立てば幸いである。

参 考 文 献

Atkinson, D.(1987) The mother tongue in the classroom: A neglected resource? *ELT Journal, 41 /4*, pp.241-247.
Banbrook, L. and P. Skehan.(1989) Classroom and display questions. In Brumfit, C. and R. Mitchell(eds.) *Research in the Language Classroom.* Modern English Publication.
バトラー後藤裕子（2005）『日本の小学校英語を考える：アジアの視点から検証と提言』三省堂.
Bax, S.(2003) The end of CLT: A context approach to language teaching. *ELT Journal, 57/3*, pp.278-287.
Brudhiprabha, P.(1975) *The Education of Teachers of English as a Foreign and Second Language in Southeast Asia, with Special Reference to Thailand.* Doctoral dissertation, University of Toronto.
Brudhiprabha, P.(1976) *Educational Language Plicy: The Case of Thailand. Passa,* VI(*1-2*): pp.15-20.
Brudhiprabha, P.(1993) Towards Thai Socio-linguistics: *Perspective in Language Planning.* Pundit Books.
Burlings, R.(1968) Some outlandish proposal for the teaching of foreign languages. *Language Learning, 17*, pp.61-75.
Canale, M. and M. Swain.(1980) Theoretical bases of communicative approaches to second language teaching and testing. *Applied Linguistics, 1, 1*, pp.1-47.
Carver, D.(1983) The Mother Tongue and English Language Teaching, *World Language English, Vol.2, No.2*, pp.88-92.
Chaudron, C.(1988) *Second Language Classroom: research on teaching and learning.* Cambridge University Press.
Cook, V.(1991) *Second Language Learning and Language Teaching.* Edward Arnold.
Cook, V.(2001) Using the first language in the classroom. *Canadian Modern*

Language Review, 57. pp.407-23.
Corder, S. P.(1981) Formal Simplicity and Functional Simplification in second language acquisition. In Roger, W. Anderson(ed.) *New Dimensions in Second Language Acquisition Research*. Newbury House.
Cullen, R.(2002) Supportive teacher talk: the importance of F-move. *ELT Journal, 56/2.* pp.117-126. Oxford University Press.
Cummins, J.(1981) Age on arrival and immigrant second language in Canada. *Applied Linguistics, 11,* pp.132-149.
Cummins, J.(1984a) *Bilingual and Special Education: Issues in Assessment and Pedagogy*. Multilingual Matters.
Cummins, J.(1984b) Wanted: A theoretical framework for relating language proficiency to academic achievement among bilingual students. In Rivera, C(ed.) *Language proficiency and academic achievement.* pp.2-19. Multilingual Matters.
Cummins, J. and M, Swain.(1986) *Bilingualism in Education*. Longman.
Dodson, C.J.(1967) *Language Teaching and the Bilingual Method*. Pitman.
デイビッド・クリスタル (1999)『地球語としての英語』国弘正雄(訳) みすず書房
ECC, Thailand.(2004) *Language and Computer Course Syllabus in 2nd Semester, 2004.* Phra Nakhon Si Ayuttaya Branch.
Ellis, R.(1985) *Understanding Second Language Acquisition*. Oxford University Press.
Ellis, R.(1994) *The Study of Second Language Acquisition*. Oxford University Press.
Ferguson, C.(1971) Absence of copula and the notion of simplicity: a study of normal speech, baby talk, foreigner talk, and pidgins. In Hymes, D.(ed.), *Pidginization and Creolization of Languages. Cambridge University Press.*
Ferguson, C.(1975) *Anthropological Linguistics, 17.* pp.1-14.
Ferguson, C.(1977) "Baby Talk as Simplified Register." In Snow, C. E. and C, Ferguson(eds.) *Talking to Children: Language Input and Acquisition*. Cambridge University Press.
Flanders, Ned, A.(1970) *Analyzing Teaching Behavior*. Addison-Wesley Publishing Company.

Freed, B. F.(1980) Talking to Foreigners versus Talking to Children: Similarities and Differences. In Scarclla, R and S.D, Krashen(eds.) *Research in Second Language Acquisition.* Newbury House.

Freudenstein, R.(1977) Interaction in the Foreign Language Classroom. Burt, M., H, Dulay. and M, Finocchiaro(eds.) (1977: pp.76-83)

藤原正彦（2005）『国家の品格』新潮社

Fungchomchoei (2005) *National Profiles of Language Education;* Thailand.

Gaies, S.J.(1977) "The Nature of Linguistic Input in Formal Second Language Learning: Linguistic and Communicative Strategies in ESL Teachers' Classroom Language" In Brown, H. D., C.A., Yorio, and R. H, Cryes(eds.) *On TESL '77: Teaching and Learning English as a Second Language: Trends in Research and Oractice.* pp.204-212. TESL.

Gall, M.(1984) Synthesis of research on teachers' questioning. *Educational Leardership 42*, pp.40-47

Gass, S. J. and C. G, Madden.(1985) *Input Second Language acquisition.* Newbury House.

Graddol, D.(1997) *The Future of English?* The British Council.

ハーバート・W・セリガー、イラーナ・ショハミー（2001）『外国語教育リサーチマニュアル』土屋武久、森田彰、星美季、狩野紀子（訳）大修館書店

Harmer, J.(1991) *The practice of English Language Teaching.* Longman.

羽藤由美（2006）『英語を学ぶ人・教える人のために「話せる」のメカニズム』世界思想社

Hendrickson, J. M.(1978) Error correction in foreign language teaching: recent theory, research, and practice. *Modern Language Journal 62*, pp.387-398.

本名伸行（2003）『世界の英語を歩く』集英社新書

本名伸行（2006）『英語はアジアを結ぶ』玉川大学出版部

本名伸行（編）（2006）『辞典・アジアの最新英語事情』大修館書店

Hymes,（1972）On Communicative Competence. In Pride, J.B. and J, Holmes (eds.) *Socio-linguistics.* Penguin.

伊村元道（2003）『日本の英語教育200年』大修館書店

ジャック・リチャーズ、ジョン・プラット、ハイディー・ウェーバー（1988）『ロングマン応用言語学用語辞典』山崎真稔、高橋貞雄、佐藤久美子、日野信行（訳）南雲堂

Johnson, E. K.(1995) *Understanding Communication in Second Language Classroom*. Cambridge University Press.

上西俊雄（2004）『英語は日本人教師だから教えられる　アルファベットから始める英語教育改革試案』洋泉社

金田道和（編）（1984）『教科教育の授業改善に関する研究』山口大学教育学部英語科

金田道和（1985）「教科教育法の授業改善に関する研究（2）－ CARES-EFLによる基準値の設定（1）－」『教師教育改善のための総合的研究』山口大学教育学部方法改善プロジェクトチーム、pp.29-36.

金田道和（編）（1986）『英語の授業分析』大修館書店

河添恵子（2005）『遅れる日本？進むアジア！アジア英語教育最前線』三修社

Kindsvatter, R., Willen, W. and M, Ishler. (1988) *Dynamics of Effective Teaching*. Longman.

小池生夫（監修）（1994）『第二言語習得研究に基づく最新の英語教育』大修館書店

Krashen, S.D.(1981) *Second Language Acquisition and Second Language Learning*. Pergamon Institute of English. p.107.

Krashen, S.D.(1982) *Second Language Acquisition and Second Language Learning*. Pergamon.

Krashen, S.D.(1985) *The Input Hypothesis: Issues and Implications*. Longman.

Lightbown, P.M. and N, Spada.(1999) *How Language are Learned*. Oxford University Press.

Long, M and C, Sato.(1983) Classroom foreigner talk discourse: forms and functions of teachers' questions. In Seliger, H.W. and M.H, Long(eds.) *Classroom Oriented Research in Second Language Acquisition*. pp.268-286. Newbury House.

Lynch, T.(1996) *Communication in the Language Classroom*. Oxford University Press.

Lyster, R. and L, Ranta.(1997) Corrective feedback and learner uptake: Negotiation of form in communicative classrooms. *Studies in second Language Acquisition 19/1*, pp.37-61.

Machado, D.(2000) A Vygotskian approach to evaluation in foreign language learning contexts. *ELT Journal 54/4*, pp.335-345.

マイケル・マッカーシー（1995）『語学教師のための談話分析』 安藤貞雄・加藤克美(訳) 大修館書店
Matthews-Brevsky.(1972) Translation as a testing device. *English Language Teaching Journal, 27*, pp.58.
McCarthy, M and S, Walsh.(2003) Discourse. In Nunan, D(ed.), *Practical English Language Teaching*. pp.173-192. Mc Graw Hill.
Merner, T.(2005) 「児童が主体的に活動する授業運営のための指導技術 クラスルーム・イングリッシュの活用」 樋口忠彦（編著）『これからの小学校英語教育 - 理論と実践―』研究社
緑川日出子（研究者代表）(2005)「学力差による読解方略の違いを取り入れた高校英語教材モデルの開発と指導法の改善研究」『平成14年度科学研究費補助金（基盤研究Ｃ）研究成果報告書』
Ministry of Education.(1996) *The 1996 English Curriculum*. Ministry of Education.(in Thai)
Ministry of Education.(2001) *The 2001 English Curriculum*. Ministry of Education.(in Thai)
三輪裕範（2005）『四〇歳からの勉強法』ちくま新書
茂木弘道（2004）『文科省が英語を壊す』中公新書ラクレ
望月昭彦（編著）(2001)『新学習指導要領にもとづく英語科教育法』大修館書店
文部省（1998）『中学校学習指導要領』
文部省（1998）『学習指導要領解説書』
文部省（1999）『高等学校学習指導要領』
文部科学省（2002）「『英語が使える日本人』の育成のための戦略構想」
文部科学省（2003）「『英語が使える日本人』の育成のための行動計画」
茂呂雄二（編著）(2001)『実践のエスノグラフィ』金子書房
中野健史（2006）『世界最速！「英語脳」の育て方 日本語からはじめる僕の英語独習法』講談社＋α新書
Nunan, D.(1987) *Language Teaching Course Design: Trends and Issues*. National Curriculum Resource Center.
Nunan, D.(1987) Communicative language teaching: making it work. *ELT Journal 41/2*, pp.136-145.
Nunan, D.(1988) *The Teacher as Curriculum Developer*. National Curriculum

Resource Center.
Nunan, D.(1989)*Understanding Language Classrooms.* Prentice Hall.
Nunan, D.(1991)*Language Teaching Methodology.* Prentice Hall.
Nunan, D.(1991) Communicative tasks and language curriculum. *TESOL Quarterly. 25*: pp.279-296.
Nunan, D(ed.)(2003)*Practical English Language Teaching.* McGraw Hill.
織田稔（2000）『ことばの研究と英語教育－教科としての確立を求めて－』関西大学出版
小田幸信（1991）「本質論・目的論:1.13 ESL/EFL」『英語教育現代キーワード辞典』増進堂
沖原勝昭（2005）「コミュニケーション重視の再考」『英語教育とその周辺』（藤井昭洋先生退官記念論文集）藤井昭洋先生退官記念記念事業会、pp.13-19.
近江誠（2005）『間違いだらけの英語学習　常識38のウソとマコト』小学館
小山内洸（2002）『英語科授業論の基礎』　リーベル出版
大里文人（1981）「VTRによる教育実習生の授業分析——Flandersの相互作用分析による授業研究」『教育実習の事前指導の改善に関する研究』第2集、佐賀大学教育学部、pp.133-147.
大谷泰照（2004）「日本の英語教育を考える　習得に「距離」の壁」『朝日新聞（夕刊）』10月23日付け
大谷泰照、他（編著）（2004）『世界の外国語教育政策・日本の外国語教育の再構築に向けて』東信堂
大津由起雄（1995）「「英語帝国主義」はメタ言語能力によって粉砕できる」『現代英語教育』、31巻、12号 pp.20-23.　研究社
大津由起雄（編）（2005）『小学校の英語教育は必要ない！』大修館書店
Polio, C. and P, Duff.(1994) Teacher's language use in university foreign language classroom: A qualitative analysis of English and target language alternation. *Modern Language Journal, 78*. pp.313-326.
Richards, J.C. and C, Lockhart.(1994)*Reflective Teaching in Second Language Classroom.* Cambridge University Press.
ロッド・エリス（2003）『第2言語習得のメカニズム』牧野高吉(訳)　筑摩書房
斉藤栄二（2004）「キャプション・メソッドのすすめ」関西大学の斉藤栄二先生よりお寄せいただいた原稿段階の資料
斎藤兆史（2003）『英語達人塾：極めるための独習法指南』中公新書

参考文献

斎藤兆史（2003）『日本人に一番合った英語学習法 – 明治の人は、なぜあれほどできたのか – 』詳伝社黄金文庫
山家保先生記念論文集刊行委員会（2005）『あえて問う英語教育の原点とは　オーラル・アプローチと山家保』開拓社
佐野正之他（1978 – 81）「コミュニカティブ・ティーチングの実践——生き生きとした授業展開をめざして（1 – 36）」『英語教育』大修館書店
白畑知彦（編）（2004）『英語習得の「常識」「非常識」第二言語習得研究からの検証』大修館書店
白畑知彦・冨田祐一・村野井・若林茂則（1999）『英語教育用語辞典』大修館書店
Sinclair, J.(1982) *The Structure of Teacher Talk*. ELR University of Birmingham.
Sinclair, J. and M, Coulthard.(1975) *Toward an Analysis of Discourse*. Oxford University Pess.
Sinclair, J. and D, brazil.(1982) *Teacher Talk*. Oxford University Press.
Smelley, W.A.(1994) *Linguistic Diversity and National Unity: Language Ecology in Thailand*. University of Chicago Press.
祖慶寿子（2005）『アジアの視点で英語を考える』朝日出版
鈴木孝夫（1999）『日本人はなぜ英語ができないか』岩波新書
Swan, M.(1985) A critical look at the Communicative Approach. *ELT Journal* 39/1, pp.2-12 and 39/2, pp.76-87.
Tachibana, C.（1995）*Strategies of Teacher Talk in EFL classrooms*.『中国地区英語教育学会研究紀要』No.26号 pp. 217-229.
Tachibana, C.（1996）*Strategies of Teacher Talk in EFL classrooms*. Unpublished Master's thesis, The Faculty of the Graduate Course in School Education at Hyogo University of Teacher Education
立花千尋（1997）「中学生のオーラル・コミュニケーションを誘発する教師発話の研究」『STEP BULLETIN』Vol.9 PP.83-95 第9回「英検」研究助成報告：（財団法人）日本英語検定協会
立花千尋（2004）「学習者の自発的な発話を支援する Teacher Talk の役割：F-move に着目して」『中国地区英語教育学会研究紀要』No.34号 pp.149-157. 平成15年度科学研究助成金（奨励賞）実績報告書【研究課題番号15903013】立花千尋（2005）「教師のためのリフレクティヴな教室談話の分

析：SETT（Self-Evaluation of Teacher Talk）処理を用いて」『中国地区英語教育学会研究紀要』No.35号　pp.127-136（学会賞受賞論文）
立花千尋（2005）「教師自身による内省的評価」『これからの英語学力評価のあり方』田中正道（監修）
立花千尋（2006）『タイの英語授業の談話分析を通してEFL環境に適した英語授業のあり方を探る』全国英語教育学会高知大会発表資料：平成17年度科学研究助成金（奨励賞）実績報告書【研究課題番号17903001】
高梨庸雄（1981）「授業分析－英語授業学の構築を目指して」『英語教育』30/1、4月号、pp.18-20.
高梨庸雄（2005）（編著）『英語の「授業力」を高めるために　授業分析からの提言』三省堂
高梨庸雄・高橋正夫（2000）『英語教育学概論』金星堂
高橋正夫（2001）『実践的コミュニケーションの指導』大修館書店
高橋正夫（2001）『英語教育学概論』〔改訂新版〕金星堂
田崎清忠（編）（1995）『現代英語教授法総覧』大修館書店
鳥飼玖美子（2002）『TOEFLテスト・TOEICテストと日本人の英語力　資本主義から実力主義へ』講談社現代新書
土屋澄男（2004）『英語コミュニケーションの基礎を作る　音読指導』研究社
Turnbull, M. and Arnett, K.(2002) Teachers' uses of the target and first language in second and foreign language classrooms. *Annual Review of Applied Linguistics, 22.* pp.204-18.
Turnbull, M.(2001) There is a role for the L1 in second and foreign language teaching, but…. *The Canadian Modern Language Review, 57.* pp.531-40.
van Ek(1976) *The Threshold Level.* Council of Europe. Longman.
van Lier, L.(1988) *The Classroom and the Language Learner.* Longman.
van Lier, L.(1996) *Interaction in the Language Curriculum.* Longman.
Vygotsy, L.S.(1986) *Thought and Language.* MIT Press.
Walsh, S.(2001) *Characterizing Teacher Talk in the Second Language Classroom: A process approach of reflective practice.* Unpublished Ph.D. thesis, Queen's University of Blfast.
Walsh, S.(2002) 'Construction or obstruction: teacher talk and learner involvement in EFL classroom' Language Teacher Research, 6/1. 3-23
Widdowson, H.G.(1978) *Teaching Language as Communication,* pp.91-93.

Longman.
Wilkins, D.A.(1976) *Notional Syllabuses*. Oxford University Press.
Wong-Fillmore, L.(1985) When Does Teacher Talk Work as Input? In Gass, S. M. and C. G, Madden(eds.) *Input in Second Language Acquisition*. Newbury House.
Wongsothorn, A.S.(1996) *National Profiles of Language Education: Thailand*. (A Report of the IEA'S Language Education Study: Phase Ⅰ). Chulalongkon University Language Institute.
Wongsothorn, A.S.(2000) *Thailand. In Language Policies and Language Education*. The Impact in East Asian countries in the Next Decade, edited by Ho Wah Kam and Ruth Y.L. Wong. Times Academic Press.
Wongsothorn, A.S.(2001) *Thailand Language Education Policy*, Paper Presented at Asian Conference on language Education Policy, Japan.
Wragg, E. C. (1970) Interactional Analysis in the Foreign Language. *Modern Language Journal, 54,* 2, Feb. pp.116-120.
山田雄一郎（2005）『日本の英語教育』岩波書店
山田雄一郎（2005）『英語教育はなぜ間違うのか』ちくま新書
山田雄一郎（2006）『英語力とは何か』大修館書店
米山朝二（2003）『英語教育指導法辞典』研究社
吉田研作（2003a）『「英語が使える日本人」の育成のためのフォーラム』（講演資料）
吉田研作（2003b）「第1部　英語教育における日本語の役割」、吉田研昨・柳瀬和明著『日本語を活かした英語授業のすすめ』大修館書店

謝　　辞

　中学校の英語教師として、31年間に渡って英語教育を実践してきた。その間、1994年から1995年にかけての２年間、大学院修士課程で英語教育の研究に専念する機会を得た。その当時、日本の学校英語教育の現場ではまだ認知度の低い「ティーチャー・トーク研究」というテーマに遭遇した。このテーマは、教師の英語能力の評価を伴う研究であるため、日本ではタブー視される傾向にあった。しかし、21世紀をむかえたグローバル化時代に、英語によるコミュニケーション能力を育成する英語教師にとって、英語教師としての資質・能力を向上すべく研究として、英語授業における教師ことば（ティーチャー・トーク）の研究が、今、まさに求められており、意義ある研究テーマであることを実感した。そこで、修士課程で研究したティーチャー・トークをベースにして、授業分析・談話分析のツールを用いて EFL 環境における英語教育の特性を追究しようという思いに駆り立てられ、博士課程でさらなる研究を深める決意を固めた。
　本研究を博士論文としてまとめるにあたり、神戸大学大学院総合人間科学研究科の先生方に多大なるご指導とご助言を賜った。このご支援なくして本研究はなしえなかった。まず第一に、指導教官の沖原勝昭教授には、本研究ならびにこの博士論文を執筆する貴重な機会を与えていただき、洞察に満ちたご示唆・ご助言のみならず、本課程を通じて熱意のこもった暖かい励ましのことばで常々ご指導いただいた。本研究が EFL 研究であるため、日本と類似の EFL 環境にあるタイの英語教育に着目し、タイの英語教育研究を進めるにあたっては、沖原先生にその道筋をつけていただいた。予備的研究のための１回目のタイ訪問には同行していただき、誠に感謝・感激の至りである。また、副指導教官の今谷順重先生、吉永潤先生、ならびに国家形成論の授業ではタイの文化についてマンツーマンでご指導いただいた大学院研究科長の須藤健一先生には、分野の異なる視点から興

味深いご示唆をいただき、常に暖かい励ましのことばをいただいた。本論文を執筆する上でとても勇気づけられた。また、横川博一先生にはとても刺激的で新鮮なご意見をいただき本論文をまとめる上での示唆を与えていただいた。

　他大学の先生方においては、安田女子大学(山口大学名誉教授)の金田道和先生には、直々にマンツーマンで授業分析の手ほどきをしていただいた。京都ノートルダム大学(弘前大学名誉教授)の高梨庸雄先生には談話分析に関する質的分析についての助言を常々いただいた。さらに、クラスルーム・リサーチの第一人者であるハワイ大学の Crag Chaudron 教授には2002年にマノア校キャンパス・イースト・ウエスト・センターにて、とても興味深い講義を受けて以来、ティーチャー・トークに関する質問にはeメールをとおして懇切丁寧にご指導いただき、最新の論文も送っていただいた。(Crag Chaudoron 教授は2006年10月に心臓発作によりご逝去なされました。心よりご冥福をお祈り申し上げます) それから、北アイルランド・クイーンズ大学の Steve Walsh 教授には、SETT(Self Evaluation of Teacher Talk)の研究に関する氏の博士論文を送っていただき、その後eメールで私のたびたびの質問に誠意をもって答えていただき、その他の関連論文も多数送っていただいた。ともに感謝申し上げる。

　とりわけ、タイ・アユタヤ地区のセナ・プラジット中等学校を紹介していただいたタイ TESOL 理事のお一人であったキング・モンクット大学教授の Sonthida 氏やセナ・プラジット中等学校教諭の Laddawan 氏をはじめとして、英語科教員のみなさまには英語授業の観察・録画を快く承諾していただき、またタイに滞在中はとてもお世話になった。セナ・プラジット中等学校やバンサイ・ウイッタヤ中等学校での英語授業観察ができなければ、本研究は決してなしえなかった。心から感謝申し上げる次第である。また、神戸大学経済学部のタイ人留学生の Kritinee Pongtanalert 氏にはタイの英語授業のトランスクリプトのタイ語部分を日本語に翻訳していただいた。この翻訳がなければ、英語授業における母語使用の研究はなしえなかった。心より感謝申し上げる次第である。

謝　辞

　修士論文完成以降、次の日から再び新たな研究への夢を抱き続けて11年後の現在、夢に抱いてきた一つの研究を博士論文という形でまとめることができた喜びもさることながら、研究の過程を通して多くの先生方や研究仲間と知り合えたことは、私にとって生涯の貴重な財産となった。博学な先達の先生方の教育と研究に対する熱意あふれる姿勢から多くのことを学ばせていただき、今後の私の人生において多大なる勇気とさらなる研究への意欲をかきたてられた。深く、深く感謝申し上げる次第である。

2006年12月

立　花　千　尋

事項索引

EFL
　1、3、4、6、7、8、9、10、11、13、16、17、18、28、29、30、31、32、33、34、35、36、42、43、44、45、59、60、61、62、63、64、65、67、68、69、70、71、73、84、91、92、94、111、112、113、117、118、119、149、150、151、152、153、164、173、186、258、259、260、261、262、263、264、266、267、268、269、274、275、276、277、278、279、280、283、285、291、292、293、294、295、296、297、299、300、301、302、303、307、308、309、310、311、312、314、315、316、317、318、319、320

ESL
　3、6、9、10、13、16、28、29、30、31、32、33、34、36、41、42、43、61、63、65、66、69、71、92、95、96、111、113、119、149、260、269、274、279、280、292、293、294、295、297、308、309、310

EFL 環境
　3、4、6、7、9、10、11、13、16、17、18、28、29、30、31、32、33、34、35、36、42、43、44、60、61、62、63、64、65、91、92、111、112、113、111、113、117、119、149、150、152、153、164、173、258、259、260、261、262、266、267、268、269、274、275、276、277、278、279、280、285、291、292、293、294、295、296、297、299、300、301、302、307、308、309、310、311、312、314、315、316、317、318、319

ESL 環境
　3、9、10、28、33、34、36、41、42、43、61、63、65、67、70、71、84、149、280、292、293、308

授業分析
　4、11、47、67、68、69、70、71、72、78、85、91、92、101、103、104、111、112、117、122、123、124、125、126、127、128、129、130、131、132、133、145、146、147、148、149、259、260、268、277、278、308、310、311、312、315、317

談話分析
　11、44、47、67、68、69、79、83、91、95、104、107、110、111、113、119、120、149、153、172、173、185、186、187、209、231、255、259、262、264、268、278、285、288、286、287、300、

337

303、308、309、310、311、313、316
第1言語
　31、35、298
第2言語
　1、3、21、24、29、31、35、39、53、54、61、63、285、298
第2言語習得
　3、53、63
母語（L1）
　33、35、42、61、67、68、84、119、189、191、264、277、279、280、283、284、291、292、295、296、297、299、307、308、309、310、311、314、316、317、318
クラスルーム・リサーチ
　13、44、53
ティーチャー・トーク
　43、47、48、49、50、51、52、53、57、60、61、62、63、64、65、66、81、82、83、85、107、153、187、189、192、198、205、209、222、231、247、250、258、263、268、272、296、303、305、308、309、310、311、315、316、317
定量的分析
　70、85、91、97、103、113、147、172、173、185、228、230、302、308、311、315
定性的分析
　85、91、95、113、119、209、228、231、308、311、315
学校英語教育
　3、10、13、14、26、27、37、276
ケース・スタディ
　1、4、308
実践的コミュニケーション能力
　5、13、14、15、16、38、66、269、273、276、291、292、293、309、319
BICS
　5、62、296
CALP
　5、42、43、62、296、299
コミュニカティブ・ランゲージ・ティーチング
　5、16、36、39、42、292、310
CTL
コミュニカティブ・アプローチ（CA）
　39、283
カリキュラム
　6、7、10、14、19、20、21、22、23、24、25、26、27、37、116、269、276、290
TOEFL
　7、8、9、17、276
モノリンガル
　33、34、35、280、284、279、283、310
バイリンガル
　33、35、36、297、298、299、310

索引

言語政策
　9、13、23
言語環境
　9、35、50、61、111、264、275、279、280、292、293、295、308、310、312、314、317、319、320
EFL環境の特性
　67、112、150、153、309、317、318、319
学習指導要領
　5、6、13、14、15、27、35、38、116、269、273、276、290、291、293、309
シラバス
　3、6、15、21、22、27、28、37、38、40、41、111、116、269
アウトプット
　18、295
インプット
　18、42、53、61、62、63、65、68、79、80、172、173、262、263、268、279、295、296、305、313
標準タイ語
　19、20、21、23、24、25
授業言語
　19、20、23、25、28、30、33、34、69、70、72、79、97、149、173、187、233、259、260、279、282、290、291
文法・訳読
　21、31、254、279、280、283、290
ナショナル・カリキュラム
　21
タイ国家教育計画
　24、25
目標言語
　7、28、35、39、40、41、42、43、44、50、51、56、60、61、62、63、64、65、66、82、96、112、121、149、150、216、238、257、258、260、266、270、271、276、277、279、280、282、285、286、288、289、290、291、292、296、297、302、303、308、309、310、311、314、316、317、318
英語母語話者
　32、44、60、63
コミュニカティブ・コンピテンス
　5、36
適切性
　40
オーセンティック
　42、284、294
ニード・ベースト
　43、292
インターラクション
　42、44、45、55、57、59、68、69、78、79、80、81、83、88、112、113、149、150、151、152、172、173、187、192、193、200、212、214、259、260、261、262、263、268、278、290、306、309、

339

310、312、313、315
IRF
　44、45、64、65、71、82、92、112、152、214、216、277、278、304、310
IRF 構造
　44、45、64、65、82、152、214、216、277、310
簡素化
　47、48、49、50
フォリナー・トーク
　47、48、49
ベビー・トーク
　48、49、310
モディファイ（修正）
　48、173、
提示質問
　54、57、69、82、120、153、154、155、158、159、165、167、172、173、190、217、262、278、313、316
指示質問
　54、57、69、83、111、120、166、167、262、313
手続き的質問
　54、55
収斂的質問
　54、55、56
拡散的質問
　54、55、56
フィードバック
　51、57、58、59、82、83、84、152、217、220
理解可能なインプット
　53、65
トランスクリプト
　68、69、73、83、84、85、89、93、94、97、99、238、259
CARES-EFL
　69、70、71、73、91、92、94、112、117、118
マトリックス
　71、72、73、74、75、76、77、92、93、94、118、122、123、124、125、126、127、128、129、130、131、132、133、145、146、152
コード化
　73、94
SETT
　81、82、84、95、108、110、111、112、119、120、173、185、186、209、222、263、264、268、278、309、311、313、316
管理モード
　81、82、84、112、120、185、186、209、210、211、212、263、313
題材モード
　81、82、84、112、120、185、186、209、212、214、216、263、313
技能と規則モード
　81、82、84、110、120、185、

索　引

186、216、217、218、220、222、
263、278、313
教室文脈モード
　81、83、84、110、112、120、
185、186、263、264、278、313、
316
スキャフォールディング
　82、83
確認チェック
　81、82、120、262、313
理解チェック
　81、155、156、161、162、163、
167、168、169、191、206、262、
313
明確化要求
　81、120、158、206、207、262、
313
記述分析
　68、78、83
発話の誘発
　80、85、152、154、155、156、
158、169、187、189、191、192、
196、197、205、206、259、261、
266、268、309、312、314、315、
316
言語比率
　74、76、94、103、104、112、
113、118、133、145、146、147、
148
仮説形成的
　113、186

母語使用
　59、60、61、84、85、120、200、
229、231、236、254、258、260、
267、277、279、280、281、282、
283、284、285、286、290、291、
292、295、296、297、300、301、
302、303、305、306、307、311、
315、316、317、318、319
学習者参加型の授業
　290
コード・スイッチング（言語切り替え）
　280、285、297
授業観察
　86、87、88、91、96、109、112、
115、116、118、121、149、150、
151、168、272、285、286、289、
290、319
定型表現
　266、291
ポスト・CLT
　295、317
メタ言語能力
　297、298、299
共通基底能力
　298、299
二言語相互依存説
　298
フォーカス・オン・フォームズ
　300
フォーカス・オン・フォーム
　300

341

コンテクスト・アプローチ
319

人名索引

van Ek
37
Wilkins
37
Hymes
36、39
Harmer
39、42
Nunan
39、42、43、54、59、64、69
Swan
40、283
Bax
41、295、317、319
Chaudron
50、51、54、57、58、59
Walsh
44、81、95、111、120、316
Atkinson
84、266、280、283、295、317
Canale & Swain
5
Cook
84、280、284
Sinclair
44、64、69、310

Corder
61、63、66、296
Cummins
5、296、298
Ferguson
47、48、49
Krashen
5、53、63、65、282
Lightbown & Spada
69、149、173、259、262、316
Lynch
68、69、79、95、111、120
Richard & Lockhart
51、53、55、56、57、69
Turnbull
84、280
バトラー後藤
280、283、292、294、295、317
金田道和
69、70、71、72、73、74、75、78、91、92、93、94、112、117、118
斎藤兆史
17、297、299、305
高梨庸雄
72、78、79、91
山田雄一郎
35、299
吉田研作
10、42、43、62、63、66、296

著者略歴

立花　千尋（たちばな　ちひろ）

1952年（昭和27年）広島県生まれ。神戸大学大学院博士後期課程（総合人間科学研究科人間形成科学専攻、英語教育学）修了、博士（学術）。兵庫教育大学大学院（学校教育研究科教科・領域教育専攻、言語講座英語コース）修了、修士（学校教育学）。専門は外国語教育学（英語）。神戸大学発達科学部附属住吉中学校教諭（神戸大学講師併任）、長浜バイオ大学バイオサイエンス学部准教授を経て、現在、〔近畿大学弘徳学園〕近大姫路大学教育学部教授、関西学院大学大学院言語コミュニケーション文化研究科兼任（非常勤講師）。

　主な著者に、『伝達意欲を高めるテストと評価』（共著）、『英語の使用場面と働きを重視した言語活動』（共著）、『これからの英語学力評価のあり方』（共著）、文部科学省検定教科書『New Crown Series 1, 2, 3』（三省堂）など、主な論文に、"Strategies of Teacher Talk in EFL Classrooms"『中国地区英語教育学会紀要』、「学習者の自発的な発話を支援する Teacher Talk の役割：F-move に着目して」『中国地区英語教育学会紀要』、「教師のリフレクティヴな教室談話の分析：SETT（Self-Evaluation of Teacher Talk）処理を用いて」『中国地区英語教育学会紀要』、"Perceived Needs for Primary-Level English in Japan and Thailand: Interim Report 1, 2, 3"（共著） Journal of the School of Languages and Communication Kobe University などがある。

英語授業の EFL 的特性分析
——タイの中等学校におけるケース・スタディ——

平成25年7月30日　発行

著　者　立花　千尋
発行所　株式会社 溪水社
　　　　広島市中区小町1-4（〒730-0041）
　　　　電話 082(246)7909／FAX 082(246)7876
　　　　e-mail: info@keisui.co.jp
　　　　URL: www.keisui.co.jp

ISBN 978-4-86327-201-9 C3082
©2013 Printed in Japan